KB198048

K-콘텐츠의 성공전략

한류

세계인을 사로잡다

韓国コンテンツはなぜ世界を席巻するのか
KANKOKU CONTENTS WA NAZE SEKAI WO SEKKENSURUNOKA

Copyright © 2023 MASUBUCHI Toshiyuki, OKADA Sachinobu
First published in Japan in 2023 by TOKUMA SHOTEN PUBLISHING CO.,LTD.,Tokyo.
Korean version published by CIR Co.,Ltd.
under the licence granted by TOKUMA SHOTEN PUBLISHING CO.,LTD.
through TUTTLE-MORI AGENCY, Inc., Tokyo in association with BESTUN KOREA AGENCY

이 책의 한국어판 저작권은 일본의 터틀모리 에이전시와 베스툰코리아 에이전시를 통해 일본 저작권자와
독점 계약한 '도서출판 씨아이알'에 있습니다.
저작권법에 의해 한국 내에서 보호를 받는 저작물이므로 무단전재나 복제, 광전자 매체 수록 등을 금합니다.

K-콘텐츠의
성공전략

한류
세계인을 사로잡다

지은이
마스부치 토시유키
오카다 사치노부

옮긴이
이병민
정수희
이순애
최종성

씨
아이
알

일러두기

1. 이 책은 《韓国コンテンツはなぜ世界を席巻するのか》의 우리말 번역이다. 본문의 내용은 원문을 충실히 번역한 것으로, 저자의 주장은 한국의 상황과는 다소 다를 수 있다.
2. 단행본, 신문, 잡지 등의 간행물은 겹화살괄호(《 》), TV 프로그램, 영화, 음악, 지역 간행물, 유튜브 콘텐츠, 게임 등은 홑화살괄호(〈 〉), 논문, 보고서는 홑낫표(「 」)로 표기했다.
3. 외래어 표기는 국립국어원의 외래어표기법을 따르되, 통용되는 기업명, 브랜드명, 제품명, 외래어처럼 굳어져 널리 사용되고 있는 용어 등은 대부분 그대로 적었다.
4. 본문에서 언급하는 단행본, 영화, TV 프로그램 등이 국내에서 번역 출간, 개봉 혹은 방영된 경우 한국어판 제목으로 표기했으며, 그렇지 않은 경우 최대한 원서에 가깝게 번역하고 원제를 병기했다.
5. 각주는 '(옮긴이)'로 표시한 것 외에는 모두 저자의 것이다.
6. 일본식 연도는 서력으로 바꿨으며, 화폐 단위는 2024년 3월 3일자 기준 환율(100엔=887원)을 적용해 대략적인 값으로 변환하였다.

『한류, 세계인을 사로잡다: K-콘텐츠의 성공전략』이라는 제목으로 마스부치 토시유키 교수님의 번역본을 한국에 소개하게 되어 매우 기쁩니다.

이 책은 K-팝, K-드라마, K-무비 등 한국 문화콘텐츠의 놀라운 성장과 글로벌 성과를 깊이 있고 포괄적으로 분석하고 있으며, 한국의 다양한 지역에 대한 세밀한 조사까지 수록하고 있어 내용이 매우 충실합니다. 게다가 마스부치 토시유키 교수님은 콘텐츠 현장에서의 풍부한 경험과 학문적 배경을 바탕으로 대학에서 학생들을 가르치고, 정책 자문에도 활발히 참여하고 있어 그 내용이 더욱 생생합니다.

이미 한류 관련 도서가 많이 출간되었으나, 외국 학자의 시선에서 한류를 객관적으로 분석하고 세부적인 내용을 담은 책은 거의 없습니다. 그런 의미에서 세계인의 눈에 비친 한류의 매력을 객관적으로 파헤친 『한류, 세계인을 사로잡다: K-콘텐츠의 성공전략』은 한류를 연구하려는 후학들에게 소중한 자료가 될 만한 보석같은 내용들이 담겨 있습니다.

때로는 우리 스스로도 믿지 못하지만, 한류는 단순히 일시적 추세나 유행이 아니라, 전 세계로 확산하는 강력하고 지속적인 문화 현상임을 이 책이 증명하고 있습니다. 이에 대해 저자는 때로는 부러운 시선으로 때로는 냉철한 시각을 통해 한류와 소위 K-컬처의 성공 요인과 향후 전망에 대한 조언을 아낌없이 제시하고 있습니다. 보다 자세히 이 책을 들여다보면, 한국의 역사와 문화에 뿌리를 둔 콘텐츠가 어떻게 지역성과 보편성을 조화시켜 글로벌한 성공을 거두고 입지를 확보했는가를 치밀하게 추적하며, 한국 엔터테인먼트 산업의 전략, 정부 정책, 창작자의 적응력 등을 심층적으로 탐구하고 있습니다.

번역 작업에는 4명의 전문가가 동시에 참여해 시의성을 유지하면서 완성도 높은 콘텐츠를 신속하게 제공하기 위해 노력했습니다. 또한, 보다 폭넓은 독자층을 고려해 언어와 맥락을 조정하며 원문의 섬세한 통찰을 살리기 위해 힘썼습니다. 특히 한국이 주인공이 되는 문화적 성공의 이야기가 어떻게 국가 정체성, 세계화, 소프트파워라는 더 큰 문제와 연관되는지를 끊임없이 상기하려 고민했습니다. 한국 콘텐츠가 언어와 문화의 장벽을 넘어 글로벌 무대에서 인정받은 방식은 한국의 창조적인 산업발전을 증명할 뿐만 아니라 글로벌 미디어 소비의 역동성이 변화하고 있음을 보여주는 하나의 사례입니다. 이러한 측면에서 이 책은 기술, 혁신, 콘텐츠의 정서적 울림을 활용하여 한국이 어떻게 문화적 성공을 이뤘는지 설명하며, 다른 국가와 지역에도 시사점을 제공합니다.

이러한 과정에서 번역자들이 직면한 어려움 중 하나는 일본의 정서를 기반으로 하는 특정 문화적 참고자료의 풍부한 특수성을 어떻게 전달할 것인지였습니다. 한국의 콘텐츠와 미디어는 전통적 요소와 현대적 스토리텔링

한류, 세계인을 사로잡다

기법을 종종 혼합하는 독특한 특성을 지니고 있는데, 이 책은 다양한 사례를 통해 이를 살펴보고자 노력하였기에 설명을 추가하거나 일본의 시각과 한국의 시각이 차이가 날 수도 있는 경우는 간극을 좁히려 노력했습니다. 이에 가능한 경우, 독자들이 책에서 논의된 문화적 맥락에 더 잘 몰입할 수 있도록 다른 언어에서는 찾아보기 어려운 번역된 용어 등은 각주로 추가 설명을 제공했습니다.

『한류, 세계인을 사로잡다: K-콘텐츠의 성공전략』은 한국의 문화적 궤적에 대한 유익한 설명을 제공할 뿐만 아니라 미디어, 엔터테인먼트 및 글로벌 영향력의 미래에 관심이 있는 이들에게 영감을 줄 것이며, 그 수요를 충족시키는 데 일조할 것이라 믿습니다.

한국의 문화 수출이 지속적으로 성장하고 있지만, 그 속에 숨겨진 보다 중요한 의미를 모르고 한류의 성공을 단순히 겉으로만 판단하는 경우도 많습니다. 때문에 이 책을 통해 독자들이 글로벌 영향력 뒤에 숨겨져 있는 문화와 함께 예술성, 전략 및 결단력을 더 깊이 이해하는 계기가 되기를 바라며 책을 번역했습니다.

책이 나오기까지 성실히 기다려주시고, 꼼꼼하게 마무리해주신 도서출판 씨아이알의 최장미 과장님과 김성배 대표님께 진심으로 감사드립니다. 또한 미숙한 초고를 함께 고민하며 다듬어준 건국대학교 문화콘텐츠학과 대학원의 김이나, 장은영, 이하영, 최세희, 그리고 전문 작가와 기자의 매서운 시각으로 많은 영감을 준 최여정, 여경미 선생에게도 고마움을 전합니다. 큰 도움이 되었습니다.

이 책은 소위 우리가 'K-콘텐츠'라고 말하는 내용에 객관적 외부 시각이 더해지면서, 한국의 문화콘텐츠 여행의 훌륭한 길잡이가 될 것입니다.

이 여정에 함께한 정수희 교수님, 이순애 대표님, 최종성 대표님의 노고를 치하하며, 번역자를 대표해 이 책이 지식의 원천이자 한국 콘텐츠 탐구와 세계 무대에서의 지속적인 역할에 기여하는 촉매제가 되기를 바랍니다.

감사합니다.

2024년 9월
옮긴이를 대표하여

이병민

한류, 세계인을 사로잡다

들어가며

2020년부터 코로나19 팬데믹으로 한동안 일상 생활이 제한되었던 가운데, 한류 드라마는 넷플릭스의 보급을 타고 일본에서 소위 '제4차 한류 붐'을 일으켰다. 〈사랑의 불시착〉, 〈이태원 클라쓰〉, 〈오징어 게임〉, 〈지옥〉 등이 넷플릭스에서 꾸준히 높은 순위에 올라 있었는데, 이를 보더라도 애니메이션에서는 일본이 비교적 성공을 거두고 있지만, 드라마에서는 한국이 훨씬 앞서고 있다고 해도 과언이 아니다. 물론 일본 드라마도 2021년 〈최애最愛〉, 〈아발란치アバランチ〉가 인기를 얻었고, 2022년 지상파에서는 〈사일런트Silent〉, 넷플릭스에서는 〈첫사랑First Love〉 등이 인기를 끌었지만, 넷플릭스가 글로벌 플랫폼인 점을 고려한다면, 한국이 일본보다 앞서고 있다는 사실은 분명해 보인다. 또한 같은 콘텐츠 영역이라도 대중음악 분야에서는 K-POP이 세계적으로 인기를 끈지 오래이다. 실제 성장속도도 빠르고, '아이유'로 대표되듯이, K-POP 아티스트가 배우로서 활약하는 사례와 함께 드라마 OST에 삽입되는 노래도 큰 인기를 얻고 있다.

일본은 애니메이션·만화·게임을 중심으로 해외에서 인지도를 높여왔으나, 해당 분야에서도 중국과 한국의 추격이 거세다고 할 수 있다. 실제 2010년 경제산업성이 일본 경제활동과 해외 진출, 인재 육성을 촉진하기 위해 '쿨 재팬실'을 창설하고 관련 정책을 펴기도 했지만, 큰 성과로 이어지지는 못했다는 평가다. 실제 〈너의 이름은〉, 〈귀멸의 칼날〉과 같은 애니메이션이 해외에서도 인기를 얻었지만, 이는 민간기업이 주체가 되어 성공했다는 인식이 강하기 때문에 정책적인 성과로 보기는 어렵다.

일본과 비교해서 한국은 국가적인 차원에서 성공을 위한 큰 동력을 창출하는 데 성공했다고 봐도 무방할 것이다. 냉정하게 판단해서 일본 콘텐츠의 해외 진출을 위해서는 상당한 노력이 필요한데, 특히 대중음악과 드라마, 영화 등 영상 콘텐츠에 관해선 한국이 일본과 비교해 경쟁우위에 있다는 사실을 부정하기 어렵다. 물론 그 배경에는 일본 경제의 부진이 있다. 일본은 1980년에는 미국을 경제적으로 압도하는 것이 아닌가 할 정도로 반도체를 중심으로 가전제품 등이 해외에서 비교우위를 자랑했지만, 그것도 옛날 일이다. 해당 분야는 한국, 대만과 함께 중국이 압도적인 물량 공세로 디지털 시대 세계를 주름잡고 있고, GAFA(구글, 아마존, 페이스북, 애플)를 앞세운 미국 사이에서 희미한 존재가 되어버렸다. 현재 일본의 산업을 지탱하고 있는 자동차 역시 미래 대체에너지 등의 시대에 잘 대처할 수 있을까 하는 염려가 있다. 일본의 기술과 개발의 잠재력을 이야기하는 의견도 있지만, 분명하지는 않다. 예를 들어 코로나19 관련 백신 개발에도 약사법 등 복잡한 배경 때문에 2년 이상 개발하지 못한 사례가 있다. 정리해보자면, 변화의 시대에 산업구조 전환에 실패했다고 볼 수 있다.

이와 같은 배경을 토대로 이 책에서는 두 가지 주제를 이야기하고자 한다. 하나는 괄목할 만한 성과를 내는 데 성공한 '콘텐츠의 진흥'에 대한 이야기이다. 또 하나는 한류 드라마를 중심으로 한 '관광 활성화'에 대한 이야기이다. 정리하자면, 콘텐츠 진흥의 연장선상에서 관광 진흥을 이야기할 수 있는 것이다. 이 책에서는 이러한 현상을 '콘텐츠 투어리즘'이라 부르고자 한다. 매력적인 콘텐츠 기획이 전제된 관광으로의 유기적인 연계가 '콘텐츠 투어리즘'인 것이다.

기존 콘텐츠 투어리즘의 논의에서 빠진 것이 이러한 부분이다. 즉, 팬덤 (열성 팬들의 세계관이나 문화)이 아닌 다른 측면에서 보고자 하는 것이다. 기존 논의에서는 팬의 입장에서 특히 애니메이션 투어리즘 등의 인식이 일반적이었지만, 앞으로 콘텐츠 투어리즘의 연구는 그 배경에 있는 산업정책의 부분도 충분히 고려해야만 한다. 다시 말해 팬덤 차원의 콘텐츠 투어리즘만을 강조하다보면, 큰 그림을 완성하기 어렵다는 것이다. 산업의 필요성, 존재 가치도 글로벌 시각에서 경쟁전략을 생각해야 한다는 것이 필수라고 할 수 있다.

새로운 관점에서 한국콘텐츠의 성공을 이야기하자면, SNS와 유튜브 등 동영상 공유 사이트를 활용한 상승 효과가 크다고 할 수 있다. 미디어 디지털 전환의 특징이기도 하지만, 이제는 이러한 측면을 빼놓고는 콘텐츠의 성공을 이야기할 수 없다. 서울을 비롯한 한국의 도시 이미지를 전달하기 위해 SNS나 동영상 공유사이트를 통해 상당한 효과가 창출되고 있다.

어떤 의미에서는 이제 콘텐츠 영역에서 일본이 한국이나 중국으로부터 배워야 한다는 주장도 가능하다. 한국정부는 콘텐츠산업 진흥 정책을 통해 인바운드 관광객의 창출 기회로 삼겠다고 밝히고 있다. 앞으로 본격적인 계획이 더 있어야겠지만, 이러한 사실은 일본도 주목해야 한다. 일본은 '비지트재팬'의 성공으로 팬데믹 전에는 관광객 수가 한국보다 많았지만, 한국 콘텐츠의 세계적인 인지도 상승으로 인해 역전될 가능성도 커 보인다.

한일 양국 모두 각각 경제적 측면에서 큰 과제를 안고는 있지만, 그래도 한국은 여전히 경쟁우위를 보인다. IT산업과 날로 발전하는 콘텐츠산업을 축으로, 해외에서 경쟁력을 더욱 높일 것이라고 밝히고 있다. 이러한 상황에서 일본은 어떤 방안을 강구해야 할까.

이 책은 콘텐츠산업의 창출 및 콘텐츠를 활용한 관광 전략을 중심으로 한다. 2022년 여름, 실제로 한국을 방문하고 현지조사를 벌였다. 이러한 사실을 바탕으로 했기에 이 책은 매우 생생한 사실을 담고 있다고 자부한다.

돌아보면, 필자가 한국의 콘텐츠에 관심을 갖게 된 계기는 2000년 일본에서 개봉한 〈쉬리〉라는 영화 때문이었다. 그때까지는 이웃나라이기는 했지만, 콘텐츠를 거의 의식하지 못했다. 한국은 한국전쟁 이후 박정희 정부 시절 '한강의 기적'이라 부르는 경제 부흥을 이루었지만, 오래 지속된 군사 정권 치하에서 대중문화의 성장은 좀처럼 이루어지지 않았다. 또한 민주화 이후 철강, 조선, 자동차, 가전 분야에서 기업들이 발전하기는 했지만, 1997년 외환 위기로 국제통화기금IMF의 지원을 받으며, 산업구조의 재편이 불가피하기도 했다.

이러한 흐름에서 한국이 본격적으로 콘텐츠산업 진흥에 나선 것은 그 이후라고 할 수 있는데, 이제 겨우 20여 년이 넘었을 뿐이다. 일본은 1990년을 전후해 버블경제의 시기를 맞았다. 그 이후는 산업구조의 전환이 제대로 이루어지지 않았다. 즉, 전쟁 전부터 이어져 온 콘텐츠산업 성장의 꼭짓점은 1980년대와 이후의 매우 짧은 기간인 셈이다. 앞에서 이야기한 것처럼 애니메이션이나 만화에서는 여전히 일본에서 히트 작품이 나오고 있지만,

일부 작품을 제외하고 글로벌 차원의 성공을 거두었다고 말하기는 어렵다.

한국의 글로벌 진출 상황을 살펴보면, 일본의 입장에서 배울 점이 많다는 것이 사실이다. 이제 아시아 권역에서 일본이 선두라고 자신 있게 말하기는 어렵다. 특히 콘텐츠의 영역에서는 한국이 중국의 추격을 받고 있으며, 일본의 비교우위도 명확하다고 할 수 없다. 버블경제의 붕괴 이후 일본의 경제성장률은 제자리걸음을 계속하고 있다. 더하여 신종 코로나로 인한 타격과 영향도 빼놓을 수 없다.

물론, 그동안 일본 콘텐츠산업이 남겨온 유산과 실적은 부정할 수 없는 사실이다. 또한, 일본인 특유의 '미美'에 대한 인식과 표현력은 독창적이라고 할 만하다. 이러한 연장선상에서 미래를 이야기하기 위해서는 이웃나라인 한국 콘텐츠의 성공 요인을 알아야만 할 것이다. 특히, 국가정책으로 콘텐츠 작품들을 관광에 활용하는 전술의 효용성을 분석하고 고찰하고자 한다.

논의하고자 하는 범위는 '산업에서 관광까지' 매우 넓다고 할 수 있지만, 최대한 산만해지지 않도록 유의할 것이다. 끝까지 이러한 과정에 함께 해주면 고맙겠다.

덧붙여 새로운 사실과 내용을 포함하는 것이 필요하다고 생각해 언론에서 영상과 출판을 다루어온 오카다 사치노부岡田五知信에게 7장의 원고를 부탁했다. 다른 관점에서 한류 드라마에 대한 의견이 더해졌다.

마스부치 토시유키

차례

제1장

—

일본 드라마는 왜 한류에 뒤처지는가?

일본 드라마는 왜 한류에 뒤처지는가?

1. 히트 작품이 계속 만들어지는 한류 드라마

모든 것은 〈겨울연가〉에서 시작되었다

한류 드라마에 대해서는 예전에 《이야기를 따라 여행하는 사람들: 콘텐츠 투어리즘이란 무엇인가物語を旅するひとびと: コンテンツ・ツーリズムとは何か》(彩流社, 2010)[1] 에도 언급한 적이 있다. 2000년대 초 일본에서 일어난 〈겨울연가〉에 의한 중장년층의 방한 특성을 중심으로 쓴 책이었다. 이른바 〈겨울연가〉의 붐이 라 할 수 있었다. 2002년 한국에서 방영된 TV 드라마 〈겨울연가〉는 2003년 NHK-BS, 2004년부터는 종합편성채널에서도 방영되며 큰 붐을 일으켰다.

---

1 (옮긴이) 공식 한국 번역 없음. 옮긴이 번역.

2004년에 들어서고 TV, 라디오, 영화, 음악, 신문, 출판 등의 각 매체에서 한류의 영향력이 커졌다. 그해 민간조사기관이 발표하는 각종 히트 상품 순위에서 한류가 상위권에 오른 바 있다.

각 여행사들도 '한국 촬영지 투어'를 기획하였다. 드라마의 무대가 된 서울과 춘천은 계속해서 일본 관광객이 방문하였으며, 이와 관련해 〈겨울연가〉와 한류 붐의 해석에 대해서는 그동안 많은 지식인과 논객들이 다양한 논의를 펼쳐왔다. 또 2006년부터는 파친코 기계에도 〈겨울연가〉 버전이 등장하며 그 영향력은 의외로 오래 지속되었다.

〈겨울연가〉 붐이 일어나 일본의 중장년층을 중심으로 촬영지 방문 투어가 인기를 끌면서 한국을 찾는 관광객이 급증한 것도 기억에 새롭다. 한국을 찾는 일본 관광객은 2004년 4월부터 10월까지 7개월간 18만 7192명이 증가했고, 이에 따라 한국의 관광 수입도 약 2657억 원 증가했다. 또 〈겨울연가〉 붐은 일본에서 〈겨울연가〉 관련 상품 판매 증가, 주연 배우의 광고 효과에 따른 상품 매출 확대 등을 통해 일본 거시경제에도 긍정적인 영향을 미친 것으로 평가받는다.

앞에서도 언급했지만, 필자가 한국 영상 콘텐츠를 강하게 의식하게 된 것은 1999년 개봉한 영화 〈쉬리〉부터였다. 그해 도쿄국제영화제에서 상영된 후, 이듬해 2000년에 일본에서도 개봉했다. 북한에서 한국으로 잠입한 무장단체를 둘러싼 스파이 액션 영화로, 일본에서의 배급은 씨네콰논シネカノン과 어뮤즈アミューズ가 담당했었다. 필자가 음반회사에서 재직할 때라 그런 정보를 접하고 영화를 보러 갔던 기억이 있다. 한국 영상 콘텐츠의 성장을 확인할 수 있는 작품이었다.

다시 〈겨울연가〉로 돌아가 보자. 확실히 〈겨울연가〉는 중장년층 여성들

한류, 세계인을 사로잡다

의 큰 지지를 받았다. 후지와키 쿠니오藤脇邦夫는 《정년 후의 한국드라마定年後の韓国ドラマ》(新潮社, 2016)에서도 "당시 이런 드라마 세계는 일본에서 거의 찾아볼 수 없었다"(藤脇邦夫, p.20)며, 이를 소위 '통속적 메커니즘'이라고 해야 할 완성도라고 언급한다. 일본에서는 볼 수 없게 된 고전적인 스토리 전개, 첫사랑과의 우여곡절을 통한 사랑의 성취가 일본 시청자들에게 일종의 향수를 불러 일으킨 것 같다.

또한 남이섬의 메타세쿼이아 가로수길로 상징되는 아름다운 풍경, 효과적인 음악 등 당시 필자에게는 다소 민망한 부분도 있었지만, 총 20회나 시청하게 된 건 콘텐츠의 힘이라고 인정하지 않을 수 없다. 감독은 윤석호로, 2000년 〈가을동화〉에 이은 작품이며, 〈겨울연가〉에 이어 〈여름향기〉(2003), 〈봄의 왈츠〉(2006)가 방송되면서 이 4편은 '사계 시리즈'로 불리고 있다.

주연인 배용준은 일본에서 중장년층의 아이돌이 되었다. 방일 당시, 나리타 공항에 수천 명의 팬이 몰렸을 뿐만 아니라, 호텔 주차장에도 여성 팬들이 기다리고 부상자가 나올 정도로 열광적인 인기를 끌었다. 주인공 최지우도 일본 TV 드라마에 출연하는 등 〈겨울연가〉 현상으로 불릴 만큼 일종의 사회현상이 됐다. 배용준의 일본 애칭은 '욘사마'로 일본에서는 이름보다 애칭으로 더 많이 불리게 되었다.

그림 1은 「일본에서의 〈겨울연가〉 시청과 효용日本における『冬のソナタ視聴と効用』(김상미, 2004, 서울대학교-도쿄대학 공동 심포지엄 발표)에 실린 내용인데, 당시 일본 시청자들이 얼마나 이 드라마에 빠져 있었는지 알 수 있다. 요컨대, 심층 시청자가 많다는 것은 실제 관광 행동으로 이어진다는 하나의 근거가 될 수 있다. 반복 시청은 열성 팬을 만들어 간다.

[그림 1] 연령대별 〈겨울연가〉 시청 횟수

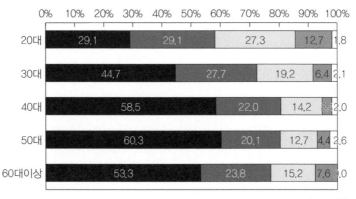

	0%	10%	20%	30%	40%	50%	60%	70%	80%	90%	100%

20대	29.1	29.1	27.3	12.7	1.8
30대	44.7	27.7	19.2	6.4	2.1
40대	58.5	22.0	14.2	3.4 2.0
50대	60.3	20.1	12.7	4.4 2.6
60대이상	53.3	23.8	15.2	7.6 0.0

* N(모집단) = 798

■ 전체 반복 시청 횟수 ■ 전편 2~3회 ■ 전편 1회 ■ 전편은 보지 못함 □ 본 적 없음

* 출처: 김상미, 「일본에서의 〈겨울연가〉 시청과 효용」(2004)

일본 아웃바운드 관광의 급증

〈겨울연가〉는 일본의 아웃바운드 관광객이 급증하는 계기가 된 작품으로 평가받고 있다. 2002년 '한일 월드컵'이 개최되어 양국 간의 교류가 진전되었으나, 이후 '사스SARS(중증급성호흡기증후군)'의 영향으로 한동안 주춤하다가 〈겨울연가〉를 통해 일본의 아웃바운드 관광이 활성화된 계기가 된 것이다.

촬영지는 남이섬, 동해, 용평리조트, 외도 그리고 서울이었다. 기본적으로 두 주인공이 만나는 곳이 춘천으로 설정되었지만, 그들의 집과 다니던 고등학교는 서울을 무대로 촬영이 이루어졌다. 또한 사회에 나가서 재회하게 될 때는 서울이 중심이었고, 함께 리조트 개발을 하는 스키리조트는 용평리조트, 둘이서 소풍을 간 바닷가 마을은 동해, 마지막 회에서 두 사람이 재회하는 곳은 외도에서 촬영하였다. 그림 2는 당시 일본 여행사가 기획한 〈겨울연가〉 여행 일정 사례이다.

한류, 세계인을 사로잡다

[그림 2] 〈겨울연가〉 촬영지를 둘러보는 4일간의 여행

일정	지역	시간	내용	식사
1일차	나리타	오전	• 나리타국제공항 → 인천국제공항	기내식
	서울	오후	• 인천 도착 후 춘천으로 이동	
	춘천	저녁 무렵	• 춘천 명동거리 촬영지 탐방(유진 엄마의 양품점, 준상이와 유진이 술취한 골목, 함께 간 경찰서, 준상이 식사한 식당, 1차 사고 현장, 유진이 커피를 산 가게 등) • 춘천 주요 촬영지 탐방(춘천역, 버스 정류장 거리, 주인공들이 함께 뛰어넘은 담벼락, 1화에서 유진이 지각할 것 같아 뛰어내린 언덕길, 준상의 집 등) ★추가로 드라마 〈첫사랑〉 촬영지인 춘천의 '육림극장' 안내	
		밤	• 석식 : 닭갈비와 막국수	석식
2일차	춘천	오전	• 조식 • 남이섬 촬영지 탐방(메타세쿼이아 가로수, 카페 '연가', 준상과 유진이 첫 키스를 한 벤치 등)	조식
	동해	오후	• 동해로 이동 • 중식 : 동해 시내 식당 • 동해 촬영지 탐방(두 사람이 묵었던 민박집과 해안가, 유진이 길을 잃은 시장 주변, 둘이서 기념사진을 찍은 사진관, 18화에서 결혼식을 올리려던 북평성 당 등) ★추가로 영화 〈외출〉 촬영지인 삼척 주변 탐방 • 용평으로 이동	중식
	용평	밤	• 석식 : 갈비	석식
3일차	용평	오전	• 조식 • 용평 '드래곤밸리' 호텔 촬영지 탐방(곤돌라 탑승, 드래곤파크, 콘서트홀, 주차 장 처음카페, 채린이 울음을 터트린 벤치 등)	조식
	서울	저녁 무렵	• 서울로 이동 • 더 플라자 호텔 체크인 • 더 플라자 호텔 스위트룸 1952호와 두 번째 사고 현장 촬영지 탐방 • 롯데 면세점 쇼핑 • 석식 ★희망자에 한해 스위트룸 1952호에서 비디오 감상회 진행	
4일차	서울	오전	• 조식 • 서울 촬영지 탐방(고등학교 정문, 유진의 집, 마르시안, '불가능한 집' 모형을 보여준 공원, 돌아보지 않고 헤어진 길, 채린의 부티크, 폴라리스, 4명이 함께 한 레스토랑, 상혁이 취한 바 등) ★추가로 〈호텔리어〉에서 동혁과 진영이 갔던 맥도날드 안내 ★미희가 전화받은 계단(차창에서)	조식
		오후	• 중식 : 된장찌개 • 인천국제공항으로 이동 • 공항 내 촬영지 탐방(민형이 차를 마시던 카페, 두 사람이 서로 포옹한 C카운 터 등)	중식
		저녁 무렵	• 인천국제공항 → 나리타국제공항	
	나리타	밤	• 나리타국제공항 도착 후 해산 • 수고하셨습니다!	기내식

* 출처: www.inet-koreadramafan.com/korea(현재 연결 불가)

일본 사람들은 세세한 디테일에 집착하는 국민성이 있다고 하는데, 이 계획도 일본의 국민성을 반영해 주인공들의 일거수일투족을 고려한 후 만들어졌다. 3박 4일의 일정이지만, 팬들이 방문하고 싶은 장소를 거의 망라한 형태로 구성되어 있다. 아마도 이런 일정으로 한국을 방문했던 팬들은 귀국 후 한국 재방문을 고려하는 열성적인 팬이 될 것이다.

〈겨울연가〉는 한류 붐의 시작이었다. 현재 배용준은 사업가로 변신해 더이상 드라마나 영화에 출연하지 않고 있다. 최지우는 결혼과 출산을 거쳐 지금도 현역 배우로 활동 중이다. 배용준의 라이벌을 연기한 박용하는 안타깝게도 유명을 달리해 〈겨울연가〉의 속편은 제작이 어려워졌다. 하지만 지금도 회자되는 작품임에는 의심의 여지가 없다. 현재의 '한류 붐'은 이 작품의 연장선상에 있다고 할 수 있다.

감독, 배우들도 많이 달라졌지만 〈겨울연가〉의 성공이 한류 드라마의 활로를 열었다고 해도 과언이 아니다. 이를 계기로 일본 미디어도 한국 드라마에 주목해 각 방송국에서 방송을 시작했다.

한국은 일본에 비해 국내 시장 규모가 작았기 때문에 해외 시장 진출이 경제 발전을 위해 매우 중요했다. 반면 일본은 자국 내 수요가 많아 자국 소비를 통해 충당이 충분히 가능했기에 입장이 다르다고 할 수 있다.

한국은 유교 사회에 기반하고 있으나, 사회 내부의 경쟁은 매우 치열하다. 많은 한국 드라마에서 두드러지는 주제인 '사회적 불평등' 문제가 그 핵심에 있는 것 같다. 국제 통계자료를 다루는 웹사이트 '글로벌 노트'의 '2021년 세계 대학 진학률 국가별 랭킹 추이: 대학 진학률'에 따르면, 일본의 대학 진학률은 64.62%로 세계 49위인 반면, 한국은 102.47%로 6위를 차지해 일본에서는 상상할 수 없을 정도로 대학 진학에 대한 열정이 과열되어 있다.

　　　　　　　　　　한류, 세계인을 사로잡다

특히 서울에 있는 서울대학교, 고려대학교, 연세대학교를 합하여 소위 '스카이sky'라고 부르는데, 2018년부터 2019년에 걸쳐 방송된 드라마 〈SKY 캐슬〉은 이러한 상황을 그리고 있다.

　대기업에 취직하려면 이러한 상위권 학교를 졸업하는 것이 유리하기 때문에, 지방대학교를 입학한다면 어려움이 있을 수밖에 없다. 일본과 달리 분명히 개인 차원의 경쟁 사회가 존재한다. 경쟁 사회에서는 당연히 낙오자도 존재하지만, 일부에게는 동기부여가 될 것이다. 일본도 점차 격차가 벌어지고 있지만, 아직은 실생활에서 별로 의식하지 않는 사람들도 많다.

한류 열풍을 떠받치는 K-POP의 등장

드라마뿐만 아니라, 'BTS(방탄소년단)'로 대표되는 K-POP의 부상도 빼놓을 수 없다. 현재 한국 드라마는 〈겨울연가〉 시절과 달리 음악과의 시너지를 더욱 극대화하고 있으며, K-POP 아티스트가 배우로 출연하는 경우도 많아지고 있다. J-POP은 글로벌 관점에서 볼 때, K-POP에 한두 발짝 뒤처져 있는 상황이라고 할 수 있다.

　만화나 애니메이션은 일본이 여전히 우위에 있지만, 〈김비서가 왜 그럴까?〉, 〈이태원 클라쓰〉 등은 만화(웹툰)가 원작이다. 2014년에 방영된 드라마 〈미생〉은 이러한 현상의 선봉에 섰던 작품이다. 이 작품은 일본에서도 리메이크돼, 원작 만화도 일본에서 번역 출판됐다. 현재 한국 만화는 웹툰(세로 스크롤 방식의 웹툰)이 일반적인 미디어 형식이며, 일본과는 다른 독자적인 만화 문화를 만들어 가고 있다.

　한국은 드라마, 음악으로 콘텐츠 강국을 지향하고 있으며, 거기에 앞으로는 만화, 애니메이션, 게임 등이 더 가세할 것이다.[2] 이른바 크로스미디어 전략을 편다고 할 수 있다. 또한 최근 한국 드라마에는 식사 장면이 상당히 많이 등장하고 있는데, 아마도 이 역시 의도적인 전략으로 해석된다. 일본에서는 '와쇼쿠和食(일본인의 전통 식문화)'[3]이 2013년 유네스코 무형문화유산으로 등재된 바 있는데, 이를 계기로 한국도 자국의 식문화를 세계에 알리고자 노력하는 것으로 판단된다.

삼성, LG, SK 등이 일본 반도체와 가전을 능가하는 것도 한국이 일본을 벤치마킹 대상으로 삼아온 것과 관련이 있다고 할 수 있다. 콘텐츠도 마찬가지다. 이대로라면, 콘텐츠 영역에서도 한국에 뒤처질 것이 분명하다. 이제 배울만한 것들은 '배워야 한다'라는 자세가 중요해지고 있다.

〈겨울연가〉를 대표작으로 시작된 한류 열풍은 같은 시기 배용준을 비롯해 장동건, 이병헌, 원빈이 일본 언론에 한류 사대천왕으로 떠올라 더욱 가속화되는 듯했으나, 이후 잠시 주춤하면서 일부 전문가들은 한류 붐의 지속 가능성을 의심하는 의견을 내놓기도 했다. 그러나 2004~2005년에 〈대장금〉이 NHK에서 방영된 이후 남성들까지로 팬층을 넓히는 결과를 낳았다.

여기서도 K-POP과의 관계를 살펴볼 필요가 있다. 한국의 SM엔터테인먼트는 일본 에이벡스 엔터테인먼트와 제휴를 맺고 일본 시장에 '보아'를 투입했고, 이후 2005년 '동방신기'를 일본에 데뷔시키며 일본 팬들에게 K-POP의 존재를 어필하는 데 성공했다. 이를 통해 한류 붐이 영상 콘텐츠만으로 발생한 현상이 아님을 알 수 있다.

---

2 (옮긴이) 저자의 판단으로 실제는 장르별 순서가 다를 수 있다.
3 (옮긴이) 일본음식 또는 일본요리를 '와쇼쿠(和食, わしょく, 화식)'라고 부르며, 일본의 전통 방식으로 만든 음식이나 식사를 지칭한다.

국가적 전략으로 제2차 한류 붐을 일으키다

이후 일본에서의 한류 열풍은 주춤하는 듯 했으나, 2009년 한국의 문화체육관광부는 5년간 음악산업 진흥을 위해 1275억 원을 투입하겠다고 밝혔고, 일본에서 2011년 NHK 홍백가합전에 동방신기, 카라, 소녀시대를 출전시키는 데 성공했다. 또한 전략 타깃을 일본 이외의 아시아 국가와 미국까지 넓혀 나갔다.

2012년 5월 12일자 《산케이신문》은 한국의 《매일경제》 기사를 인용하며 '제19회 비전코리아 국민보고대회'에서 발표된 보고서를 소개하고, 한류가 한국 경제에 얼마나 큰 기여를 하고 있는지를 소개했다. 이에 따르면 영화, 음악 등 한류 콘텐츠의 수출액은 〈겨울연가〉 등 대작 드라마를 중심으로 2003년 8600만 달러에서 2005년 2억 2000만 달러로 급증했다. 그러다가 드라마 열풍이 한풀 꺾인 2006년에는 1억 7500만 달러로 감소했다가, K-POP의 영향이 늘어난 2007~2010년에는 1억 8900만 달러에서 3억 1300만 달러로 성장하였다.

그러나 매출의 80%를 일본에 의존하고 있고, 수익의 80%가 일본 측에 넘어가고 있다는 점이 풀어야 할 향후 과제로 꼽혔다. 이 시기를 일본에서는 제2차 한류 붐이라고 부른다. 드라마로는 〈미남이시네요〉가 후지TV 등을 통해 방영되면서 주연을 맡은 장근석의 인기가 매우 높아졌다.

관련된 한국 방송시스템의 변화도 중요하다. 한국에서는 초고속광대역 통신망의 보급을 배경으로 케이블TV도 등장했다. 일본과 마찬가지로 한국의 지상파TV는 KBS, MBC, SBS의 3개 방송국만이 전국 네트워크를 형성하고 있는데, 이 가운데에서도 순수 민간 방송국은 SBS뿐이다.

관련하여 지상파에는 KBS에서 분화한 교육방송 채널 EBS도 있다. 더하여 한국에서는 케이블TV의 보급도 활발히 진행돼 전문 채널이 50여 개에 달한다. 물론 종합 편성 채널도 있지만, 드라마 전문 채널도 있어서, 2007년 전후부터 존재가치를 높여왔다고 할 수 있다.

그림 3에서 알 수 있듯이 한국에서도 미디어의 다양화가 진행되고 있으며, 특히 젊은 층의 미디어 접촉 형태가 크게 변화하고 있다. 즉, 드라마도 케이블TV에서 방영되는 작품이 젊은층을 중심으로 인기를 얻고 있음이 분명하게 나타난다. 일본과 달리 케이블TV의 부상이 한류 붐을 지탱하고 있는 구조적 변화라고 볼 수 있다.

[그림 3] 수요자들의 미디어 선택 특성(한국언론진흥재단 2020년 보고서)

(단위: %)

연령	TV	종이 신문	인터넷(휴대전화+ PC)	휴대전화	PC	온라인 동영상
20대	82.9	1.1	99.9	99.7	73.1	87.0
30대	93.4	5.8	99.7	99.7	60.0	82.7
40대	97.2	10.5	99.3	99.2	44.8	75.7
50대	97.7	12.4	94.1	93.3	27.1	62.5
60대 이상	99.4	16.9	65.1	63.8	9.0	39.3
전체	94.8	10.2	89.1	88.5	38.9	66.2

* 출처: 「2020 언론수용자 조사」, 한국언론진흥재단(2020)

이 시기는 한국이 리먼 쇼크[4]에서 발 빠르게 회복한 시기와 맞물려 있다. 삼성의 부상이 이를 상징한다. 삼성은 '세계 브랜드 랭킹'(인터브랜드 조사)에서 2012년 처음으로 베스트 10에 진입하는 쾌거를 이룩했다. 이와 관련해

---

4 (옮긴이) '리먼 쇼크'란 2008년 9월 15일 미국의 4대 투자은행이었던 리먼브라더스가 파산하면서 시작된 글로벌 금융위기를 의미한다.

한류, 세계인을 사로잡다

일본에서의 한류 열풍은 2011년 동방신기, 소녀시대, 카라가 NHK 홍백가합전에 출연한 것으로 대표되지만, 2012년 당시 이명박 전 대통령의 독도방문으로 NHK 홍백가합전에 출연한 K-POP 관련 아티스트는 없었으며, 이후 제2차 한류 붐은 한풀 꺾였다고 할 수 있다.

제3차 한류 붐으로 이어진 한국 화장품과 식품의 인기

제3차 한류 붐은 드라마나 K-POP이 이끌었다기보다는 SNS에서 화장품, 패션, 식품 등이 인기를 끌며 시작된 것으로 알려져 있다. 이 붐이 언제부터 시작되었는지 명확하게 시기를 특정하기는 어렵다. 다만 10~20대 젊은 여성들 사이에서 확산된 유행이라는 점이 특징이다. 특히 도쿄 신오쿠보의 경우 고객층이 젊은 세대로 바뀌었고, 그중에서도 치즈를 이용한 치즈 닭갈비, 치즈 핫도그 등을 제공하는 음식점은 장사진을 이뤘다.

이 시기 K-POP에서는 빅뱅, 샤이니 등이 월드투어를 통해 세계를 누비고 다녔으며, K-POP의 세계화가 시작되면서 BTS의 등장으로 이어졌다.

드라마로 치면 〈도깨비〉, 〈화랑〉, 〈시그널〉 등 과거 가족애적 접근에서 벗어나 다양성이 풍부한 작품들이 많아진다. 이 시기에는 제4차 한류 붐의 조짐이 있었다고 볼 수 있다. 〈미생〉과 같은 만화를 원작으로 하는 드라마도 등장하면서 한류의 크로스미디어[5] 전략이 본격적으로 시작되었다.

---

5   (옮긴이) '크로스미디어'란 기존의 '원소스 멀티유즈(OSMU: One Source Multi Use)'와 비슷한 개념이지만 차이가 있다. 원소스 멀티유즈는 이미 어떤 용도를 위해 제작된 콘텐츠를 다른 곳에도 활용, 판매하여 수익을 극대화하는 것이다. 이에 반해 '크로스미디어'는 제작 단계에서 아예 여러 곳에 사용할 수 있도록 각각의 사용처(매체)에 맞게 최적화된 콘텐츠를 만드는 것이다. 드라마 제작 전에 인터넷에 판매할 것도 예상해서 촬영 시 이를 생각하며 제작을 함께하고, 책을 낼 것을 기획했다면 대본을 쓸 때 이를 계산해서 대본 작업을 하는 형태이다.

2. 제4차 한류 붐

팬데믹의 영향으로 다시 붐이 일고 있다

2020년 이후 한류 열풍이 재연되었다. 결정적인 계기는 코로나19 팬데믹의 영향으로 외출을 자제한 것이 결정적이었다. 대표적인 드라마는 〈이태원 클라쓰〉, 〈사랑의 불시착〉이었다. 그 배경에는 넷플릭스나 왓챠, 아마존 프라임 비디오 등 정액제 동영상 스트리밍 서비스의 확산이 있었다. 사람들이 외출을 자제하며 집에 있는 시간이 크게 늘었으며, 정액제 동영상 서비스 업체들이 한국 드라마를 충분히 갖추고 있어 라이프스타일의 변화와 잘 맞아떨어졌다고 볼 수 있다.

K-POP 열풍으로 방탄소년단과 블랙핑크 등도 미국 시장에서 호조를 보였다. 정부 산하기관인 문화체육관광부와 한국국제문화교류진흥원이 출간한 《2020 한류백서》에 따르면, 2018년 음악 관련 산업의 수출액 비중은 일본(65.1%), 중국(19.8%), 동남아시아(12.3%), 북미(1.3%), 유럽(1.2%) 순으로 나타났다. 또한 한국통계정보원에 따르면, 2019년 음악산업 수출액 비중은 일본(55.1%), 동남아시아(17.1%), 중국(15.1%), 북미(10.6%), 유럽(3%) 순이었다. 같은 통계로 비교한 것은 아니지만, 북미 점유율의 성장과 일본의 점유율 하락이 눈에 띄며, 실제로는 해외 점유율의 절반이 일본이라는 사실이 두드러진다.

또한 국제음반산업협회IFPI가 2020년 음악 판매량 등을 집계하여 정리한 「글로벌 뮤직 리포트」에 따르면, 팬데믹의 영향으로 스포티파이, 애플 뮤직 등의 구독 서비스 이용이 증가하면서 전 세계 음악 수익은 전년 대비 7.4% 증가해 총매출은 약 218억 달러에 달하며 6년 연속 성장세를 보인 바 있다.

유료 음악 구독 서비스를 살펴보면, 수익은 18.5%, 광고까지 포함하면

한류, 세계인을 사로잡다

19.9% 증가로 매출액은 약 134억 달러 규모에 달했다. 이는 전체 음악 수익의 62%에 해당한다. 또한 보고서에는 세계 2위 시장인 일본의 음악 수익이 부진한 것으로 나타났는데, 음반 판매량에서는 전년 대비 2.1% 감소, 2019년에는 전년 대비 0.95% 감소로 감소폭이 더욱 커짐을 확인할 수 있었다.

반면 아시아 시장에서는 호조를 보이며 일본에서의 감소를 포함해도 전년 대비 9.5%의 성장을 기록했다. 일본을 제외하면 29.9%, 매출 규모 세계 6위인 한국은 전년 대비 44.8%로 급성장했는데, K-POP의 성공이 배경이 된 것으로 분석된다.

영상으로 눈을 돌려보면 〈사랑의 불시착〉에 등장한 올리브 치킨, 〈이태원 클라쓰〉에 등장한 순두부 찌개 등이 일본에서 주목 받으며 또 다른 붐을 일으켰다.

드라마와 K-POP의 크로스미디어화: 한류가 국가브랜드로

물론 이를 뒷받침하는 동영상 유통 시장도 호조를 보이고 있다. 디지털콘텐츠협회의 「동영상 유통 시장 조사 보고서」에 따르면, 2019년 동영상 유통 시장 규모는 전년 대비 26% 성장한 약 2770억 엔(한화 약 2조 4569억 9000만 원)으로 추산된다. 앞으로도 구독주문형비디오[6]가 꾸준히 증가세를 이어갈 것으로 예상되는데다 단독구매[7]와 건당주문형비디오[8]의 확대도 예상된다. 시

---

6 (옮긴이) 구독주문형비디오(SVOD: Subscription On Demand)는 특정 서비스에 가입한 소비자가 시청할 수 있는 콘텐츠로 월별 정액 요금으로 원하는 만큼 얼마든지 볼 수 있는데, 예시로는 넷플릭스, 아마존 프라임 비디오 등이 있다.

7 (옮긴이) 단독구매(EST: Electronic Sell Through)는 다양한 전자기기에서 한 콘텐츠를 구입한 후 무한대로 시청할 수 있는 판매형 서비스를 가리킨다.

8 (옮긴이) 건당주문형비디오(TVOD: Transactional Video On Demand)는 대체로 한국에서 VOD라고 말하는 것을 일컬으며, 구독주문형비디오(SVOD)보다 가격이 높고, 최신 콘텐츠를 개별로 대여하거나 구매할 수 있는 장점이 있다.

장 규모의 경우 2024년에는 3440억 엔(한화 약 3조 512억 8000만 원)까지 성장해 순조로운 증가세를 보일 것으로 추정되고 있다. 또한, 한일 합작 글로벌 오디션 프로젝트 '니지 프로젝트Nizi Project'로 결성된 일본인 9인조 걸그룹 '니쥬NiziU'의 영향도 있을 것으로 보인다. 이들은 한국의 JYP엔터테인먼트와 일본 소니뮤직엔터테인먼트의 합작 오디션으로 탄생했으며, 오디션과 레슨 과정을 담은 영상이 공개되면서 많은 사람의 공감을 불러일으켰다. 뮤직비디오 조회수는 1억 회를 넘어섰고, '줄넘기 댄스'도 화제가 됐다.

즉, 제4차 한류 붐은 드라마, K-POP이 크로스미디어화하면서 파생 상품으로 확장되었다고 볼 수 있다. 한국 정부에 따르면, K-POP과 영화, 드라마 등 한류 콘텐츠로 인한 경제적 파급효과는 2019년 기준 약 123억 달러에 달한다고 발표하였다. 이는 2016년 약 76억 달러에서 3년 만에 60% 증가한 수치다. 한국 정부는 '한류'를 정부 공인 국가 브랜드로 규정하고 관련 부처의 새로운 전략을 수립하는 등 지원에 힘을 쏟고 있으며, 한류 관련 콘텐츠 산업을 한국 산업 중에서도 가장 중요하게 여기는 상황이다.

일본과 마찬가지지만, 코로나19로 인해 인바운드, 아웃바운드 관광이 침체되어 한국은 콘텐츠 해외 진출의 성과를 냈음에도 불구하고 직접적인 관광 창출로 이어가지는 못했다. 하지만 팬데믹 이후 콘텐츠 활용 관광 대책이 마련되고 있다.

한류, 세계인을 사로잡다

3. 한류 드라마의 글로벌 시장 인지도 확대

〈오징어 게임〉의 세계적인 성공

앞서 언급했지만, 2021년에는 〈오징어 게임〉이 한류 드라마의 글로벌 시장 인지도를 넓힌 작품일 것이다. 그 후에도 〈지옥〉, 〈그 해 우리는〉, 〈지금 우리 학교는〉 등 히트작들이 속속 등장했다. 그중에서도 〈오징어 게임〉은 넷플릭스에서 전 세계 90개국 시청률 1위를 기록하였다.

〈오징어 게임〉은 경제적으로 어려운 456명이 거액의 상금을 걸고 서바이벌 게임을 펼치는 내용으로, 2021년 9월 17일 전 세계에서 동시 방영 이후 1주일 만에 1억 4200만 가구가 시청해 역대 넷플릭스 흥행 1위를 기록했다. 이는 〈브리저튼〉, 〈뤼팽〉 등의 대히트작을 능가하는 기록이었다.

작품은 일본의 〈카이지〉를 연상시키는 부분도 있지만, 캐릭터 성격이나 배우들의 매력, 세트의 구성 등 볼거리가 많은 작품이었다. 주연급 배우 이병헌이 가면 뒤에서 깜짝 등장하는 등 많은 사람의 관심을 끌기에 충분했다.

〈오징어 게임〉은 넷플릭스의 실적에도 큰 영향을 미쳐 2021년 3분기(7~9월) 결산에서는 전년 대비 16% 증가한 74억 8346만 달러를 기록하는 데 크게 기여한 것으로 알려졌다. 이 기간 유료 가입자의 증가수도 440만 명으로 특히 아시아-태평양 지역에서 급증했다. 그 결과 같은 해 9월 말 당시 넷플릭스 가입자 수는 2억 1356만 명이 됐다.

팬데믹, 신자유주의, 인터넷의 발전

이와 관련하여 일본 시부야 등지에서 열린 할로윈 행사에도 〈오징어 게임〉 코스프레가 등장해 SNS상에는 이 작품을 재해석한 밈 동영상(확산되고 유행하는 주요 콘텐츠 관련 동영상)[9]도 증가했는데, 넷플릭스에 따르면 틱톡의 관련 동영상 재생 횟수는 420억 회를 넘어섰다고 한다. 일종의 사회현상이 됐다고 봐도 좋을 것이다. 그 결과 〈오징어 게임〉 출연진 중 한 명인 오영수가 미국 제79회 골든글로브상에서 남우조연상을 수상했고,[10] 제74회 에미상에서는 남우주연상과 감독상 등 6개의 상을 받았다.

여기에는 팬데믹으로 사람들의 외출이 어려워졌다는 배경이 있다. 이는 넷플릭스의 급성장과도 같은 맥락에서 해석할 수 있는데 넷플릭스가 매력적인 작품 라인업을 갖춘 것도 관련이 된다. 물론 신자유주의 경제의 확산으로 전 세계 빈부격차가 커지고 있는 것도 한국 이외의 수많은 나라에서 〈오징어 게임〉을 시청한 이유 중 하나로 꼽는다.

인터넷의 보급으로 그 어느 때보다 세계가 긴밀하게 연결되어 있다는 측면도 있다. 돌아보면, 넷플릭스도 그렇지만 틱톡, 유튜브 등을 통해 다른 나라를 더 가깝게 느낄 수 있고, 다른 나라 사람들과 쉽게 소통할 수 있게 되었다.

K-POP도 마찬가지다. 콘텐츠는 인터넷을 통해 쉽게 국경을 넘나든다. 최근 한류의 해외 진출은 이 부분에서 기인한다고 할 수 있다. 그리고 그 이면에는 한국 정부와 기업의 치밀한 기획이 있다고 볼 수 있다.

---

9 (옮긴이) 원래는 영국 진화생물학자 리처드 도킨스가 만든 개념이다. 《이기적인 유전자 (The Selfish Gene)》(1976)에서 그는 '문화전승 역시 유전자처럼 복제역할을 하는 중간 매개체가 있다'고 소개하면서 밈이라는 단어를 제시하였다. 여기서 등장한 학술용어가 요즘 '인터넷 트렌드'를 뜻하는 밈(meme)으로 재사용되고 있다. 밈이란 Internet Meme을 줄여서 부른 것으로 인터넷과 SNS 사이에서 유행하는 인기있는 콘텐츠를 의미하며, 문화적 모방력, 파급력, 전파력이 강한 것이 특징이다.
10 (옮긴이) 배우 오영수는 여성을 강제추행한 혐의로 현재 재판 중에 있다.

한류, 세계인을 사로잡다

4. 넷플릭스를 겨냥한 적극적인 콘텐츠 공급

높아진 넷플릭스 의존도와 지적재산권 확보 문제

앞서 이야기했듯이 한국 영상 콘텐츠의 해외 진출 이면에는 넷플릭스와의 밀접한 관계 구축이 있다. 즉 호혜적인 구조를 만들어왔다는 것이다. 굳이 따지자면 상호 이해관계가 맞아떨어졌다고 할 수 있다. 해외 시장을 염두에 둔 한국의 전략 의도와 각국 콘텐츠에 투자를 하는 넷플릭스의 전략 방향이 맞은 것이다. 이러한 관계는 〈오징어 게임〉으로 결실을 맺었다.

〈오징어 게임〉의 히트로 또 다른 문제도 주목을 받고 있다. 넷플릭스 측에서 보면 각국 콘텐츠에 해온 투자가 각국 콘텐츠의 품질을 향상시키고 카탈로그의 풍성함을 더했다. 하지만 넷플릭스 비즈니스 모델의 경우 제작비를 지급하지만 흥행 수익이 크게 올라도 제작사에 대한 인센티브는 기본적으로 없는 것이 사실이다. 즉, 넷플릭스의 독식이라는 문제가 대두된다. 지적재산권Intellectual Property, IP의 권리 양도도 계약에 포함되어 있다고 한다.

IP는 쉽게 말해 콘텐츠를 다른 장르로 변형하거나 부가사업을 펼칠 수 있는 권리를 말한다. 한국에서도 몇몇 제작사가 독자적인 제휴 관계를 만들려는 움직임이 나타나고 있다. 넷플릭스와는 방영권만 계약하고, 드라마에서 파생된 2·3차 콘텐츠의 지적재산권을 확보하는 것을 목표로 하고 있다. 현실적으로 보자면 넷플릭스가 다루는 한류 드라마는 더욱 늘어날 것으로 전망된다. 현 시점에서도 넷플릭스의 미국 이외 투자처로는 한국이 가장 많다.

넷플릭스 아시아 최초 진출국 일본, 지위 회복이 가능할까?

일본도 앞으로는 넷플릭스 작품이 늘어날 것으로 예상된다. 2015년 이후 넷플릭스의 일본 오리지널 콘텐츠는 90편이 넘는다. 일본은 지상파 방송사가 드라마 제작에 압도적인 영향력을 행사하기에 넷플릭스도 좀처럼 일반 사용자에게 접근할 수 있는 기회가 없었지만, 2020년 9월 기준 일본 회원수가 500만 명을 넘어서면서 회원 연령층도 넓어지고 있다. 팬데믹도 회원 확보의 호재가 되었다고 보는 시각이 있다.

지난 2021년 개최된 신작 발표회 '넷플릭스 페스티벌 재팬'에서는 50편의 작품이 발표됐으며 영화감독 후쿠다 유이치福田 雄一, 시라이시 카즈야白石和彌와 함께 일본을 대표하는 영화감독 고레에다 히로카즈是枝 裕和도 작품을 제작한다는 내용이 전해졌다. 넷플릭스 일본 법인을 설립한 이후, 프로듀서를 착실하게 늘리면서 내실을 다지고 있다고 한다. 지상파 방송사들도 넷플릭스와의 제휴를 검토하기 시작했다.

넷플릭스는 세계 각국에 현지 팀을 설립하고 있는데, 아시아 태평양 지역에서는 일본이 최초였다. 그러나 한국의 빠른 전개로 인해 다소 뒤처진 감이 없지 않으며, 넷플릭스 일본 법인은 그동안 일본 콘텐츠 제작의 약점이었던 느린 의사결정 속도를 개선하는 데 부심하고 있는 것 같다. 일본이 해외시장을 겨냥한 새로운 동력을 만들기 위해서는 새로운 추진력이 필요하며 앞으로의 성패는 그것에 달려 있다고 할 수 있다.

크로스미디어 전략을 토대로 해외로 진출하는 한국

이와 함께 한국의 해외 진출을 살펴보면, K-POP이나 드라마 이외에 영화도 중요한 콘텐츠다. 특히 봉준호 감독의 〈기생충〉이 칸 영화제에서 황금종

한류, 세계인을 사로잡다

려상을, 아카데미상에서 작품상을 받은 것은 매우 상징적인 사건이다. 그동안 아카데미상에서 비영어권 국가의 작품은 기껏해야 외국어작품상을 받는 것이 가장 큰 성과였지만 〈기생충〉은 그러한 수준을 넘어섰다(〈기생충〉은 그밖에 감독상, 각본상, 국제장편영화상까지 수상하며 4관왕을 달성하는 대기록을 썼다).

한류는 크로스미디어 전략을 통해 해외로 진출하고 있다는 점에 주목해야 하며 단발성 히트에 집중하기보다는 폭넓은 시야를 가지고 일을 추진하는 것이 중요해 보인다. 정부의 적절한 역할을 규정하는 것도 중요한데, 그런 의미에서 콘텐츠의 해외 진출에서 앞으로 나아가고 있는 한국으로부터 배울 점이 매우 많다. 다만, 앞으로 디즈니플러스 등 경쟁 플랫폼이 부상하는 가운데 한국 콘텐츠도 균형 잡힌 협력 체제를 모색해야 할 것이다.

5. 성공적인 제작사들의 등장

한국의 대표 제작사, 스튜디오드래곤

넷플릭스의 한국 드라마에서는 오프닝에서 '스튜디오드래곤Studio Dragon', 'CJ ENM' 등의 제작사 크레딧을 자주 볼 수 있다. 한국에서는 기존 지상파 방송사들도 드라마를 제작하고 있지만, 일본과 비교해 전문 제작사들의 활약이 더 활발하다고 볼 수 있다.

먼저 앞서 언급한 두 회사를 살펴보면 다양한 한국 드라마 제작 기반의 특징을 볼 수 있다. 기본적인 구조로 보면, 스튜디오드래곤은 CJ ENM 계열사라는 특징이 있다. 스튜디오드래곤은 CJ ENM의 드라마 사업 부문으로 설립되었으며, CJ ENM이 모태가 된 CATV 방송국 'tvN'의 드라마를 다수 제작하고 있다.

스튜디오드래곤과 CJ ENM은 2019년 넷플릭스와 MOU(양해각서)를 체결하고 3사 공동 형태로 콘텐츠 제작 및 공급을 시작했다. 이전까지는 넷플릭스에 대해 단발적으로 방영권을 판매했으나, 계약에 따라 2020년 1월 1일부터 3사 공동으로 콘텐츠를 제작해 21편 이상(연간 7편)의 작품을 넷플릭스에 공급하거나 제작 협력하게 되었다. 이를 계기로 2019년 12월 기준 넷플릭스는 스튜디오드래곤의 지분을 4.99% 보유하고 있으며, 이는 CJ ENM 58.18%, 네이버 6.26%에 이은 것이다.

대표작으로는 〈도깨비〉, 〈미스터 션샤인〉, 〈시그널〉, 〈보이스〉, 〈사랑의 불시착〉 등이 있다. 필자가 CJ ENM을 처음 알게 된 것은 영화 〈기생충〉의 투자·배급을 담당했을 때였다. CJ ENM은 방송, 영화, 음악, 라이브 등 엔터테인먼트 산업 전반에 걸쳐 다양한 비즈니스를 하고 있는 한국 최대의 콘텐츠 기업이다.

스튜디오드래곤은 2020년 2분기 매출 1614억 원, 영업이익 169억 원, 당기순이익 134억 원으로 분기 실적에서 사상 최고를 기록했다. 이는 전년 동기 대비 25.9% 성장한 것이다. 영업이익은 56.3% 증가한 169억 원으로, 해외에서의 매출은 40.7% 증가한 594억 원을 기록했다. 소속 시나리오 작가를 포함한 창작자는 전년 동기 대비 50명 증가해 226명이 됐다. 타이틀 수도 해마다 증가하고 있으며(그림 4), 이미 2022년 일본 진출도 보도된 바 있다.

이 배경에는 앞서 언급한 〈사랑의 불시착〉을 비롯해 〈더 킹: 영원의 군주〉, 〈사이코지만 괜찮아〉 등의 세계적인 히트가 있었다. 지난 2017년 스튜디오드래곤은 한국 코스닥에 상장했고 현재는 드라마 제작사를 자회사로 두고 있는 굴지의 콘텐츠 제작사로 성장했다. 〈사랑의 불시착〉은 제작사 '문화창고'와 공동 제작했다.

[그림 4] 스튜디오드래곤의 연도별 드라마 타이틀 수 변화

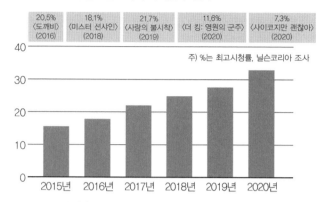

| 20.5%
〈도깨비〉
(2016) | 18.1%
〈미스터 션샤인〉
(2018) | 21.7%
〈사랑의 불시착〉
(2019) | 11.6%
〈더 킹: 영원의 군주〉
(2020) | 7.3%
〈사이코지만 괜찮아〉
(2020) |

주) %는 최고시청률, 닐슨코리아 조사

* 출처: BUSINESS INSIDER(〈사랑의 불시착〉 대성공은 필연. 한국 드라마 '히트 제조기' 기업의 놀라운 세계전략, 니시야마 리오(西山里緒))
* https://www.businessinsider.jp/post219780

CJ ENM은 오디션 프로그램 '프로듀스' 시리즈로 유명한 엠넷Mnet, 애니메이션으로 알려진 투니버스Tooniverse 등 수많은 케이블TV를 운영하고 있지만 드라마, 예능으로 구성된 tvN이 작품의 질과 시청률에서 지상파 방송사를 능가하는 것으로 알려져 있다. CJ ENM, tvN 그리고 스튜디오드래곤의 경우 자본관계와 더불어 긴밀한 협력관계를 구축하고 있는 것이 성공의 중요한 포인트라 하겠다.

'삼성'과 같은 뿌리를 갖고 있는 CJ ENM

CJ ENM은 한국 CJ그룹의 자회사인데, CJ그룹의 원류는 1938년 창업한 삼성상회(현. 삼성물산)이며, 이후 1953년 제일제당을 설립해 CJ그룹이 됐다. 1993년에는 삼성그룹에서 빠져 나왔고, 2002년 회사명을 제일제당에서 CJ그룹으로 변경한 바 있다. 즉 한국 최대의 대기업, 삼성전자를 거느린 삼성그룹과 같은 뿌리를 가지고 있는 셈이다.

CJ ENM은 2018년 엔터테인먼트 사업을 담당하던 CJ E&M과 홈쇼핑 사업 CJ오쇼핑이 합병해 설립됐다. CJ E&M은 CJ그룹 산하 방송사들을 통합해 2011년 설립된 기업이다. 앞서 언급한 케이블TV tvN을 비롯해 음악 전문 채널 Mnet과 어린이 프로그램 전문 채널인 투니버스, 영화 전문 채널 오리온 시네마 네트워크를 보유하고 있으며 산하에 스튜디오드래곤을 비롯한 드라마 제작사, 수많은 음악 레이블도 보유하고 있다.

새로운 변화가 진행되고 있는 한국 제작업계

한국의 영상 제작업계 단체는 한국방송영상제작사협회와 한국드라마제작사협회 두 곳이다(그림 5). 문화체육관광부에 따르면 제작사 신고 수는 2011년 1764개였으나 최근에는 수적으로는 감소 추세에 있다고 한다.

[그림 5] 한국드라마제작사협회 홈페이지

* 출처: http://kodatv.or.kr/sub/index.php

한류, 세계인을 사로잡다

활성화되고 있기는 하지만, 동시에 침체가 진행되고 있다고도 볼 수 있다. 홈페이지를 확인한 결과 2022년 2월 기준 한국방송영상제작사협회 회원사는 168개, 한국드라마제작사협회 회원사는 40개로 전자는 드라마보다 다큐멘터리, 예능 프로그램을 다루는 회사가 많고 후자는 드라마 제작이 중심인 것으로 보인다.

대표적인 제작사는 삼화네트웍스, 김종학프로덕션, 팬 엔터테인먼트, 초록뱀미디어, 이김프로덕션,[11] JS픽쳐스, 드림E&M, iHQ 등이다. 다만, 그중에는 제작사뿐만 아니라 배우, 각본가, 연출가를 보유한 곳도 있어 그 형태를 일률적으로 파악하기는 어렵다.

모든 회사가 잘 되는 것은 아니고 적자에 시달리면서 배우 출연료가 체불되는 사태도 발생하고 있다. 즉, 한국 콘텐츠가 국내외에서 호조를 이어가고 있음에도 불구하고 미디어 업계의 구조적·환경적 요인 때문에 제작사의 수익이 향상되지 못하고 있는 실정이다. 이로 인해 2021년에는 여러 제작사가 모여 콘텐츠 제작연합체 '크리에이터 얼라이언스Creator Alliance'를 결성하는 등 새로운 움직임도 나타나고 있다.

스튜디오드래곤의 성장세가 두드러지지만, 제작사 간에 격차가 생겨나고 있는 것일 수도 있다. 이것은 자본주의 사회에서는 피할 수 없는 일로, 큰 기업이 작은 기업을 잠식하는 형태는 서양뿐 아니라 일본에서도 지극히 당연한 일이다.

---

11 (옮긴이) 2016년 빅토리콘텐츠로 상호를 변경하였다.

6. 독자적인 플랫폼 구축

공공-민간 모두 콘텐츠 비즈니스에 적극적

앞서 언급했듯이 넷플릭스의 오리지널 작품은 제작비를 넷플릭스가 부담하고 배급권 및 작품에서 발생하는 모든 지적재산권을 넷플릭스에 양도하고, 넷플릭스가 제작사 측에 마진을 지불하는 것을 전제로 하고 있다. 다만 마진은 제작비 대비 일정 비율로 사전에 지급되며 일종의 선급금과 같다. 즉, 작품이 히트해도 추가로 지급되는 것은 아니다.

TV로 방영되는 작품은 방송사가 제작비를 100% 부담하지 않기 때문에 제작사는 제품 광고 수입과 OST(오리지널 사운드 트랙) 판매, 국내외 플랫폼 작품 공급 등으로 제작비를 회수하거나 이익을 확보해왔다. 이 경우와 비교했을 때, 넷플릭스와의 거래는 사전에 제작비 100% 확보가 가능할 뿐만 아니라, 일정 수익도 보장되며, 제작비 규모도 기존 방송사보다 큰 장점이 있다.

단지 지적재산권에 관해서는, 제작자의 발언권은 거의 없는 것과 같다. 한국 드라마가 세계 시장에서 수익을 창출하는 상황에서 한국에서는 넷플릭스와의 비즈니스 문제점에 대한 논의가 계속돼왔다. 〈오징어 게임〉은 그 논의에 영향을 미친 구체적인 사례라고 할 수 있다. 넷플릭스는 제작비 약 253억 원을 들여 약 1조 600억 원의 수익을 올린 것으로 알려졌는데, 제작사가 벌어들인 이익은 고작 10%에 불과하다고 한다.

감독의 비판에 넷플릭스가 제작사에 추가 인센티브를 지급했다는 소식도 있었지만, 일본 시부야의 할로윈에서 볼 수 있었던 〈오징어 게임〉 코스튬 등 굿즈류가 세계적으로 팔렸음에도, 기본적으로 제작사에는 전혀 수익이 발생되지 않은 것으로 보인다. 다만 〈오징어 게임〉은 속편이 만들어지면서 작품에 관해서는 어느 정도 조건 변경이 예상된다.

한국 정부도 이에 관심을 기울이고 있으며, 정부기관에서도 넷플릭스 등 글로벌 플랫폼과 계약한 한국의 콘텐츠 제작사들이 공정하게 이익을 누릴 수 있도록 수익 정보 공개와 추가 수익 확보에 관한 법안 검토 필요성을 시사하고 있다. 이러한 정부의 적극적인 개입이 일본과 크게 다른 점일 수 있다. 지적재산권 권리 보유와 수익 분배는 콘텐츠산업의 수익 기반이 되는 만큼 법 정비가 필요하다는 것은 분명한 일이다.

한국 내에서도 콘텐츠 비즈니스에 관한 논의는 연구 및 세미나 등에서 많이 이루어지고 있고, 일반인들도 정보를 접할 수 있다. 물론 한국 경제 전체를 볼 때 진척되지 않는 부분도 있지만, 선택과 집중이라는 측면에서 경쟁 우위를 점할 수 있는 영역을 명확히 파악하고 있다는 점을 중요하다고 평가할 수 있다.

OTT 자체 플랫폼의 검토

이와 함께 한국에서는 자체 플랫폼 창출에 대한 관심이 높아지면서 2021년 이후 구체적인 움직임이 나타나고 있다(그림 6). 우선 SK텔레콤과 국내 지상파 방송 3사(KBS, MBC, SBS)의 합작투자 파트너십으로 2019년 9월 출범한 '웨이브'는 한국을 대표하는 OTTOver The Top(동영상 전송 서비스) 스트리밍 플랫폼이다. 2019년 11월 웨이브는 한국 TV 드라마 시리즈와 콘텐츠에 투자하고 이를 제작하기 위해 2000억 원의 자금을 조달했다. 그 후 웨이브는 성장하고 있는 OTT 업계의 장점을 살려 미국 NBC유니버설과 긴밀한 협력을 지속해 왔으며, NBC유니버설은 2020년 1월 이후 모든 새로운 시리즈를 웨이브에 독점 제공하고 있어 앞으로 더욱 관계를 심화시켜 나갈 것으로 보인다.

[그림 6] 한국의 대표적인 OTT

서비스명	제공 사업자	가입 현황 등
웨이브 (Wavve)	SK텔레콤과 지상파 방송사업자 (KBS, MBC, SBS)의 합작 투자	• 2020년 9월 기준 유료 및 무료 총 회원 수 1000만 명(이 중 유료 회원 수 비공개) • 미국 NBC유니버설에 콘텐츠 수출
티빙 (Tving)	2020년 CJ ENM에서 분사	• JTBC가 2대 주주[12]로서 콘텐츠 등 협력 • 네이버 유료 회원에게 서비스 제공(2021.3.) • 넷플릭스와 콘텐츠 글로벌 사업 개시
시즌(seezn)	KT	• 실시간 방송 채널과 VOD의 모바일 전용 서비스
U+ Mobile TV	LG U+	• 모바일 전용 서비스
넷플릭스	Netflix	• 2020년 말 기준 유료 가입자 수 380만 명

* 출처: FMMC 연구원 리포트(미사와 카오리(三澤かおり)), 2021년 5월, No1.

여기서 말하는 OTT란 인터넷 회선을 통해 콘텐츠를 제공하는 스트리밍 서비스로, 이 책에서 사용하고 있는 '플랫폼'과 동의어이다. 물론 글로벌 플랫폼을 만들어 가는 것이 중요하지만, 본래의 목적은 '원소스 멀티미디어'라는 발상 아래 IP의 권리 보유를 통한 수익의 확대를 도모하는 것이다. 그런 의미에서 콘텐츠는 고부가가치 산업의 핵심이며 넷플릭스와의 사업을 진행하는 과정에서 배운 점을 활용한다는 관점이 미래지향적이다.

또 하나의 대표 OTT인 티빙은 CJ ENM 산하 OTT로 2010년 설립됐다. 이후 2016년 CJ ENM에 인수됐고, 2019년 CJ ENM과 케이블TV JTBC에서 서비스 운영을 위한 합작회사가 출범해 2020년 현재의 티빙이 됐다. 덧붙여 JTBC는 tvN과 각축을 벌이는 케이블TV이지만, 이곳 드라마의 기획, 투자는 제작사 제이콘텐트리[13]가 담당하고 있다. 지난 2021년 네이버는 티빙

---

12 (옮긴이) 24년 7월 현재 티빙의 최대주주는 49% 지분을 보유한 CJ ENM이며, KT스튜디오지니(13.5%), 재무적 투자자(FI)인 젠파트너스앤컴퍼니(13.5%), 에스엘엘중앙(12.8%), 네이버(10.7%) 등으로 변화되었다.

지분의 15.4%를 확보해 CJ ENM에 이어 2대 주주가 됐다(현재는 변화, 각주 12 참조). 또한 모바일 메신저 라인LINE과 손잡고 해외 진출도 고려했다. 이미 라인이 들어가 있는 일본, 대만을 시작으로 미국 시장 진출도 계획하고 있다. CJ ENM이 글로벌 시장에서의 드라마 제작 성공 노하우와 전 세계적으로 2억 명의 유저를 가지고 있는 라인의 글로벌 진출 노하우의 융합이라고 할 수 있다.

넷플릭스에서 얻은 노하우를 독자적인 플랫폼에 활용

앞서 언급한 웨이브와 티빙이 현재로서는 한국의 양대 OTT라 할 수 있다. 그러나 냉정하게 생각해 보면, 영리한 전략 구축이 이루어지고 있다고 볼 수 있다. 넷플릭스와의 비즈니스 구축으로 글로벌 진출의 성과를 거두고, 그 과정에서 얻은 노하우를 한국의 독자적인 OTT에 활용하겠다는 의도가 엿보이기 때문이다. 이를 위해 권리 양도도 마다하지 않겠다는 탁월한 전략이 이루어졌다고 봐도 무방하다.

사실 2019년 스튜디오드래곤과 제이콘텐트리가 같은 시기 넷플릭스와 맺은 3년 계약도 2022년에 티빙이 자체적으로 세계로 진출할 것을 내다본 계약이었다. 전략의 성취를 위해 기존 개념을 버리고 가겠다는 자세는 안타깝게도 일본 콘텐츠산업계에서는 찾아보기 힘들다. 또 하나 주목해야 할 것은 한국에서는 기업 간의 벽이 일본보다 낮다는 점이다. 즉, 일종의 고집보다 전략이 우선시되고 있다.

이는 한국 드라마에만 국한된 것이 아니라 K-POP에도 통용되는 부분이다.

13　(옮긴이) 2022년 '콘텐트리중앙'으로 사명을 바꾸었다.

음악의 리메이크[14]도 회사의 울타리를 넘어 자유롭게 이루어지기도 하고 자사에 대한 지나친 집착 이전에 항상 전략이 있다는 뜻이기도 하다. 이러한 전략의 실행과 비즈니스의 구축에서는 IP라는 요소를 가장 중요하게 여긴다고 이해할 수 있다. 최종적인 목표로 자사가 IP를 보유한 작품을 해외에서 제작하고, 글로벌 시장에 진출해 IP 비즈니스를 전개하는 전략을 펴고 있다.

그 배경에는 제작사가 OTT나 방송사에 대해 일정한 협상력을 갖고 기존 대비 많은 제작비를 확보할 수 있게 된 점, 창작자가 제작에 집중할 수 있는 환경을 마련할 수 있게 된 점, 그리고 제작한 콘텐츠가 안정적으로 유통되는 시스템을 구축할 수 있게 된 점 등이 있다.

7. 드라마 원작의 변화

웹툰의 드라마화

IP 비즈니스의 전개에 주목하고 있는 것은 비단 제작사만이 아니다. 4차 한류 붐의 주역으로서 드라마 원작인 만화, 특히 웹툰이 많아졌다. 필자가 웹툰을 알게 된 것은 10여 년 전이다. 필자의 세미나와 관련하여 당시 재학 중이던 한국인 유학생이 석사논문 주제로 웹툰을 선택한 일이 있었다. 이른바 한국이 만들어낸 디지털 만화, 웹코믹[15]의 일종이었다.

---

14 (옮긴이) 원서에서는 '커버'로 표현. 기존에 발표됐던 곡을 나중에 같거나 다른 뮤지션이 다시 만드는 것을 의미한다. 한국에서는 커버 대신 다시 만든다는 뜻의 영단어인 '리메이크(remake)'라는 단어를 쓰는 경우가 많다.

15 (옮긴이) 일본에서는 웹코믹이라고 하는데, 이는 웹(web)과 코믹(comic)의 합성어로, 말 그대로 인터넷에 게재되는 만화인 '인터넷 만화'를 말한다. 웹만화라고도 하며, 한국에서는 보통 웹툰(webtoon)이라고 칭한다. 다만 이 책에서 웹툰은 좁은 의미로 대한민국의 인터넷 만화만을 한정지어 사용되는 것으로 표현되었다.

한류, 세계인을 사로잡다

웹툰의 특징은 세로 스크롤로 읽는 형태이기 때문에 여러 페이지가 아닌 세로로 긴 스트립으로 각 장의 에피소드가 구성되어 있다. 또 흑백으로 그린 것보다 컬러로 그린 것이 많다. 음악이나 애니메이션이 추가된 작품도 있다. 한국에서는 출판물로서 만화 출판 수는 줄어들고 웹툰이 주류가 되어 가고 있다.

글로벌 인포메이션의 "웹툰의 세계시장: 시장규모·현황·전망(2021~2027년)"에서는 세계 웹툰시장이 2027년까지 엔화로 약 1조 8700억 엔(한화 약 16조 5869억 원) 수준으로 성장할 것을 예측하고 있다. 2020년 기준 약 2200억 엔(한화 약 1조 9514억 원) 규모라는 점에 비추어보면 시장이 급속하게 확대되는 추세라고 볼 수 있다.

한국에서 웹툰 IP의 상당수를 보유하고 있는 곳은 네이버와 카카오다. 네이버는 2015년 '네이버 웹툰' 서비스를 시작했으며 일본에서는 라인 만화에도 투자하고 있다. 카카오는 2013년부터 웹툰과 소설을 다루는 '카카오페이지'를 운영하고 있고, 그 연장선상에서 '카카오M'[16]이라는 엔터테인먼트 회사를 설립하여 출판사 및 웹툰 관련 회사에 투자하며 IP 보유에 힘쓰고 있다.

카카오는 나아가 '카카오웹툰'을 출범시켜 글로벌 시장에 콘텐츠를 공급할 수 있는 방안을 마련하고 있다. 일본에서는 '픽코마'[17]라는 사이트에서 서비스를 시행하며, 라인LINE 만화를 능가하는 존재로 자리매김하고 있다. 네이버, 카카오 모두 음악, 영상 콘텐츠도 보유하고 있어 웹툰뿐 아니라 다

---

16 (옮긴이) 2021년 '카카오페이지'와 '카카오M'이 합병하여 '카카오엔터테인먼트'가 출범하였다.
17 (옮긴이) 픽코마(ピッコマ, Piccoma)는 한국의 기업 카카오의 자회사 '카카오픽코마'가 운영하고 있는 일본의 웹툰, 출판 만화, 웹소설을 서비스하는 애플리케이션 및 웹사이트이다. 2016년 4월 서비스를 시작했으며 주로 카카오웹툰(Kakao Webtoon)과 카카오페이지(Kakao Page)의 웹툰을 일본어로 번역, 유료 서비스하고 있다.

양한 콘텐츠 IP 유통을 염두에 두고 있다. 전자는 제작 및 유통에 관해서 CJ ENM이나 넷플릭스 등과의 제휴를 통해 글로벌 진출을 도모하고 있고, 후자는 종합 미디어 회사로서 대규모 투자, M&A를 실시하고 있다.

또한 한국의 콘텐츠산업은 다양한 움직임을 보이고 있는데, 예를 들어 '키이스트' 등 매니지먼트 회사가 창작자를 영입해 드라마 제작에 나서고 있고, BTS를 이끈 하이브HYBE(구. 빅히트 엔터테인먼트)는 소속 아티스트를 활용한 웹툰, 애니메이션, 게임 등을 염두에 둔 IP 비즈니스를 구축하고 있다. 각각의 회사가 각자의 장점을 살린 형태로 사업을 추진하고 있다.

드라마와 NFT의 연동

〈오징어 게임〉이 IP에 대한 관심을 불러일으키는 계기가 되었지만, 한편 한국에서는 NFT에 대해 산업계의 시선이 집중되고 있다. NFT는 비대체성 토큰(블록체인상에 기록되는 고유의 대체 불가능한 데이터)이지만 콘텐츠가 대상이 될 수 있다는 점에서 이미 몇 가지 구체적인 사례도 생겨나고 있다. 예를 들어 한국 최초의 NFT 시장에는 드라마 〈빈센조〉에 등장한 주인공 빈센조의 '까사노 문양 라이터'가 발행되어 개당 0.13이더리움(250달러 상당)으로 한정 판매되었다.

하지만 아직 한국에서도 법 정비 속도가 따라가지 못해 법적 지위는 확정되지 않았다. 또한 2021년 11월 1일 기준 구글 트렌드에서 한국은 NFT 구매에 관심이 있는 국가로 전 세계 상위권을 차지하고 있지만, 2022년 들어 약간 관심이 줄었다고 보는 사람들도 있다.

기업그룹 산하에 있는 삼성넥스트와 CJ올리브네트웍스 등의 회사들은 이미 NFT에 투자해 NFT 기반 티켓 솔루션 개발에 착수했다. 카카오 산하의 그라운드엑스GroundX, 미래에셋증권, 신한은행, 한화자산운용 등 금융계 회사들도 NFT를 자사 콘텐츠나 비즈니스 모델에 통합하는 방안을 모색하고 있다. 세계적으로 인지도가 높은 음악, 드라마, 게임 등 대중문화의 우위성이 NFT를 견인할 수 있는 요소로 보고 있다.

특히 음악산업의 움직임이 두드러진다. 한국을 대표하는 에이전시인 SM엔터테인먼트, YG엔터테인먼트, JYP엔터테인먼트는 소속 아티스트들의 NFT 투자에 착수했고 BTS가 소속된 하이브도 블록체인 두나무와 손잡고 NFT 시장에 진출하기 위한 합작회사를 설립했다.

K-POP이나 드라마가 언론을 장식하는 경우가 많기는 하지만, 실제로 한국 콘텐츠에서 가장 수출 규모가 큰 분야는 게임이다. 2020년 실적을 봐도 콘텐츠 전체 수출의 66.9%가 게임이었고 6.4%의 K-POP, 4.5%의 드라마를 훨씬 능가하고 있다. 대표적인 게임사인 크래프톤, 엔씨소프트 등은 이미 NFT를 자사 콘텐츠나 플랫폼으로 통합한다는 계획을 발표했고, 발표 직후 주가가 빠르게 상승했다. 카카오게임즈도 유명한 온라인 게임 개발자와 파트너십을 맺고 해외 진출에 눈을 돌리고 있다. 다만 앞서 언급했듯이 법 체계가 정비되어 있지 않아 NFT를 통합한 게임은 한국 이외 지역에서는 이용이 제한되어 있다.

일본 콘텐츠산업은 이제 한국에 뒤처져 있는 것으로 보인다. 하지만 일본의 콘텐츠가 열등하다는 의미는 아니다. 비즈니스 체계 구축과 관련해 정교함, 대담함, 속도감이 부족할 뿐이다. 즉, 기존 체계를 중시하다 보니 혁신이 좀처럼 일어나지 않는 것이다. 일본의 콘텐츠산업은 각각의 영역에서 오랜 역사를 가지고 있다. 이는 언뜻 보면 경험의 축적이라는 면에서는 큰 장점이지만, 한편으로는 걸림돌로 작용하고 있다.

제2장

———

콘텐츠대국을
목표로 하는 한국

콘텐츠대국을 목표로 하는 한국

1. 한국의 콘텐츠산업 정책의 현재

소프트파워에 바탕을 둔 문화콘텐츠 전략

콘텐츠산업에 대한 관심은 국제정치학자 조지프 나이Joseph Nye가 저서《주도국일 수밖에 없는 미국: 미국 국력의 변화하는 본질Bound to Lead: The Changing Nature of American Power》에서 주창한 '소프트파워'라는 개념에서 시작되었다. 이는 군사력이나 경제력으로 대표되는 '하드파워'에 대비되는 것이며, 문화력Culture Power을 내포하고 있다고 주장했다. 그의 시각은 '창조도시론'에 기반하여 문화예술(음악, 영상, 문학, 만화, 애니메이션, 미술 등)을 통해 도시를 재생하는 새로운 도시전략론에 대한 관심으로 발전했다.

이러한 시각은 영국에서 2000년대 중반에 수립되어 후반을 풍미했던 '쿨 브리타니아'Cool Britannia'로 이어진다. 블레어 총리는 당시 문화산업 종사자, 언론인, 학자 등을 모아 '창조산업특별위원회'를 구성하여 창조산업 진흥을 위한 정책을 논의하고, 다양한 시책을 실행에 옮겼다. 동시에 '홍보특별위원회'를 구성하여 영국의 국가브랜드 이미지를 강화하기 위한 국가 홍보 전략을 시행하도록 했다. 정부 부처도 개편하였다. 국가유산부를 문화-미디어-스포츠부(문화부)로 개편하여 문화유산의 관리뿐만 아니라 창조산업의 진흥 등을 함께 담당하도록 했다. 쿨 브리타니아는 한국의 콘텐츠산업 진흥 정책의 원동력이 되었으며, 일본 경제산업성의 '쿨 재팬Cool Japan' 역시 이에 영향을 받았다.

캐나다 토론토대학교 교수인 리처드 플로리다Richard Florida는 현대 경제의 새로운 주역으로서 새로운 아이디어와 기술, 콘텐츠를 창조하는 전문 종사자, '창조계급Creative Class'의 등장 및 부흥에 주목했다. 또한, 지역 재생은 창의 인재를 어떻게 그 지역으로 유치할 수 있느냐에 달려 있다고 주장했다. 이 논의에는 정보의 고도화로 인해 지리적 제약이 완화되며, 창의 인재들은 단순히 일자리 유무를 우선 조건으로 활동 거점을 정하는 것이 아니라 자신이 보다 창의적으로 활동할 수 있는 환경을 중심으로 활동 거점을 선택한다는 시각이 반영되어 있다.

한국투자공사가 2012년에 발표한 《문화콘텐츠》는 콘텐츠산업의 특성으로 ① 체험경제, ② 불확실성, ③ 창구효과, ④ 문화적 할인, ⑤ 연관효과의 5가지를 제시하며, 콘텐츠산업을 발전잠재력이 강한 산업으로 바라보았다. 하나씩 살펴보면, ① 체험경제와 관련해서 근대화 이후 산업 패러다임의 변화로 21세기는 창의성과 감성을 중시하는 체험경제Experience Economy가 중심 패러다임이 되었으며, 체험경제의 대표적인 사례가 문화콘텐츠산업이라는

한류, 세계인을 사로잡다

점을 설명한다. ② 불확실성과 관련해서는 문화콘텐츠산업은 수요를 예상하기 어렵다는 점에서 고위험성을 갖고 있지만 동시에 고수익의 가능성을 내포하고 있다는 점을 들 수 있다. 또한 일반제조업과는 달리 수확체증의 법칙,[1] 한계비용법칙이 적용된다. ③ 창구효과는 문화상품은 특정 영역에서 만들어진 후 부분적인 기술변화를 거쳐 다른 영역의 상품으로 활용되면서 가치가 높아진다는 점과 관련이 있다. 해리포터의 사례와 같이 원소스 멀티유즈OSMU의 과정을 통해 '소설 해리포터 → 영화 해리포터 → 게임, 애니메이션, 캐릭터' 등으로 활용될 수 있는 가능성을 갖고 있다. ④ 문화적 할인은 문화상품이 언어 관습 역사 등의 이유로 다른 문화권에 들어오면 그 가치나 효용이 어느 정도 작아지는 것을 의미한다. 일반적으로 게임, 애니메이션, 캐릭터 등은 문화적 할인율이 낮고 드라마, 음악, 영화 등은 할인율이 비교적 높다고 알려져 있다. 그러나 최근의 한류 열풍으로 인해 이 역시 변화하고 있다. ⑤의 경우, 문화콘텐츠산업은 제조업, 관광업 등 다른 산업에 미치는 경제·사회적 파급효과가 크고 문화콘텐츠산업의 생산 유발효과, 부가가치 유발효과, 고용 유발효과는 모두 일반 제조업이나 서비스업에 비해 크다는 점과 관련이 있다.

일본 '쿨 재팬 정책'과의 차이점

문화체육관광부 홈페이지 자료에 따르면, 문재인 정부는 2018년 '콘텐츠산업 경쟁력 강화 핵심전략'을 발표하고, 다음 해인 2019년 '콘텐츠산업 3대

---

1 (옮긴이) 투입된 생산요소가 늘어날수록 산출량이 기하급수적으로 늘어나는 현상을 말하며, 전통경제학에서 적용되던 수확체감의 법칙과는 상반된다. 지식자본을 중심으로 하는 콘텐츠와 서비스 산업 등에 적용된다. 기업의 종업원이 업무 처리과정에서 얻은 콘텐츠, 지식이나 노하우는 그것을 쓸수록 발전하고 새로운 노하우의 원천이 되기 때문이다.

혁신전략'을 발표하여 콘텐츠산업 진행에 대한 보다 구체적인 전략·과제·
목표치를 제시하였다(그림 7). 일본과는 달리 분명한 목표를 제시하고 있다.

[그림 7] 한국 콘텐츠산업 진흥정책(2018)

콘텐츠산업 경쟁력 강화 핵심전략(2018)	
추진방향	추진전략
글로벌 수준의 경쟁력 확보	• 산업수요를 반영한 인프라 및 정책금융 확충 • 현장 맞춤형 인재양성 및 일자리 지원 강화 • 뉴콘텐츠 육성 및 문화기술 R&D 혁신
신시장 확대 및 수요 창출	• 콘텐츠 수요 창출과 지역생태계 조성 • 해외 진출 다변화 및 쌍방향 교류 확대 • 신한류 연계, 연관산업 동반성장 지원
공정환경 개선과 과감한 제도 혁신	• 콘텐츠산업 공정 환경 조성과 창작자 권리 강화 • 민간 자율성을 살리는 규제 · 제도 혁신

콘텐츠 3대 혁신전략(2019)		
3대 전략	10대 과제	콘텐츠산업의 2022년까지 목표
1. 정책 금융 확충	① 콘텐츠 모험투자펀드 신설	콘텐츠산업 매출액 153조 8000억 원
	② 콘텐츠 기업보증 확대	
2. 선도형 실감 콘텐츠 육성	③ 공공서비스 · 산업 · 과학기술 분야 실감콘텐츠 혁신 'XR+α 프로젝트'	콘텐츠산업 수출액 134억 2000만 달러
	④ 문화관광 체감형 콘텐츠와 체험공간 구축	
	⑤ 시장주도형 킬러콘텐츠 제작 지원	콘텐츠산업 고용 70만 명
	⑥ 기업 지원, 인재 양성 등 산업 성장 기반 강화	
3. 신한류로 연관 산업의 성장 견인	⑦ 콘텐츠 유망기업과 수출 핵심요소 집중 지원	콘텐츠산업 매출액 100억 원 이상 기업 2000개 (2019년 1700개)
	⑧ 소비재 · 관광 등 연관 산업의 한류마케팅 지원 강화	
	⑨ 지식재산 보호 및 공정환경 등 한류 산업기반 강화	VR · AR 실감콘텐츠 매출액 11조 7000억 원
	⑩ 지속 가능한 한류를 위한 문화기반 확산	

* 출처: 문화체육관광부 홈페이지, 콘텐츠산업 경쟁력 강화 핵심전략(2018), 콘텐츠 3대 혁신전략(2019) 보도
자료 등

한류, 세계인을 사로잡다

일본의 쿨 재팬 전략(그림 8)도 유사한 맥락에서 접근한다. 그러나 한국은 글로벌 시장에서의 경쟁우위를 확보한다는 점에 보다 주력한다. 한국콘텐츠진흥원의 예산 규모 추이(그림 9)에서는 콘텐츠산업 육성 및 환경조성에 많은 예산이 투입되고 있음을 알 수 있다.

일본의 경우 민간기업 중심으로 산업을 주도한다는 점에서 기존 전략과 유사하다. 반면, 한국은 국가 주도 전략을 강화하고 있다. 즉, 한국의 콘텐츠 진흥정책은 콘텐츠산업이 고부가가치라는 특성에 주목하여 정책적인 지원을 하는 것이다. 물론, 콘텐츠산업은 표현의 자유에 기반을 두기 때문에 정부의 개입이 최소로 이루어져야 한다는 의견도 있기는 하다.

그러나 한국 콘텐츠의 글로벌 전개 양상을 보면 이러한 개입을 부정적으로만 바라볼 것은 아닌 듯하다. 정부가 유무형의 형태로 지원, 원조하는 방식이 나쁘지 않아 보인다. 상식적인 수준에서 표현의 자유를 보장할 수 있다면 정부 지원은 충분히 고려해 볼 만하다. 일본은 한국콘텐츠진흥원과 같

[그림 8] 쿨 재팬 전략(경제산업성, 2015)

1. 일본에 대한 관심 유도	2. 현지 수익 창출	3. 일본 내 소비 촉진
일본의 매력 효과적 전파	현지 수익 창출 위한 플랫폼 구축	일본 방문 유도를 통한 소비 촉진
일본에 대한 흥미·관심을 높이는 기회 만들기 (1) 콘텐츠 해외 전파 및 현지화 지원 　a. J-LOP(일본·콘텐츠 현지화 & 프로모션 지원 조성금) + 사업 (2) 고향특산품과 전통주 연계 정보 등 해외 전파 　a. 해외정보 확대 사업 　b. 일본 전통주 관련 정보의 다국어 표기 및 전파 등	일본 콘텐츠 전용 채널 확보 및 상업시설 등을 통한 관련 상품 판매 (1) 제품개발, 조직 구축 　a. 발굴 지원 　b. 생산 지원 　c. 기업 매칭 (2) 현지 업체와의 매칭 (3) 테스트 마케팅 (4) 쿨 재팬 기구에 의한 출자 등 (5) 일본정책금융금고에 의한 융자	외국인 관광객 일본 각 지역 유치(체류기간·소비 확대) (1) 쿨 재팬 자원을 활용한 관광 진흥 　a. 쿨 재팬 자원의 활용·확대 　b. 해외에 효과적인 정보 확산 (2) 쿨 재팬 기구에 의한 지방 인바운드 지원 위한 출자 등

* 출처: 간사이 경제산업국(「쿨 재팬 정책에 대하여」(경제산업성, 2016년 1월)에서 발췌

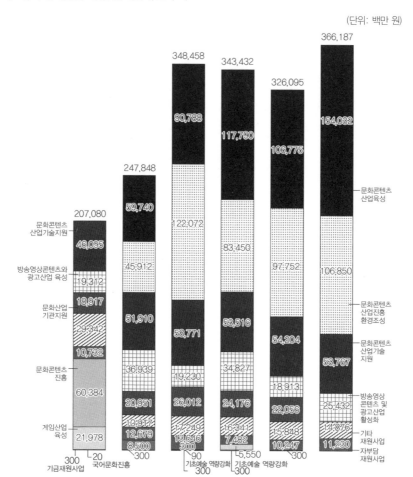

[그림 9] 한국콘텐츠진흥원 예산 규모 추이

(단위: 백만 원)

* 출처: 내각부 「쿨 재팬 전략 KPI 수립을 위한 기초조사 분석 및 가설 제안」(2020, Accenture), 공공기관 경영정보 공개시스템 「한국콘텐츠진흥원 주요사업 예산」, Accenture 작성

은 콘텐츠산업 전담기관의 일원화가 이루어지지 않고, 경제산업성을 비롯한 각 부처가 개별적으로 정책을 추진해 나가고 있다. 이는 일본 관련 새로운 논의가 시급하게 필요하다는 점을 보여준다.

한류, 세계인을 사로잡다

2. IMF 위기를 계기로 한 전략 전환의 성공

외환위기가 국가적 전환의 계기가 되다

1997년 이후 한국은 외환위기라는 국가적 위기를 계기로 IT산업과 콘텐츠 산업 진흥에 본격적으로 나서기 시작했다. 한국은 한국전쟁의 폐해를 극복하기 위해 박정희 대통령이 주도한 경제정책을 기반으로 '한강의 기적'이라고 부르는 경제성장을 이룩했다.

한국이 급속한 경제성장을 이룰 수 있었던 내적 요인으로는 재벌 기반 수출지향형 공업화 정책, 독재정권 아래 개발독재에 의한 노동조합 억압 등을 들 수 있다. 외적 요인으로는 냉전 체제에서의 서방국가, 특히 일본과 미국의 경제 및 기술원조, 유럽과 미국, 일본 시장 접근성, 그리고 경제성장 초기 해외파견 노동자들을 통한 외화 획득 등을 꼽을 수 있다.[2]

그러나 한국이 선진국 대열에 들어선 공식적인 시점은 1996년 OECD (경제협력개발기구) 가입과 이듬해 발생한 아시아 외환위기를 기적적으로 이겨내면서부터다. 아시아 외환위기는 1997년 여름 태국의 바트화 폭락이 시작점이 되었다. 그해 12월에는 한국에도 그 여파가 확장되었다. 당시의 환율 하락은 미국 헤지펀드를 중심으로 한 기관투자가들의 통화 공매도로 촉발되었다. 한국은 거시경제 펀더멘털(경제의 기초적 조건)이 충분했지만 금융 부문에서는 부실채권을 안고 있었다. 과도한 빚은 경영 판단의 큰 실수로 이어졌고 경영의 큰 변화를 초래했다. 결국 기아자동차 부도를 시작으로 경제 상황이 악화되면서 IMF에 도움을 요청하는 사태가 벌어졌다.

당시, 한국과 IMF와의 합의 내용은 경제재건, 금융기관의 구조조정, 통

---

2 (옮긴이) 저자의 의견으로, 평가는 다를 수 있다.

상환경 규제 및 외국자본투자의 자유화, 기업 거버넌스의 투명화, 노동시장 개혁 등이었다. 이러한 흐름 속에서 한국 정보통신부는 1999년 「사이버코리아 21」이라는 제목의 보고서를 발표했다. 보고서는 21세기가 지식경제로 이행해 갈 것이라는 인식을 바탕으로 향후 4년간 주력해야 할 3가지 주제로 ① 지식기반사회를 위한 정보기반 강화, ② 정보기반을 활용한 국가의 생산성 향상, ③ 정보를 기반으로 하는 신규사업 육성을 강조했다. 이것은 U-CITY 구상의 시작점이 된다.

3. 정보도시-디지털미디어시티

정보미디어산업의 집적: 도시의 건설

디지털미디어시티DMC는 서울 마포구에 위치하며, 시내 중심부에서 7㎞ 거리, 서쪽으로는 인천국제공항, 남쪽으로는 김포공항과 여의도, 동쪽의 신촌 및 마포 부도심과 연결되는 지역이다. 인천국제공항과는 공항고속도로와 2010년 개통된 공항철도를 통해 30분 이내의 위치에 있으며, 경의중앙선과 지하철 6호선 디지털미디어시티역으로 연결되어 국내외 어디서나 접근이 용이하다.

DMC가 조성된 옛 난지도는 행정 구역상 서울특별시 마포구 성산동 549번지 일대로 남쪽은 홍제천, 북쪽은 성산천, 동쪽은 난지천으로 둘러싸인 매립지였다. 이곳은 한강 하류 삼각형의 편마암 지대로 자연스러운 형태의 제방이 있어 조선말까지 유람선이 정박하는 장소였다고 한다.

난지도는 매립지가 되기 전에는 화훼류, 배추, 무, 땅콩을 재배하는 밭이었다. 미루나무가 자라고 갈대 등 습지 식물이 무성하여 철새들이 찾아오는

한류, 세계인을 사로잡다

곳이었다. 난지도 북쪽 지류인 하천 주변에는 소규모 취락이 형성되어 농업에 종사하는 주민들이 거주하며 하천 부지를 경작함으로써 생산성이 낮은 작물을 재배하는 잡종지로서 주로 활용되었던 것으로 추정된다. 이 지역은 홍수가 나면 난지도와 지류 하천이 종종 범람하곤 했는데, 1977년과 1980년 범람을 막기 위해 한강 제방을 쌓으면서 난지도는 육지로 연결되었다.

DMC가 위치한 서울 상암동·난지도 지구는 이처럼 이전에는 쓰레기 매립지였는데, 높이 95m, 길이 2㎞에 이르는 쓰레기로 이루어진 인공산이었다. 도쿄의 '유메노시마夢の島'[3]와 유사한 시설이었다. 1996년부터 쓰레기 매립에 의한 환경오염 방지 시설을 마련하고 개발을 유보하는 등 안정화 사업에 착수하여 1997년 택지개발사업지구로 지정되었다. 1998년 고건 서울시장이 취임하며 '새서울타운 조성'[4] 방침을 발표하고 기본 계획을 착수했다.

'정보도시·생태도시·관문도시'의 실현을 목표로, 월드컵공원, 친환경 주거단지, DMC의 3가지 구체적 프로젝트로 추진되었다. 이를 '상암새천년신도시(밀레니엄시티)계획'이라고 부른다. 서울시는 DMC를 '정보미디어 산업 집적'과 '경제·문화·친환경 발전'을 목표로 하는 '첨단 비즈니스 단지'를 지향한다고 설명했다. 즉, DMC는 정보산업, 미디어산업, 엔터테인먼트산업 클러스터 조성이 목표였다. 특히, 미디어산업과 엔터테인먼트산업으로 특화됐다.

상암새천년신도시계획은 단기로는 2002년 월드컵 개최, 월드컵경기장

---

3 (옮긴이) 도쿄도 고토구에 있는 지역 이름. 인공섬으로 된 도쿄만 매립14호지 중 하나이며, 유메노시마공원이 지역의 대부분을 차지한다. 유메노시마는 꿈의 섬이라는 뜻인데, 본문의 난지도와 유사하다.
4 (옮긴이) 상암 지역을 서울의 새로운 부도심으로 만든다는 구상 아래 월드컵공원, 환경 친화적 주거단지, 상암 DMC 등의 조성이 포함되었다. 환경 재생과 새로운 기술을 통해 지속가능한 미래 복합 신도시를 만드는 것이 주요 내용이었다.

건설 및 필요 지원시설 설치, 도시기반시설 확충과 정비를 목표로 삼았다. 중기로는 2011년 서울시 북서부 도심화, 택지개발사업과 경기장 주변 정비 종료, DMC 1단계 조성 완료, 신공항철도와 경의중앙선 개통으로 3개 환승역사와 철도부지 일부 개발을 목표로 삼았다. 또한, 장기로는 고속철도 개통과 철도부지 개발, 한강 수상 교통 개통과 난지도 개발을 목표로 했다.

미디어, IT기업 중심 자체 완결형 첨단 업무단지로 특화

DMC는 2010년 완성을 목표로 했으나, 실제로는 2015년에 완공되었다. 이전부터 이 지역에는 미디어, IT 관련 기업이 모여 매출 규모는 12조 원에 이르렀다. 2015년 완공 시점의 목표는 약 880개 기업의 입주, 6만 8000여 명의 고용 창출, 연 매출 약 35조 원이었다. 정보미디어 IT 관련 첨단비즈니스센터, 산학협력연구센터, 외국인 장기체류형 임대아파트, 스탠포드호텔 서울, 서울 드와이트Dwight 외국인학교, 애니메이션게임센터, 영화촬영세트, 국내 최대 규모의 컴퓨터그래픽CG 제작시설, 한류체험관 등 영상문화단지가 순차적으로 건립되었다.

또한 외국인 및 외국계 기업을 대상으로 토지·건물 장기임대(50년), 외국인투자구역 지정에 따른 조세감면, 연 4%의 저리로 토지매입금 장기분할상환(20년), 국세와 지방세 7년간 면제 및 이후 3년간 50% 감면, 외국인전용임대주택 및 국제학교 등 인프라 정비 등이 제도적으로 지원되었다.

DMC는 여러 블록으로 구성되었다. 블록A는 교육 및 연구단지 용지로 상업적 개발 가능성이 낮으며, 간선 도로변 녹지에 연결하여 근린공원을 조성함으로써 토지의 가치와 단지 환경을 개선했다. 블록B는 첨단업무지역, 일반상업 및 업무시설, 주거상업복합시설 등이 자리 잡으며, 생활과 업무를 모두 수행할 수 있는 원스톱 첨단업무단지로 특화했다. 블록C는 단지 조기 활성화를 위한 지역으로 공공부문이 우선적으로 개발되었다. 중앙공원을 중심으로 간선도로변에 첨단업무, IT 교육센터 및 창업지원센터, IDC(인터넷 데이터 센터), 산학연센터, 미디어프로덕션센터 등이 조성되어 있다. 블록D는 국제업무 및 중심상업지역이다. 여기에 국제업무와 상업센터 용도의 고층 복합시설을 설치함으로써 DMC의 중심지로 조성되었다. 블록의 중앙에는 역사 건물에서 공원으로 이어지는 보행자 도로와 광장을 설치하여 양쪽을 잇는 기능의 연결 구조를 만들었다. 블록E는 첨단 업무 지역(특수 기능 유치 지역) 미디어와 엔터테인먼트의 중심 기능이 위치한다. 블록F는 국제교류지역컨벤션센터, DMC 홍보관, 호텔 등을 단지형으로 개발할 예정이었지만, 현재는 확인이 되지 않는다.[5] 해외 연구기관이 입지할 경우 첨단업무시설로 대체 수용할 수 있도록 토지이용계획상 편의를 제공한다(그림 10, 그림 11).

[**그림 10**] 디지털미디어시티(필자 촬영)

---

5   (옮긴이) 서울경제진흥원(https://www.sba.seoul.kr/) 참조(2023년 12월 27일 기준)

[그림 11] 디지털미디어시티 개발사업

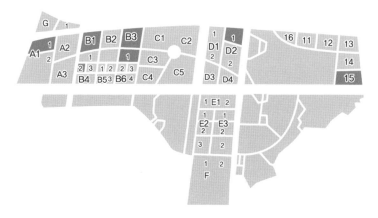

A1–1	서울 드와이트 외국인학교	A1–2	서울일본인학교	A2	우리은행
A3	외국인 임대주택	B1	삼성SDS	B2–1	한국지역정보개발원
B2–2	디지털드림타워	B3	엠스트림 피에프브이 주식	B4–1	스탠포드호텔코리아
B4–2	디지털리얼티		회사	B4–4	상암IT컨소시엄
B5–1	팬엔터테인먼트	B4–3	ES 타워	B5–3	LG CNS
B6–1	사보이시티DMC	B5–2	우리기술	B6–3	한국전자정보통신산업진흥회
B6–4	LG U+	B6–2	한국트럼프	C3	서울산업진흥원 디지털매직스페이스
C4, E1	KGIT 센터	C1, C2	MBC	D1–1	㈜SBS
D1–2	㈜YTN	C5	누리꿈스퀘어	D2–2	㈜동아일보
D3	CJ	D2–1	미공급	E2–1	중앙일보
E2–2	JTBC	D4	DMC홍보관	E3–1	KBS미디어
E3–2	DMC산학협력연구센터	E2–3	NF 컨소시엄	F1, F2	미공급
G	DMC첨단산업센터	E3–3	서울시 S-Plex Center	I2	한샘상암
I3	롯데쇼핑	I1	중소기업중앙회	I5	롯데쇼핑
I6	종교시설	I4	롯데쇼핑	주4	서서울농협
		주2	㈜MBC씨앤아이		

* https://www.sba.seoul.kr(서울경제진흥원) 자료를 토대로 역자 수정(2023년 12월 기준)

4. 한국콘텐츠진흥원의 설립

한류 열풍을 이끄는 정부기관

전 세계적인 한류 열풍의 배경에는 한국콘텐츠진흥원이 있다. 한국콘텐츠
진흥원은 2009년 문화체육관광부 산하 특수법인으로 정부사업을 위탁집행
하는 준정부기관으로 설립되었으며, 한국 콘텐츠 전 분야를 체계적으로 육

한류, 세계인을 사로잡다

성하는 역할을 일원화해 담당하는 것을 목표로 한다.

한국에서는 1999년 통과된 「문화산업진흥 기본법」에 따라 지난 1989년 설치된 방송영상산업진흥원에 이어 한국문화콘텐츠진흥원, 게임산업진흥원, 문화콘텐츠센터, 한국소프트웨어진흥원, 디지털콘텐츠사업단 등의 조직이 만들어졌다. 이후 2009년 방송과 통신의 융합 등 환경 변화 등을 의식하여 산업별 조직 단일화를 도모했다.[6] 현재 한국콘텐츠진흥원은 해외 거점까지 포함해 500여 명의 직원이 근무하고 있는 것으로 알려졌다.[7]

상위기관인 문화체육관광부는 콘텐츠산업 진흥에 일정 부분 관여한다. 그러나 영화, 출판 등을 제외한 방송, 음악, 게임, 애니메이션, 만화, 캐릭터, 패션, 문화기술CT 등의 영역에서 주도적인 역할을 하는 것은 한국콘텐츠진흥원이다.

한국콘텐츠진흥원의 구체적인 역할은 콘텐츠의 기획 및 제작, 제작 환경 정비, 유통망 개척, 인재 육성 등의 측면에서 공공의 지원을 통해 콘텐츠산업의 진흥을 도모하는 것이다. 국내뿐 아니라 해외 진출에 대한 지원도 이루어진다. 해외 거점에서는 한국 콘텐츠의 홍보와 소개 활동도 하고 있다. 한국콘텐츠진흥원은 ① 경영기획, ② 방송영상, ③ 게임산업, ④ 전략콘텐츠, ⑤ 문화기술, ⑥ 인재양성 파트로 지원업무를 분류하고 있다.[8]

콘텐츠 관련 민간 기업들이 정부의 지원을 희망할 경우, 정부는 이를 검

---

6   (옮긴이) 2009년 산업별 지원조직을 통합 일원화하여 한국콘텐츠진흥원이 출범되었다.
7   (옮긴이) 2023년 3/4분기 기준 임직원 수는 523명으로 알려져 있다. 공공기관 경영정보 공개시스템(https://alio.go.kr) 참조.
8   (옮긴이) 본 분류는 2012년 조직에 근거하였으며, 현재는 방송, 게임, 애니메이션, 만화(웹툰), 캐릭터, 이야기, 음악, 패션 분야를 지원하는 장르 중심부서와 정책연구, 금융투자, 스타트업 육성, 인재양성, 해외 진출, 지역콘텐츠, 연구개발(R&D)과 같은 기능 중심부서로 나뉘어 운영되고 있다(2023년 12월 기준).

토하고 예산을 편성·지원하는 형태를 취한다. 즉, 진흥원은 정부와 민간기업 등을 연결하는 매개자로서의 역할을 한다. 한국 정부는 콘텐츠산업을 고부가가치 산업으로 인식하기 때문에 적극적인 지원을 통해 콘텐츠기업들이 원소스 멀티유즈OSMU와 크로스미디어Cross Media 전략을 통해 콘텐츠산업에서 시너지를 창출할 수 있도록 기업과 산업 성장을 지원하고 있다.

이처럼 콘텐츠산업의 특징을 토대로 효과적인 지원을 일원화하는 것이 한국콘텐츠진흥원의 설립 목적이다. 설립 초기의 목표는 2012년까지 세계 5대 콘텐츠 강국에 진입하는 것이었다. 그로부터 10여 년이 지난 현재의 시점는 어느 정도 목표를 달성했다고 생각한다.[9] 그 외 한국콘텐츠진흥원의 유관기관으로 부천에 위치한 한국만화영상진흥원도 있다.

한국콘텐츠진흥원은 서울 상암동에서 2014년 전라남도 나주시로 이전했다. 한국만화영상진흥원은 1998년 설립된 부천만화정보센터, 2001년 개관한 한국만화박물관 등이 전신이다. 2009년에 한국만화영상진흥원으로 새롭게 바뀌었다.

최근에는 한국콘텐츠진흥원과 한국관광공사가 연계해 콘텐츠산업과 관광산업의 시너지를 만들어내려는 시도들도 눈에 띈다. 해외에서 K-POP, K-드라마가 인기를 모으고 있는 현 시점에 적합한 움직임이다. 일본에서 콘텐츠 투어리즘이 성행했던 배경을 살펴보면 일본만의 독자적인 콘텐츠 생성 과정이 반영되어 있다. 지금은 한국도 콘텐츠의 질적 수준이 향상되었고, 대상이 될 만한 작품이 어느 정도 갖춰졌다. 관광과의 연계를 모색하는

---

9   (옮긴이) 2023년 12월 기준 정부의 목표는 콘텐츠 예산 1조 원 시대 개막, 국가전략산업으로 집중 육성해 세계 콘텐츠 4대 강국 도약 지원으로 나타난다(문화체육관광부 보도자료, 2023.12.27.).

한류, 세계인을 사로잡다

것은 당연하다. 일본도 일본을 대표하는 콘텐츠로서 애니메이션, 만화에 대한 해외의 인지도는 해외 관광객을 일본으로 불러 모으는 데 크게 기여한 바 있다.

일본이 참고해야 할 정부 주도의 원스톱 관리시스템

일본의 콘텐츠산업은 관련 기업의 자체적인 노력을 통해 산업 기반을 형성하는 구조이다. 일부 영역에서는 해외에서의 경쟁력도 충분히 확인된다. 반면, 한국은 정부가 깊이 관여하는 특징이 있다. 콘텐츠산업의 '표현의 자유'를 최대한 보장해야 한다는 점에서 정부의 관여에 대해 회의적인 시각도 있다. 그러나 영국을 중심으로 시작된 정부 주도의 시스템은 긍정적인 측면도 분명히 존재한다.

일본인의 시각에서 한국과 같은 원스톱 관리시스템이 일본에도 필요하지는 않은지 고민이 된다. 한국콘텐츠진흥원이 현재 한류 열풍을 이끌어내는 데 기여한 점은 분명하다. 한국콘텐츠진흥원은 기업이 개별적인 활동을 하는 것보다 더 큰 시너지 효과를 내도록 도울 수 있다. 또한, 산업의 역동성도 창출한다. 한국콘텐츠진흥원의 그간의 성과는 그 설립 목적을 증명하고 있다. 일본에서도 민관협력의 쿨 재팬Cool Japan 기구가 유사한 목적으로 설치되었지만, 한국처럼 기능적 실체가 분명하지는 않다. 일본의 입장에서는 한일 양국의 지원조직 간 차이를 고민해 보아야 할 시점이라고 생각한다.

제3장

K-POP의
해외전략

K-POP의 해외전략

1. K-POP과 한류 드라마의 밀접한 관계

세계를 무대로 급성장하는 K-POP

전 세계적으로 한국의 드라마와 K-POP이 주목받고 있다. K-POP의 글로벌한 성장을 이끈 것은 관련 연예 기획사들이다. 한국의 팝 음악을 K-POP이라고 부르게 된 것은 일본의 1980년대 후반 J-POP이라는 용어와 관련이 있다. 한국은 일본의 엔카와 비슷한 트로트, 테크노 뮤직의 영향을 받은 소위 '뽕짝'이라고 부르는 성인가요 등 독자적인 음악이 만들어져 왔다. 그러던 중, SM엔터테인먼트 설립은 이러한 흐름을 전환시키는 계기가 되었다. 가수 출신인 이수만이 일본 아이돌 시스템을 기반으로 독자적인 아이돌 육성 방식을 고안해 기획사를 만들고, 댄스 음악을 기반으로 아이돌을 육성했다.

처음에는 국내 시장에 집중해서 사업을 성장시켰으며, 2000년대 이후는 북미 시장에 진출했다.

한국콘텐츠진흥원에 따르면, 2021년 K-POP 시장은 호황과 함께 주요 엔터테인먼트사들이 창사 이래 최고 실적을 기록했다. 2022년 2월 24일 한국 금융위원회는 하이브의 2021년 연매출이 1조 2577억 원으로 사상 최대를 기록했다고 밝혔다. 영업이익 역시 전년 대비 30.8% 증가해 1903억 원을 기록했다. BTS의 음반 판매 성공과 미국 로스앤젤레스 콘서트 흥행 등의 결과로 해석된다. 한국 엔터테인먼트 기업이 연매출 1조 원을 넘어선 것은 처음이다.

《스포츠 서울》 일본판에 따르면 SM엔터테인먼트도 2021년 7000억 원이 넘는 매출을 올리며 자체 최고 실적을 기록했다. 2021년 연간 매출은 21.0%, 영업이익은 685억 원으로 무려 954.1% 증가했다. 하이브와 마찬가지로 앨범 판매 증가가 반영된 것이다. SM엔터테인먼트는 2021년, 전년 대비 약 2배인 1762만 장 이상의 음반 판매를 기록했다.

YG엔터테인먼트 역시 2021년 매출액이 3556억 원, 영업이익은 506억 원으로 각각 39.3%, 370.4% 증가했다. 이 역시 창사 이래 최고 실적이었다. 2021년 K-POP 앨범의 판매는 가온차트(현. 써클차트) 기준으로 5709만 장으로, 전년대비 36.9% 증가했다.[1] 앨범 수출액도 2억 2083만 6000달러로 62.1% 급증했다.

SM엔터테인먼트는 일본시장에 에이벡스Avex Group와 손잡고 보아, 동방

---

1 (옮긴이) 써클차트(Circle Chart)는 대한민국의 대중음악 공인차트이다. 한국음악콘텐츠협회가 운영하고 문화체육관광부가 후원하고 있으며, 2년여 준비기간을 거쳐 2010년 2월 23일 서비스를 시작한 가온차트가 시초이다. 2022년 7월 7일부터 현재의 명칭인 써클차트로 바뀌었다.

한류, 세계인을 사로잡다

신기 등을 일본에 선보였다. 소속 아티스트는 슈퍼주니어, 소녀시대, 샤이니, 엑소, 레드벨벳, NCT 등이 있다. 단아한 외모와 실력 있는 멤버들을 보유하고 있으며, 글로벌 오디션을 실시하고 있다. 자체 이벤트를 포함하여 유대감이 강한 연예기획사이다.

YG엔터테인먼트는 가수 겸 댄서로 활약했던 양현석이 세운 기획사로 빅뱅, 블랙핑크, 위너, 아이콘, 트레저 등이 소속되어 있다. 세븐과 〈강남스타일〉로 전 세계 K-POP 열풍을 일으켰던 싸이 등도 과거 소속되어 있었고, 강동원과 장기용, 이수혁 등 유명 배우들도 대거 포진되어 있다.

YG엔터테인먼트는 음악성과 아티스트의 개성을 중시하는 것으로 알려져 있다. 또한 많은 소속 아티스트들이 작곡과 퍼포먼스를 자체 프로듀싱할 수 있는 능력을 갖추고 있다. 그중에서도 블랙핑크는 주목할 만하다. 한국 걸그룹의 아이콘적인 존재로 2019년 4월 공개된 〈Kill This Love〉의 뮤직비디오가 24시간 만에 5670만 뷰를 넘겨 아리아나 그란데의 〈Thank U, Next〉를 제치고 사흘 만에 1억 뷰를 돌파했다. 아시아에서뿐만 아니라, 레이디 가가, 셀레나 고메즈 등 세계적인 아티스트들과의 협업으로 북미권에서도 인지도가 높다.

최근 한일 오디션 프로그램에서 니쥬NiziU를 탄생시킨 JYP엔터테인먼트는 1997년 아티스트 박진영이 설립한 회사로 2PM, GOT7, DAY6, 트와이스, ITZY, 스트레이키즈 등이 소속되어 있다. 아티스트 육성에 있어 인성교육에도 신경을 쓰는 것으로 알려져 있다. 일찍부터 해외시장을 목표로 전략적인 마케팅을 진행해왔다.

기획사 주도의 자유로운 전략이 성공 요인

하이브는 세계적인 그룹 BTS가 소속되어 전 세계가 주목하는 기획사이다. 앞서 언급한 SM, YG, JYP에 비해서는 후발 주자로서 작곡가이자 프로듀서인 방시혁이 JYP엔터테인먼트에서 독립하여 창업했다.

하이브의 영업이익은 2019년에 이미 국내 대형 기획사 3사 SM엔터테인먼트(404억 원)와 JYP엔터테인먼트(435억 원), YG엔터테인먼트(20억 원)의 합을 넘어섰다.[2] 온라인에서 특히 영향력을 발휘하며, 2022년 상반기에 1660만 장의 음반 판매량을 기록했다.

BTS는 〈LOVE YOURSELF 轉 'Tear'〉가 미국 주간 앨범 차트 '빌보드 200'에서 1위에 올랐고, 비영어권 가수들의 진입장벽이 높은 차트로 꼽히는 빌보드 싱글차트 'HOT 100'에서 디지털 싱글 〈Dynamite〉가 1위를 기록하는 등 K-POP의 숱한 역사를 새롭게 기록하고 있다.

최근에는 독자적인 팬 커뮤니티 앱인 '위버스Weverse'를 기반으로 게임, 스타벅스 등과의 협업을 통한 비즈니스 구축에도 적극적이다. 또한, 신규 아티스트 육성에도 힘쓰고 있다.

음악산업은 드라마와는 다른 모습으로 성장했다. 한국 음악산업의 특징 중 하나는 일본에 비해 기존 음반회사의 영향력이 크지 않아 제작, 기획사가 주도적인 역할을 할 수 있다는 점이다. 이는 사실 일본과 비교해 상대적으로 길지 않은 역사 때문이기도 하다. 즉, 산업 시스템적으로 본다면, 기존의 형식에 얽매이지 않고 자유로운 활동이 가능하다는 이점을 갖고 있다.

또한, K-POP은 드라마와 시너지 효과를 거두고 있다. 드라마 〈화랑〉은

---

2   (옮긴이) 하이브의 2019년 영업이익은 987억 원으로 나타난다.

한류, 세계인을 사로잡다

제국의아이들 출신의 박형식, 샤이니의 민호, BTS의 뷔가 출연했으며, 동방신기의 박유천과 김재중, 2PM의 옥택연, 인피니트의 엘, 엑소의 도경수, 아스트로의 차은우 등도 배우로 활동하고 있다. 비, 장근석, 이승기, 박보검, 조정석 등도 음악과 드라마 양쪽에서 활약하고 있다.

여성 가수로는 〈나의 아저씨〉에 출연한 아이유(이지안 역)를 비롯해 아이돌 그룹 missA 멤버였던 수지, 소녀시대 윤아, 블랙핑크 지수 등이 활발히 활동 중이다. 특히 아이유는 고레에다 히로카즈是枝裕和 감독의 〈브로커〉(2022)에 출연하며 일본에서 더욱 주목받았다. 일본에서도 가수와 배우를 병행하는 사례들이 종종 있다. 한국 역시 이와 같이 음악과 드라마 활동이 결합된 사례들이 늘어나고 있다. 뮤직비디오에 배우가 출연하는 사례도 많은 편이다.

드라마 OST와 음악 구독서비스의 시너지 효과

OST도 주목해야 한다. 일본에서는 영화의 사운드트랙이 기본이다. 하지만 한국 음악시장은 미국과 마찬가지로 스트리밍이 대부분을 차지한다. 이는 한국 디지털 정책의 효과이다. 음원 수익의 경우, 일본에서는 CD의 비율이 약 75%이지만, 영국은 약 35%, 미국은 약 20%이다.

최근 전 세계적인 음악 소비방식을 살펴보면, CD의 비율이 19.5%, 스트리밍 전송이 62.1%이다(그림 12). 한국의 경우는 스트리밍 전송이 약 60%이다. 현재 한국에는 CD 판매점이 100여 개도 채 남아있지 않다고 한다.

일본은 세계 음악시장 규모 2위 국가이다. 그러나 한국과는 매출 구성이 다르다. 미국의 경우는 권위 있는 차트인 빌보드도 음원 재생 횟수가 중요한 기준이 된다. 국제레코드산업연맹IFPI의 2020년 음악 매출 관련 「글로벌

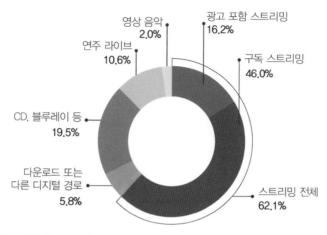

[그림 12] 2020년 글로벌 음악시장의 분야별 수익 구성

영상 음악
2.0%

광고 포함 스트리밍
16.2%

연주 라이브
10.6%

구독 스트리밍
46.0%

CD, 블루레이 등
19.5%

다운로드 또는
다른 디지털 경로
5.8%

스트리밍 전체
62.1%

* 출처: RAINNEWS(rainnews.com)

뮤직 리포트」에 따르면, 코로나19 사태로 스포티파이Spotify, 아마존, 애플뮤직 등 구독서비스의 이용이 증가해 전 세계 음악 수익이 전년도 대비 7.4% 증가, 총 매출은 316억 달러에 이르며, 6년 연속 성장세를 이루었다. 가장 많이 팔린 아티스트는 BTS이며, 그 뒤를 테일러 스위프트Taylor Swift, 드레이크Drake가 차지하고 있다.

OST를 좀 더 살펴보면, 한국에서는 OST가 제작되지 않는 드라마가 거의 없다고 해도 과언이 아니다. 드라마가 시작되면 OST 앨범이 발매된다. 일본과는 달리 드라마 1회차 중에도 여러 곡의 OST가 포함되어 드라마를 보고 난 이후 OST를 듣는 것만으로도 감동이 이어진다. 한국 드라마의 매력 중 하나로 이러한 OST와 드라마의 조합이 조화를 이룬다.

큰 인기를 모았던 드라마 〈사랑의 불시착〉도 여러 곡의 OST가 등장한다. 특히, 백예린이 부르는 〈다시 난, 여기〉가 인상적이다. 이 노래와 함께 남녀 주인공인 현빈과 손예진의 투샷을 떠올리는 팬들도 많을 것이다. 〈이태원

한류, 세계인을 사로잡다

클라쓰〉는 가호의 〈시작〉이라는 노래가 주인공의 주제가였다. 박서준이 연기하는 박새로이의 순수한 삶을 이미지화하는 동시에, 그 힘을 바탕으로 앞으로 계속 나아간다는 메시지가 전달되기도 했다.

또 인생의 부조리를 안고 사는 중년 삼형제와 어린 나이에 빚을 지고 거동이 불편한 할머니를 돌보는 이지안(아이유)이 서로를 위로해주는 이야기인 〈나의 아저씨〉에서는 엔딩에 흐르는 손디아의 〈어른〉이라는 곡이 드라마를 더욱 인상적으로 만들었다.

2021년 화제작 중 하나였던 〈그 해 우리는〉은 〈이태원 클라쓰〉의 김다미와 〈기생충〉의 최우식이 출연해 화제가 되었다. 이 작품의 OST인 BTS 뷔의 〈Christmas Tree〉는 뮤직비디오 조회수가 2주 만에 1800만 회를 넘어섰고, 멜론에서는 발매 후 72일 연속 'TOP 100'에 올랐다. 또 한국 OST로는 처음으로 미국 빌보드 메인 싱글차트 'HOT 100'에 올랐다. 첫 등장은 79위였다. 참고로 BTS 멤버 중 솔로로 같은 차트에 오른 것은 제이홉, 슈가에 이어 뷔가 세 번째이다. 솔로로서 BTS 멤버들의 활약은 세계적인 수준이다.

한국은 일본에 비해 음악산업의 독립성이 확보되어 있다. CD 중심의 시장이 아닌, 구독서비스를 중심으로 시장이 이루어져 있어 드라마 등 영상매체와의 연계성이 우수하다. 향후 이러한 구조 속에서 다른 콘텐츠와의 연계로 확장해 나갈 것으로 예상된다.

2. 드라마보다 앞서가는 K-POP의 해외 전략

아시아 시장을 이끌어가는 K-POP

K-POP의 해외 전략을 좀 더 살펴보자. 일본은 음악산업의 내수시장이 안정적이었다. 이로 인해 무리하게 해외시장을 고려하지 않았다고 보는 것이 정설이다. 그러나 정말일까. 해외, 특히 유럽과 북미시장에서 인정받는다는 것은 일정한 위치에 올랐다고 볼 수 있다. 판매도 중요하지만, 유럽과 북미시장에서의 인지도는 아티스트에게는 일종의 자부심을 의미한다.

실제로 사카모토 큐坂本九의 〈하늘을 바라보며 걷자上を向いて歩こう(영국 타이틀 〈SUKIYAKI〉)〉가 1963년 6월 15일자 빌보드 차트 HOT 100 주간 1위를 차지한 이후, 여러 명의 일본 아티스트가 미국에서 데뷔를 했지만, 안타깝게도 대부분 좋은 성과를 거두지 못했다. 언어의 미숙함이 걸림돌이라고 지적되기도 했지만, 현재까지도 베이비메탈Babymetal이나 원오크락ONE OK ROCK 정도가 기억될 뿐, 한국처럼 꾸준한 실적을 거두지는 못하고 있다.

K-POP은 아시아 시장을 이끌고 있다. 국제레코드산업연맹에 의하면, 2020년 아시아 시장은 전년 대비 9.5% 성장했다. 일본은 2.1%가 감소한 반면, 한국의 성장률은 전년 대비 44.8% 증가했다. 이러한 수치는 한국시장의 강세를 분명히 보여준다. 참고로 일본을 제외하면 아시아 시장은 전년 대비 29.9% 증가한 가파른 성장세를 보이고 있다. 아시아 시장에서는 디지털 수익도 총액의 50%를 넘는다고 추정된다. 이러한 점에서 일본이 비즈니스 모델 전환에 적절히 대처하지 못했다는 한계점이 여실히 확인된다.

와세다대학의 MBA 엔터테인먼트 강사 나카야마 준오中山淳雄의 "미국 차트 정상을 차지한 K-POP, 일본 음악 산업에 승산은 있을까?米国トップチャートを制したK-POP, 日本音楽産業に勝機はあるのか?"(TORJA, 〈전 세계 엔터테인먼트 삼매경〉 68회)에 의하

면, 10년 전 일본은 아시아 시장 그 자체를 상징한다고 해도 좋을 정도의 음악 대국으로, 50억 달러가 넘는 시장 규모를 자랑했다. 당시 한국은 일본의 30분의 1도 안 되는 1600만 달러 수준의 시장이었다. 그로부터 10년이 지난 후, 일본의 시장규모는 절반인 26억 달러 수준까지 떨어졌고 한국은 5배인 5억 8000만 달러가 되었다.

〈강남스타일〉에서 시작된 북미시장에서의 성공

일본 음악시장의 규모는 한국의 4배이다. 그러나 중요한 것은 수출이다. K-POP으로 발매된 한국음악의 해외시장은 한국 국내시장과 거의 같은 규모인 5억 6000만 달러로 10년 만에 34배가 되었다. 나카야마는 일본 음악시장의 해외 비중은 K-POP의 30분의 1에도 못 미치는 상황이라고 지적했다(그림 13).

K-POP에 대한 글을 쓰는 DJ 우타카타DJ 泡沫는 "BTS, aespa… 코로나 사

[그림 13] 한국과 일본의 음악시장 & 음악 수출시장

* 출처: 나카야마 준오, "미국 차트 정상을 차지한 K-POP. 일본 음악 산업에 승산은 있을까?"(TORJA 〈전 세계 엔터테인먼트 삼매경〉 68회)

태에서도 강한 K-POP 아이돌의 '2차원화' 전략"(《현대 비즈니스》 2021년 9월 16일자)에서 2018년 한국의 음악 관련 산업의 수출 비율은 일본 65.1%, 중국 19.8%, 동남아시아 12.3%, 북미 1.3%, 유럽 1.2%(《2020 한류 백서》에 의한 숫자)였으며, 2019년 음악산업의 수출액 합계는 7억 5619만 8000 달러로, 일본 55.1%, 동남아시아 17.1%, 중국 15.5%, 북미 10.6%, 유럽 3%였다고 설명했다(한국통계정보원의 「음악산업의 주요국·대륙별 수출액 현황」에 의한 숫자). 별도의 통계이기 때문에 단순 비교에는 한계가 있지만, 2019년에 한국 아티스트들의 해외 공연이 많았던 것도 한 요인으로 꼽기도 한다. 이를 통해 북미 시장에서의 성장세를 이해할 수 있다.

현재는 K-POP의 대표 아티스트로 BTS나 블랙핑크가 거론되지만 K-POP 해외 활동의 흐름이 바뀐 시점은 싸이의 〈강남스타일〉부터이다. 〈강남스타일〉은 2012년 7월 15일 유튜브를 통해 뮤직비디오가 공개되자 두 달 만에 조회수 1억 뷰를 돌파했다. 또한 빌보드 'TOP 100'에서도 최고 2위를 기록, 한국 아티스트로는 역대 최고를 기록했다. 〈강남스타일〉은 한국인이 작사·작곡하고 가사의 대부분이 한국어임에도 북미권에서 인기를 얻은 최초의 음악이라는 점에서 역사적인 사건이었다. 이후 BTS나 블랙핑크의 성공도 여기에서부터 기인했다고 볼 수 있다.

또 하나 주목할 만한 점은 삼성, LG, 현대 등 대기업들이 국내외에서 K-POP 아티스트를 광고모델로 기용한 것이다. 유명 아티스트들은 여러 회사의 공식파트너가 되었다. 또한, K-POP 아티스트들의 해외 콘서트를 기업이 협찬하는 경우도 많다. 한국 이외 기업의 협찬이 들어오기도 하는데, 이것도 일종의 상승효과일 것이다. K-POP과 한류 드라마의 시너지와는 다른 또 다른 차원의 시너지 효과라고 할 수 있다.

한류, 세계인을 사로잡다

3. J-POP의 벤치마킹과 독자적인 전략의 수립

일본 스타일의 벤치마킹

필자는 2013년에 2번에 걸쳐 서울에서 한국콘텐츠진흥원과 음악기업의 설명회에 참여한 적이 있다. 인상 깊었던 것은 DMC의 CJ ENM을 방문했을 때였다. 30대 초반으로 보이는 팀장은 우리에게 화이트보드에 일본 팝 음악역사에 대해 그림을 그려가며 설명했다. 그는 1970년대 싱어송라이터의 등장과 밴드 열풍에 대해서 설명했다. 매우 놀라웠다.

SM엔터테인먼트 창업자 이수만은 1990년대 후반 조직적이고 전략적인 아이돌 가수의 발굴·육성·홍보시스템을 구축하고, 당시 불모지였던 한국 아이돌 음악시장 개척을 목표로 했다. 일본과 미국의 성공사례를 벤치마킹했다고 알려져 있다. 에이벡스를 참고해 주식 상장을 진행했다. 현재는 한국와 일본의 입장이 역전되었지만 당초 일본을 벤치마킹의 대상으로 삼은 것은 분명하다.

현재 한국의 음악산업은 디지털화에 발맞추어 독자적인 시스템을 구축했다. 이것은 드라마도 마찬가지이다.

우선 일본과 달리 기득권과의 갈등구조에 연연하지 않아도 된다는 점이 특징이다. 일본의 음악산업은 전쟁 전부터의 오랜 역사를 가지고 있다. 그로 인해 지적재산에 관한 권리 보유라는 점에서 산업 이익창출을 고려하게 되었다. 물론 상황에 따라서는 리스크 분산의 의미에서 공동투자 형태로 권리의 분할 보유도 있었지만 주도권을 잡기 위해서는 독점하는 것이 좋다는 생각이 일반적이다. 오래된 산업의 역사는 그 안에서 울타리를 만들어내기도 하고, 동시에 다양한 관계에 따라 뭉치고 흩어지는 일이 반복되기도 한다. 그것이 경쟁을 낳고 산업을 발전시켜왔다. 반면, 업계 내에서 신뢰를 구축해갔는가 하는 것은 의문이다. 한국에는 이 역사적 전제조건이 강력하지 않았기 때문에 이것이 역으로 디지털화에 적응하는 형태로 독자적인 청사진을 그릴 수 있었던 배경이 되었을 수 있다.

두 번째 특징으로는 음악산업뿐만 아니라 콘텐츠 기업 전반과의 시너지 효과 창출을 들 수 있다. 수직, 수평적 관계로서 기존 기업의 통합이 아닌 다양한 형태의 협력관계가 구축될 수 있었다. 마치 아메바처럼 상황에 따라 다양한 구조가 결합되고, 이는 플랫폼을 중심으로 연결된다. 기본적으로 콘텐츠산업은 아날로그 시대에도 유통을 장악하는 것이 중요하다고 알려져 왔다. 디지털 시대에도 역시 플랫폼 장악을 위한 전략이 이루어지고 있다.

세 번째 특징은 한국 정부의 지원체계가 확립돼 있다는 점이다. 물론 한국콘텐츠진흥원 설립 과정에서 우여곡절도 있었고, 콘텐츠 관련 몇몇 외부 단체가 존재하기도 한다. 그렇지만 일본에 비해 정보공개도 일정 수준 이상 이루어지고 있으며 홍보활동도 적극적이다. 일본은 정부의 일반 대중에 대한 대응이 적극적이지 않다. 이런 측면으로 보자면, 한국의 정책적 투명성이 더 높다고 볼 수 있다. 이를 다른 관점에서 보면 정부와 콘텐츠산업의 연계가 업계 이외에도 잘 이루어지고 있음을 말해준다. 정부가 콘텐츠산업의 고부가가치 특성에 주목하고, IMF 위기 당시 재벌이 퇴출되고 통합이 이뤄지는 과정에서 선택과 집중이 동시에 이루어졌다.

독자적인 비즈니스 시스템 구축을 통한 발전

일정한 시점까지 한국 콘텐츠산업의 벤치마킹 대상은 일본이었다. 이는 부인할 수 없는 사실이다. 그러나 현재는 한국의 독자적인 비즈니스 구조를 구축하며 성과로 연결시키고 있다.

일본은 더 이상 이 영역에서도 아시아의 최고가 아니다. 우위에서 바라보고 있을 입장이 아니다. 이제는 배워야 하는 입장임을 자각해야 한다. 음악산업, 나아가 콘텐츠업계, 일본 정부 역시 이를 인정해야 한다.

코로나19 당시, 한국은 'K-방역'으로 대처했다. 이는 검역시스템, 거리두기 캠페인, 테스트 및 접촉자 추적 포함, 바이러스 확산을 제한하기 위해 사용한 전략 등을 일컬어 보건복지부가 만든 용어다. 한때는 효과성 부진으로 인해 비판을 받기도 했지만, 한국 정부가 스스로 'K'라고 명칭을 달고 있는 점에 주목할 필요가 있다. K-POP과 마찬가지로 한국의 독자적인 계획이나 생각에 'K'라는 용어를 붙여 부르는 것은 분명한 자신감의 표현이기 때문이다.

2020년 IMF 통계에 따르면, 한국의 GDP(국내총생산)는 세계 10위 규모이다. 러시아, 브라질, 호주보다 우위에 있다. G7이 확대되면 참여가 당연한 국제적 위상을 갖고 있다. 그럼에도 여전히 아직은 일본의 3분의 1 규모이기는 하다. 하지만 일본경제연구센터는 2021년 12월 15일, 일본의 1인당 GDP가 2027년에 한국, 28년에 대만을 밑돌 것이라고 예측했다. 일본 행정의 디지털화가 늦어지며 노동생산성 부진이 그 요인으로 지적되고 있다.

이것이 현실이다. 현재 한국의 경제 상황에 대해서는 다양한 의견이 있다. 또, 위의 통계를 그대로 받아들일 수 없다는 의견도 있다. 그렇지만 특정 기업, 산업의 경쟁력 우위는 무시할 수 없다. 반도체, 스마트폰, 일부 가전제품에서 한국은 해외시장에서 압도적인 영역을 차지하고 있다. 모든 분야가 그런 것은 아니지만, 20년 전과 비교하면 천지 차이이다. 이러한 측면에서 향후 'K'가 세계 트렌드를 이끄는 존재가 될 가능성은 충분하다고 생각한다.

4. K-POP을 성공으로 이끈 발전 과정

'V Live', 'ARMY(아미)'를 통해 보는 독자적인 전략

한국 콘텐츠산업은 내수시장 규모가 작아서 해외 진출을 목표로 했다는 설이 많다. 부정할 수 없는 이야기이다. 하지만 한국은 나름대로 독자적인 프로모션 방식을 마련했다. 음악 분야에서는 V LIVE의 존재를 빼놓을 수 없다. V LIVE는 한국의 네이버가 개발한 라이브 동영상 전송 서비스이다. 한국 아티스트 등 유명 인사들이 팬들과의 교류를 도모하기 위해 인터넷을 통해 라이브 채팅, 퍼포먼스, 리얼리티 쇼, 어워드 등 라이브 영상을 방송한다. 온라인은 안드로이드, iOS 단말기를 사용하며, 녹화방송은 PC를 기반으로 한다.

이후의 운영은 빅히트 엔터테인먼트(현. 하이브)가 51%, 네이버가 49%를 출자한 위버스 컴퍼니에 양도되었으며, K-POP 아티스트나 배우들이 다수 참여하고 있다. V LIVE는 한국 유명인들이 전 세계 시청자들에게 다가갈 수 있는 매체로 전 세계 팬들이 좋아하는 한국 아티스트 및 배우들과 친밀하게 교류할 수 있다. 또 외국어 자막을 작성하는 팬 번역가들의 온라인 커뮤니티가 있다. 팬들의 번역으로 17가지 자막이 준비된 동영상이 제공된다고 한다.

V LIVE처럼 한국은 팬들의 적극적인 참여가 특징이다. 흔히 '팬덤'이라고 부르는데, 콘텐츠 영역을 중심으로 특정 대상을 열렬히 사랑하는 집단, 커뮤니티, 그리고 그러한 상태나 다양한 특징이 나타난다. 이러한 팬덤의 가장 대표적인 집단이 'ARMY'이다.

'ARMY'는 BTS의 팬클럽이다. BTS 팬클럽 가입은 먼저 팬클럽에 등록하고 준회원, 정회원으로 승격된다.[3] 이후 유료회원인 'ARMY'에 이르는 시스

---

3 (옮긴이) 현재는 위버스샵의 상시모집 형태로 바뀌었으며, 유효기간은 가입일로부터 1년이다.

템으로 되어 있다. BTS 공식 홈페이지, 트위터, 유튜브 등을 활용해 멤버들의 정보를 적극적으로 제공하고 있지만, V LIVE에는 2017년부터 'V Fansubs'라는 기능으로 누구나 동영상에 자막을 달 수 있다(2023년 1월, V LIVE는 '위버스'로 통합됐다). 팬들의 협력으로 번역 작업을 진행하여 신인 아티스트들의 해외 프로모션을 진행한다. 또한 인기 있는 아티스트들의 경우에는 콘텐츠가 수십 개 언어로 번역되어 전 세계로 확산된다. K-POP 아티스트의 해외 진출에 있어 팬덤은 놓칠 수 없는 요소이다. 또 'V Fansubs'에서는 번역자에 대한 보상 시스템도 도입하여, 프로 번역자에게 의뢰하는 것보다 저렴한 비용으로 운영이 가능하다는 이점도 있다.

일본도 유튜브를 이용한 유사한 사례가 있다. 이러한 보상 시스템은 당연한 구조이다. 일본의 '클라우드 워크스'라고 하는 구인 사이트에는 "유튜브 투고용으로 편집된 동영상의 내용이 맞는지 확인하고 지정된 유튜브 계정으로 투고를 부탁합니다. (중략) 동영상의 확인 작업은 이쪽에서 준비하고 있는 체크리스트에 따라 동영상이 맞는지 확인을 해 주세요. (중략) 업로드 후에는 동영상을 비공개 설정으로 하고 있으며, 작업은 편한 시간에 하실 수 있습니다"라고 하는 기사가 게재되어 있다.

웹페이지 관리자의 역할도 간과할 수 없다. 이는 일본에서도 볼 수 있는 사설 팬사이트 운영에 관련된 사람들이다. 아티스트에 대한 정보, 사진, 영상 등을 올린다. 한국도 암묵적 양해 속에서 비공식적으로 운영되는 사례들이 많다. 아티스트 소속 기획사 입장에서는 그 영향력을 무시할 수 없다. 대규모 웹페이지는 정보, 사진, 영상의 업로드 이외에 DVD를 포함한 상품의 판매도 실시하고 있다. 이를 통한 판매 이익과 핵심 팬들의 크라우드 펀딩 등을 이용해 광고를 지원하기도 한다. 팬들 사이에서 흔히 '생일광고'라고 불리는 아티스트의 생일이나 데뷔 날짜 등 특정일을 기념하는 광고들이 이루어진다.

일본과는 차별화된 한국 음악계의 고급화 전략

일본은 저작권 및 저작인접권으로 인해 한국과 같은 활동이 쉽지 않다. 한국의 경우, 특히 지하철이나 버스 광고, 카페 등과의 콜라보가 주목된다. 한국에서는 이런 응원광고를 취급하는 광고대행사도 있다. K-POP 홍보 관련해서는 팬들의 역할이 크다. 한국에서는 프리미엄(기본 서비스는 무료로 제공하고 고급 서비스를 유료화하는) 전략이 중요하게 여겨진다. 음악산업계가 주도하는 일본의 전략과는 많은 차이가 있다. 음악산업계가 이윤을 독점하는 비즈니스 모델이 아니다. 한국 음악산업은 콘서트 공연장 응원도구(굿즈) 마련, 배포 등으로 활동 범위를 넓히고 있다.

한국은 인터넷 기반 정보사회로의 전환이 빠른 속도로 이루어졌다. 반면, 일본의 음악산업계는 한국과 반대로 저작권 및 저작인접권 등의 권리 비즈니스에 치우쳐 있다. 일본은 좀 더 차별화된 발상과 인터넷에서의 정보 공유 등 효용성에 대한 논의가 필요하다. 한국은 팬들이 자유롭게 아티스트를 응원할 수 있는 환경 조성에 성공한 셈이다.

한국의 《전자신문》 기사에 따르면 K-POP은 소비 주체인 팬덤과의 커뮤니케이션 채널을 만들어가며 성장을 지속해 왔다. 각종 팬덤 앱은 소셜 플랫폼과 함께 K-POP 한류의 새로운 성장 핵심으로 주목받고 있다. 팬덤 앱은 오랫동안 존재해온 자생적인 온라인 팬 커뮤니티 기능을 공식적인 수준으로 올리고 연동되는 서비스를 더한 플랫폼이다. 팬덤의 범위가 국내는 물론 해외까지 확대되며 공식적으로 작동할 수 있는 채널의 필요성으로 생겨난 것이다. 한국에서 팬덤 앱은 최근 3년 사이 급격히 증가했으며, 그중 가장 크게 활성화된 것은 '위버스Weverse', '버블Bubble', '유니버스Universe'이다.

'위버스'는 하이브의 자회사인 위버스 컴퍼니가 개발·운영하는 팬덤 앱이다. 2019년 6월 정식 오픈 이후 약 2년 9개월 만에 238개 국가·지역에서 3800만 명 이상의 가입자를 기록하며 폭발적인 성장세를 보이고 있다.

'버블'은 SM엔터테인먼트의 IT 계열사인 디어유가 서비스하고 있는 앱이다. 다른 팬덤 앱과 달리 팬과 아티스트 간의 개인적인 메시지 서비스에 집중하고 있는 특징을 갖고 있다.

'유니버스'는 후속 주자이지만, 30팀 이상의 아티스트와 계약을 맺고 있으며 Mnet, MBC 등 방송사와의 협업은 물론 총 5122편에 달하는 오리지널 콘텐츠를 독점 공개하고 있다.

기존 팬덤 앱은 커뮤니티를 효율적으로 관리하는 프로모션 성격이 강했던 반면, 최근의 팬덤 앱은 팬더스트리Fan + Inderstry[4] 본연의 기능에 더 가깝다. 4차 산업혁명 키워드인 ICT 기반 이종산업과 유기적으로 연계되는 특징을 잘 보여준다. 팬덤 앱은 콘텐츠·IT업계, 소비재 산업 전반의 롤모델로서뿐만 아니라 다양한 연계를 통한 통합 산업구조 변화를 가져오며 4차 산업혁명의 원동력으로 자리매김하고 있다.

K-POP은 팬덤과 함께 성장했고 여전히 발전하고 있다. 일본은 이를 냉정하게 분석, 고찰해볼 필요가 있다. 오랜 역사를 가진 일본 음악업계가 급격한 변화를 꾀하기는 쉽지 않겠지만, 일본 콘텐츠 업계는 한국의 성공모델을 살펴보며 끊임없이 배우려는 자세를 가질 필요가 있다.

---

4   (옮긴이) 팬(Fan)과 인더스트리(Industry)의 합성어로, 팬덤을 기반으로 한 산업을 의미하며, 팬덤의 영향력이 커짐에 따라 더욱 주목받기 시작하였다.

제4장

한국 드라마
'성지순례'의 활성화

한국 드라마 '성지순례'의 활성화

1. 콘텐츠 투어리즘의 시작

콘텐츠 투어리즘이란?

영화나 TV 드라마, 애니메이션 등의 작품의 무대를 찾는 관광 행위를 '콘텐츠 투어리즘コンテンツツーリズム'이라고 부른다.

콘텐츠 투어리즘은 일본에서 시작된 관광의 한 종류라고 할 수 있다. 콘텐츠 투어리즘이 일본에서 처음 언급된 것은 2005년에 국토교통성종합정책국国土交通省総合政策局, 경제산업성 상무정보정책국経済産業省商務情報政策局, 문화청 문화부文化庁文化部에서 나온 '영상 및 콘텐츠의 제작·활용에 의한 지역진흥地域振興의 방법에 관한 조사'부터이다. 그 조사에서 콘텐츠 투어리즘의 기본은 지역의 콘텐츠를 통해 양성된 지역 고유 분위기 및 이미지에 이야기

주제 특징을 더해, 관광자원으로 활용하는 것이다.

콘텐츠 투어리즘이란 관광 행위는 예로부터 있었다. 일본에서는 와카[1]에서 읊었던 유명한 명소의 관광으로 거슬러 올라간다는 설도 있다. 서구에서는 종교적인 성지순례가 오랜 역사를 가지고 있으며, 17세기부터는 전쟁이 잠잠해지면서 개인의 흥미와 기호 기반 여가 활동으로 여행이 자리 잡기 시작했다. 대표적인 예는 주로 영국의 부유한 귀족계급에서 행해졌던 '그랜드 투어Grand Tour'일 것이다. 가정교사가 상류사회의 자제들을 데리고 당시 문화 선진국이었던 프랑스, 이탈리아 등을 순회한다는 것으로, 최근의 문화관광이라 할 수 있다.

콘텐츠 투어리즘이 이러한 문화관광의 한 부분이라면 그랜드 투어의 역할은 크다. 이는 일본에서도 에도시대 서민들 사이에서 관광 행위가 생겨난 시기와 겹친다. 근대에 이르러 유럽과 북미에서는 문학, 영화, 음악 등의 콘텐츠 작품에서 유래한 관광 행위가 나타났다. 예를 들어, 1761년에 간행된 루소의 베스트셀러 《신 엘로이스》[2]의 무대가 된 스위스는 많은 관광객을 모은 것으로 알려져 있다. 이 책이 간행된 이후 혁명이 발발하는 1789년까지 스위스에 관한 서적이 대량으로 간행되었다고 한다. 주인공 줄리의 고향인 레만호까지 여행한 사람들도 수두룩하다.

또 근대에 와서는 교통의 발달과 맞물려 영화의 등장으로 새로운 흐름이

1　(옮긴이) '와카(和歌)'란 일본의 전통적인 정형시이다. 5음과 7음의 일본어로 구성되어 있다. '일본 노래'라는 의미의 와카라는 명칭은 헤이안 시대에 한시와 구분하기 위해 생겨난 것으로 야마토우타(やまとうた) 또는 단순히 '노래(うた)'라고 부르거나, 와시(倭詩) 또는 와교(倭語)로도 불렀다. 하이쿠와 함께 일본의 대표적인 시가 문학 장르이다.

2　(옮긴이) 《신 엘로이스(Julie, or the New Heloise)》는 루소의 서간체 장편소설로 원제는 《줄리 혹은 신 엘로이스》이며 귀족의 딸 줄리와 평민 출신 가정교사 생푸레의 사랑 이야기를 담고 있다.

　　　　　　　　　　　한류, 세계인을 사로잡다

나타났다. 유럽과 북미지역에서는 콘텐츠 투어리즘이라는 개념이 좀 더 세분화되어 있는데, 《신 엘로이스》 등 문학관광은 리터러리 투어리즘Literary Tourism으로, 〈로마의 휴일〉과 〈티파니에서 아침을〉 등의 영화 촬영지 순례는 필름 투어리즘Film Tourism으로 콘텐츠 장르별로 세분화된다.

물론 일본처럼 애니메이션, 만화에서 유래한 관광 행위가 활발하지는 않다. 이는 일본의 독특한 관광 행위가 분명하다. 유럽과 북미지역에서는 관련 콘텐츠뿐만 아니라 뮤지션의 성지를 돌아보는 관광 행위도 눈에 띈다. 반대로 이는 일본에서는 활발하지 않다. 저마다 여러 가지 이유가 있지만 국민성이나 독자적인 문화의 영향이 적지 않다고 볼 수 있다.

음악과 드라마 중심 한국의 콘텐츠 투어리즘

한국에서는 BTS 관련 장소를 둘러보는 관광 활동들이 증가하고 있다. 예를 들면 그들이 소속된 서울의 하이브 본사에 수많은 팬들이 몰리는 것으로 알려져 있다. 서울에서 단골 음식점으로 꼽히는 '방탄식당', 카페 '더민스THE MINE'S', 멤버 진의 형이 서울에서 운영하는 일식당 '오쓰세이로무시', 지민의 아버지가 부산에서 운영하는 카페 '매그네이트MAGNATE',[3] 그리고 생일광고 순례까지 인터넷상에도 순례 코스가 많이 올라와 있다. 일본어 웹만 봐도 일본인 팬들도 많이 방문하고 있음을 알 수 있으며, 이를 통해 BTS의 인기를 엿볼 수 있다.

일본 음악 성지순례 유형은 사례가 많지 않다. 라이브나 콘서트에 가는 체험형이 대부분으로, 성지순례형 음악 관련 투어리즘은 일반화되지 않았

---

3   (옮긴이) 현재는 상호가 지밀레니얼로 변경되었다.

다. 이는 일본 대중음악 특징이 배경에 있다고 생각한다.

하나의 가설로 생각해 볼 수 있는 것은 일본 대중음악이 해외에 대한 적극적인 홍보 등 노력을 하고 있지 않다는 점이며, 이와 함께 일본에서의 음악 관련 성지순례도 일반화되었다고 볼 수 없다. 이에 따른 다른 문제점이 숨어 있을 것으로 생각된다. 그래도 사잔 올 스타즈サザンオールスターズ,[4] 마츠토야 유미松任谷由実, 사다 마사시さだまさし, 마츠야마 치하루松山千春, 오자키 유타카尾崎豊, GLAY, hide, 이나바 코시稲葉浩志 등의 뮤지션들이나 음악 관련 장소를 둘러보는 관광 활동들이 있기는 했지만, 어디까지나 열성적인 팬을 중심으로 한 관광 행동으로 아직은 미미한 수준이다.

팬들의 관광 활동들은 어디까지나 라이브나 콘서트가 중심이었고, 요시다 타쿠로吉田拓郎나 이노우에 요스이井上陽水 등 일본 대중음악계에서 빼놓을 수 없는 뮤지션조차도 핵심적인 열성팬을 제외하고, 성지순례 활동을 한다는 이야기는 들어본 적이 없다. 즉, K-POP 아티스트는 해외시장에서 존재감이나 홈페이지, 응원광고에서 볼 수 있는 팬덤처럼 관광활동에서도 독자성이 강하다.

영화 〈기생충〉의 아카데미상 수상으로 반지하 집과 고급 주택지 등 촬영지를 둘러보는 현상이 나타나고 있다. 물론 〈겨울연가〉 때도 수많은 일본인들이 한국을 찾았지만, 한국인의 콘텐츠 투어리즘은 드라마의 경우 2014년 〈미생〉이 전환점이 되었다고 말한다. 〈미생〉의 경우 원작인 만화에서 특정할 수 없었던 무대가 드라마로 제작되면서 장소를 구체화할 수 있었고, 만

---

4 (옮긴이) '사잔 올 스타즈(Southern All Stars)'는 일본을 대표하는 록 밴드로, 1978년에 데뷔해 2022년까지 롱런하며 폭넓은 지지를 받고 있는 그룹이다. 2020년 6월 25일 기준으로 42년 차 현역 활동을 계속하고 있는 전설적인 록 밴드이다.

한류, 세계인을 사로잡다

화만으로는 존재할 수 없었던 성지를 만들어내어, 실제로 방문할 수 있는 성지를 제공하였다.[5] 실제로 드라마에 등장하는 오피스 빌딩은 하나의 성지가 되어 드라마 팬들이 모였다고 한다. 한편, 한국에서도 애니메이션 작품 관련 성지순례 활동이 나타나기는 했지만, 아직 일본처럼 역동적인 현상으로 나타나지는 않았다.

한국에서도 콘텐츠 투어리즘 연구가 본격화된 것은 관광활동 관련 아티스트의 성지순례나 드라마 촬영지 순례가 시작됐다는 증거일 것이다. 코로나19 팬데믹의 영향으로 전 세계적으로 관광활동의 움직임은 더뎌질 수밖에 없었지만, 안정된 이후 증가할 조짐이 보이고 있다.

2. 팬데믹 이후의 동향

포스트코로나 시대 증가가 예상되는 해외여행

팬데믹이 외국인 여행자의 해외 여행이나 일본 여행 의사에 미친 영향을 조사하기 위해, 일본정책투자은행日本政策投資銀行, DBJ과 일본교통공사日本交通公社, JTBF는 2020년 6월 2~12일 아시아·유럽-미국-호주의 해외여행 경험자 6266명을 대상으로 한 긴급 설문조사를 실시했다. 그 결과를 살펴보자.

2020년 6월 기준으로 향후 6개월 이내에 비행기로 '5시간 미만 거리의 해외 여행을 가겠다'고 답한 아시아 거주자는 28%, 유럽-미국-호주 거주자는 33%였던 데 비해 '5시간 이상~9시간 미만 거리의 해외여행을 간다'는

---

5   「육선(陸善), 한국 콘텐츠에 의한 새로운 관광의 가능성(韓國産コンテンツによる新たなツーリズムの可能性)」, 2018년, p.64」

응답은 아시아 거주자 23%, 유럽-미국-호주 거주자 28%, '9시간 이상 이동 거리'에서는 아시아 거주자 20%, 유럽-미국-호주 거주자 28%로 장거리 이동일수록 장벽이 높다는 사실을 알 수 있다.

이 조사에서는 전체적으로 유럽-미국-호주 거주자가 해외여행을 가고 싶다는 응답이 많았다. 해외여행을 재개하는 시점으로는 '항바이러스제' 개발 등 '신종 코로나의 위협 소멸 후', 'WHO의 팬데믹 수습 선언 후', '여행 희망지역 안전 선언 후', '자국의 출국 제한 조치 해제 후'라는 응답이 많아 방일 외국인 여행자 수가 예전으로 돌아가려면 시간이 필요할 가능성이 있다.

코로나19가 진정된 후 해외여행 의향은 아시아 거주자 86%, 유럽-미국-호주 거주자 74%로 강하다. 또 코로나19가 종식된 후 해외여행을 하고 싶은 이유로 '해외여행을 좋아하기 때문'이라는 응답 외에 아시아를 중심으로 '휴식과 힐링을 위해', '해외에서 체험하고 싶은 것이 있기 때문'이라는 응답이 많았으며, 코로나19가 진정된 이후 해외여행 관련 비용이 증가하고 체류기간이 장기화될 것이라는 응답이 상대적으로 많았다.

팬데믹 이후 가고 싶은 나라: 한국의 높아진 존재감

해당 조사는 여러 차례 이뤄졌으며 2021년 10월 5~19일 실시된 3차 조사에서는 방문하고 싶은 해외 여행지에 대해 다음과 같은 결과가 나왔다. 이 설문은 복수 응답이 가능했다. 아시아 거주자에 의한 응답 상위 5개국은 1위 일본(67%), 2위 한국(43%), 3위 대만(28%), 4위 호주(27%), 5위 태국(26%) 순이었으며, 유럽-미국-호주 거주자에 의한 응답 상위 5개 국가는 1위 일본(37%), 2위 미국(33%), 3위 호주(28%), 4위 캐나다(28%), 5위 이탈리아(25%)와 영국(25%)이었다(그림 14-15).

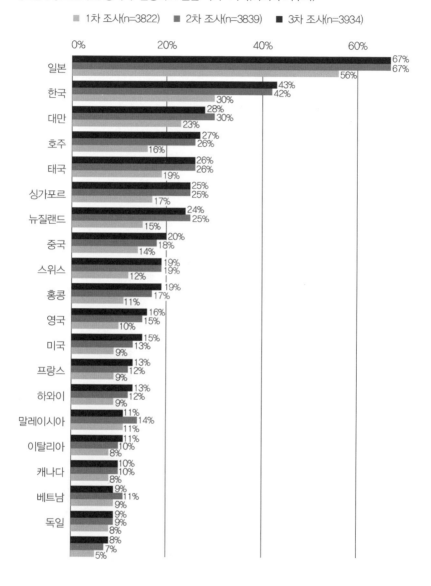

[그림 14] 코로나19 종식 후 관광하고 싶은 국가·지역(아시아 거주자)

■ 1차 조사(n=3822)   ■ 2차 조사(n=3839)   ■ 3차 조사(n=3934)

국가·지역	3차	2차	1차
일본	67%	67%	56%
한국	43%	42%	30%
대만	28%	30%	23%
호주	27%	26%	16%
태국	26%	26%	19%
싱가포르	25%	25%	17%
뉴질랜드	24%	25%	15%
중국	20%	18%	14%
스위스	19%	19%	12%
홍콩	19%	17%	11%
영국	16%	15%	10%
미국	15%	13%	9%
프랑스	13%	12%	9%
하와이	13%	12%	9%
말레이시아	11%	14%	11%
이탈리아	11%	10%	8%
캐나다	10%	10%	8%
베트남	9%	11%	9%
독일	9%	9%	8%
	8%	7%	5%

[그림 15] 코로나19 종식 후 관광하고 싶은 국가·지역(유럽·호주 거주자)

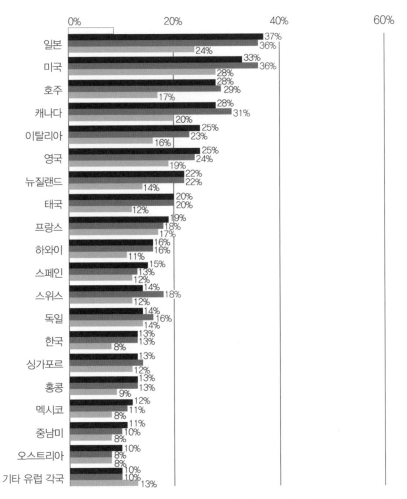

■ 1차 조사(n=1840)　　■ 2차 조사(n=1853)　　■ 3차 조사(n=1967)

국가·지역	1차	2차	3차
일본		37%	36%
미국	24%	33%	36%
호주	28%	28%	29%
캐나다	17%	28%	31%
이탈리아	20%	25%	23%
영국	16%	25%	24%
뉴질랜드	19%	22%	22%
태국	14%	20%	20%
프랑스	12%	19%	18%
하와이	17%	16%	16%
스페인	11%	15%	13%
스위스	12%	14%	18%
독일	12%	14%	16%
한국	14%	13%	13%
싱가포르	8%	13%	12%
홍콩	13%	13%	9%
멕시코	13%	12%	11%
중남미	8%	11%	10%
오스트리아	8%	10%	8%
기타 유럽 각국	8%	10%	10% 13%

※1 코로나19 종식 후 해외여행에 대해 '가고 싶지 않다'를 선택한 대상자 및 다음 해외여행 검토 재개 시점에 대해 '현재 상황으로는 해외여행 검토 재개를 고려하지 않음'이라고 답한 대상자를 제외한 모든 대상자로부 터 응답을 받았다.
※2 '다음에 여행하고 싶은 국가·지역'의 선택에서 응답자의 국가·지역 및 인근 국가·지역(중국–홍콩–마카오, 말레이시아–싱가포르, 태국–말레이시아, 미국–캐나다, 멕시코, 하와이·괌, 호주–뉴질랜드, 영국·프랑스– 유럽 각국)을 제외하고 있다.

* 출처: [그림 14] [그림 15] 일본정책투자은행(DBJ), 일본교통공사(JTBF)

한류, 세계인을 사로잡다

여기에서 주목할 만한 것은 아시아 거주자에 있어서는 이미 한국이 일본에 이어 2위를 차지했다는 점이다. 유럽-미국-호주 거주자에서는 14위이지만, 1차 조사 때에는 권외였던 것을 생각하면 점차 순위가 올라오고 있어 미래 잠재력이 높다고 생각할 수 있다. 즉, 아시아 거주자가 가고 싶은 나라로서의 위치를 확보한 후 K-POP이나 한류 드라마가 유럽-미국-호주로 진출한다면 그곳에서도 상위권으로 부상할 가능성이 있다.

확실히 해당 조사에서는 관광 분야에서 일본의 우위성을 엿볼 수 있었으며, 이는 비지트재팬Visit Japan[6] 사업의 성공이 반영되었을 것으로 판단된다. 하지만 경쟁국들이 많고, 이 책에서 보았던 대로 한국의 존재감은 만만치 않다. 이 부분에서 일본은 한국을 더욱 강하게 의식할 필요가 있다.

3. 대표적인 촬영지 사례

이제 대표적인 한국 드라마 촬영지를 둘러보자. 4차 한류 붐을 일으킨 작품을 중심으로 서울을 비롯한 한국 도시의 촬영지를 살펴보려 한다.

〈태양의 후예〉, 〈사랑의 불시착〉, 〈이태원 클라쓰〉는 빼놓을 수 없는 대표 작품으로 꼽을 수 있으며, 그 밖에 개인적으로 좋아하는 작품을 소개하면 〈도깨비〉, 〈나의 아저씨〉, 〈동백꽃 필 무렵〉, 〈봄밤〉, 〈청춘기록〉, 〈슬기로운 의사생활〉, 〈빈센조〉, 〈오징어 게임〉, 〈그 해 우리는〉, 〈스물다섯 스물하나〉, 〈이상한 변호사 우영우〉 정도이다.

2022년 6월 들어 비자를 받으려는 일본인들이 한국대사관에 장사진을

---

6   (옮긴이) 일본이 자국의 관광자원을 전 세계적으로 알리기 위해 기획한 방일 프로모션 캠페인 사업

이뤘듯이 한국으로 여행을 가고자 하는 열망은 여전히 뜨겁다. 이 현상의 배경에 한류 콘텐츠의 영향력이 큰 것을 부인할 수 없다. 여행 제한이 풀렸으니 많은 관광객이 한국을 찾을 것으로 예측하는 건 어렵지 않다.

즉 여기서 언급하고 싶은 것은 수준 높은 드라마 작품이 국내외 관광객을 끌어들일 수 있다는 점이다. 이것이 콘텐츠가 가지는 부가가치라고 말할 수 있다. 드라마의 성공은 단순히 드라마 수익에 그치지 않고 관광 영역이라는 사업 확장으로 연결된다. 콘텐츠 작품 순례는 일본이 앞서고 있는 것처럼 보이지만 사실 한국에서도 꾸준히 늘기 시작하고 있다.

한국에 거주하는 일본 작가들의 성지순례의 웹 칼럼도 늘어나고 있지만, 한국 사람들의 성지 안내도 정교한 것이 많다. 필자는 이러한 자료들을 단서로 실제 한국을 방문하여 많은 성지를 돌아다녔다. 이를 토대로 가능한 한 많은 것을 소개하고자 한다.

〈태양의 후예〉

〈태양의 후예〉는 2016년 대히트작으로 KBS2에서 총16부작으로 방영됐다. 주연은 송중기와 송혜교로 두 사람은 이 작품의 공동 출연을 계기로 결혼(이후 이혼)한 것으로도 화제가 됐다. 한국에서 권위 있는 '백상예술대상'에서 제52회 TV 부문 대상, 송중기와 송혜교는 나란히 TV 남자인기상과 TV 여자인기상을 수상했다. 2016년 'KBS 연기대상'에서도 두 사람이 대상을 수상한 바 있다.

송중기가 연기한 군인 유시진과 송혜교가 연기한 의사 강모연의 사랑 이야기로 중간에 이별을 거쳐 재회한다는 러브 로맨스가 기본형이지만, 주인공 동료와 군의관의 사랑도 병행해 진행되는 스토리다.

해외에서도 촬영됐으며, 가상의 나라 '우르크'는 그리스에서 촬영하였다. 그리스 내 촬영지는 3곳으로, 첫 번째는 이오니아해에 있는 자킨토스섬이다. 난파선이 가로놓인 해변이 인상적인 나바지오 해변이 3화, 16화에서 등장한다. 또 이 섬의 파나기아 스코피오티사Panagia Skopiotissa 수도원이 우르크 주둔지 배경으로 사용되었다.

두 번째는 림노스섬으로 이곳은 미리나라는 항구 도시가 우르크에서 태피스트리[7]가 내걸렸던 거리로 사용됐

〈태양의 후예〉 포스터
(출처: Collection Christophel/アフロ)

고, 또 미리나에서 20㎞ 정도 거리에 떨어진 고마티 모래언덕은 주인공 두 사람의 재회로 이어지는 장면의 배경이 되었다. 세 번째는 린도스만에 면한 아라호바Arachova로 주인공 두 사람이 데이트를 하는 장면의 배경이 되었다. 이곳은 18세기에 세워진 시계탑이 인상적인 거리다.

그리고 의료진이 머물렀던 메디큐브나 중대 기지는 우르크에 있다는 설정으로 과거 탄광 마을이었던 강원도 태백에서 촬영됐다. 포스터 등에서 핵심 장면으로 나타나는 유시진이 강모연의 신발 끈을 묶는 장면에서 이를 배경으로 한다. 세트장은 한때 철거하기로 하였으나 이 중 일부는 관광지화하는 방향으로 현재 복원되었다. 태백은 서울 동쪽에 있으며, 기차로 4시간

---

7   (옮긴이) 태피스트리(tapestry)란 색실을 짜 넣어 그림을 표현하는 직물 공예이다.

정도 버스로는 3시간 남짓 거리에 있다.

　이와 관련된 경기 파주 캠프 그리브스는 6·25전쟁 이후 50여 년간 미군이 주둔한 곳이다. 파주에는 비무장지대도 있어 북한과 가장 가까운 마을로 알려져 있다. 미군이 철수한 뒤 철거될 운명이었으나 경기도와 경기관광공사가 평화 안보 체험시설·안보관광지로 용도를 바꾸었다. 이 건물은 우르크의 기지로 사용되었다. 캠프 그리브스에서 멀지 않은 곳에 위치한 벽초지 수목원도 촬영지 중 하나라고 한다. 관광지로 조성된 캠프 그리브스 터에는 예술 관련 시설도 만들어졌다.

　파주는 서울에서 버스로 1시간 정도 거리에 있으며 아울렛, 예술인들이 집단 거주하는 헤이리 예술마을, 출판산업 관련 업체들이 집적해 있는 출판도시 등 볼거리도 많다. 촬영지 투어리즘의 매력 중 하나다. 드라마가 계기가 되어 해당 지역에 대한 새로운 지식을 얻을 수 있다.

　두 사람이 만나는 병원은 청주 충북대학교병원인데, 이 병원 내부는 국제성모병원 마리스텔라와 가톨릭대학교 서울성모병원이 사용되고 있다. 또 헬기가 시진을 데리러 오는 곳이 병원 옥상인데, 이는 서울 여의도에 있는 KBS 본사다. 서울에는 촬영지도 많다. 두 사람이 영화를 본 곳은 CGV 홍대로 이곳은 CJ그룹이 운영하는 영화관이다.

　카페는 달콤커피 매장들이 등장한다. 2화에서 모연이 첫 이별을 고하는 인천 송도 센트럴파크점은 16화에도 등장하는데, 2018년 문을 닫았다. 1화, 13화에서는 성남 분당 정자점이 나온다.

　휴가 중인 시진과 부하인 대영이 무박 삼일로 소주를 마시던 곳은 선술집 서래갈매기 회기점이다. 여기는 경희대학교 근처에 있었는데 역시 이미 문을 닫았다.

　　　　　　　　　　　　　　한류, 세계인을 사로잡다

또한 대영이 군의관 명주와 가는 홍대 주점 '산장'은 지하철 상수역 2번 출구에서 도보 거리에 있다. 6화에서 시진과 대영이 훈련으로 지친 병사들과 만나 달아난 가게가 치킨집 '닭날다'로 지하철 6호선 망원역 옆에 있다. 가게를 나와 두 사람이 종로3가로 더 도망쳐 숨어 군사들을 따돌린 곳은 인천의 언덕이라고 한다. 나중에 언급하겠지만, 〈나의 아저씨〉에서 아이유가 연기하는 지안의 집도 인천에서 촬영되었다.

영화 〈기생충〉에도 반지하 집에 사는 가족이 그려진다. 시진의 부모님도 군인인 가정에서 자랐고 명주도 군사령관의 딸이며 대영의 집도 이 근처라는 점에서 달동네를 떠올리게 한다. 이는 한국전쟁 중 북쪽에서 피난 온 주민들이 고지대 척박한 땅에 판잣집을 짓고 살기 시작하면서 시작된 빈민가이다. 달동네는 하늘에 가깝지만 밝은 태양은 닿지 않는다는 뜻이라고 한다. 서울에서는 재개발로 고층 아파트 등으로 변모하고 있으며 거의 남아 있지 않다.

강모연의 집은 원래 연남동 가구상점 비플러스엠Bplusm의 쇼룸을 사용한 것 같다. 그러나 현재 'forfork'라는 카페로 바뀌었다. 서울 서쪽 마포구에 있으며, 가좌역에서 도보 거리에 있다.

놀라운 것은 서울과 수도권의 변화이다. 물론 경쟁이 치열한 이유도 있지만 2016년 이 드라마에 등장한 음식점 중 이미 자취를 감춘 곳도 많다는 점이다. 그리고 여러 시설이 관광 관련 시설로 전환되고 있는 것에 주목해야 하는데, 한류 드라마가 도시마다 일정한 영향을 미치기 시작했다고 볼 수 있다.

그 밖에도 〈태양의 후예〉와 관련된 촬영지는 많지만, 이 책에서는 주요 촬영지만 소개하고자 한다.

〈태양의 후예〉 서울 주요 촬영지

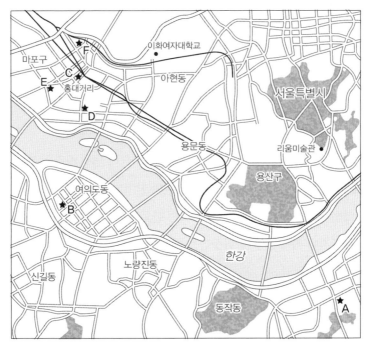

A 시진이 모연과의 첫 데이트를 위해 찾아 온 병원(가톨릭대학교 서울성모병원)
B 시진을 데리러 옥상으로 헬기가 온 병원(KBS 본사)
C 시진과 모연이 영화를 본 곳(CGV 홍대)
D 대영이 명주랑 갔던 술집(홍대 주점 '산장')
E 시진과 대영이 후배 병사들로부터 도망친 가게('닭날다'라는 치킨집)
F 모연의 집(현재 'forfork'라는 카페)

〈사랑의 불시착〉

〈사랑의 불시착〉은 2019년 tvN에서 총 16부작으로 방영되었으며 넷플릭스를 통해 전 세계 190개국에 방영되었다. 일본에서도 2020년 2월 23일부터 방영되었으며, 세계적으로 큰 사랑을 받은 드라마이다.

패러글라이딩으로 북한에 착륙한 재벌 아가씨 윤세리와 북한군 병사 리정혁의 러브 스토리로 주연은 손예진과 현빈이다. 이 드라마 출연을 인연으

한류, 세계인을 사로잡다

tvN 〈사랑의 불시착〉 공식 홈페이지(https://tvn.cjenm.com/ko/cloy)

로 두 사람은 실제 결혼해서 화제를 모았다.

한국에서의 최고 시청률은 21.7%, 일본에서도 넷플릭스의 영향으로 많은 시청자들의 사랑을 받아 4차 한류 붐의 대표적인 작품이 되었다.

이 작품의 촬영 역시 한국뿐 아니라 해외에서도 진행되었다. 인상적인 것은 스위스 촬영지인데, 오프닝 영상에서 세리와 정혁이 엇갈리는 장면은 취리히 린덴호프 언덕이다. 현수교에서 자살하려던 세리가 정혁의 부탁으로 약혼자 서단과의 투샷 촬영에 응하는 장면은 융프라우에 있는 피르스트 현수교(파노라마 브릿지 시그리스빌Panorama bridge-Sigriswil)다. 형이 죽고 귀국하게 되는 정혁이 물가에서 피아노를 치는 장면은 이젤발트Iseltwakd에 있는 브리엔츠Brienz 호수이다. 작품 중 가장 아름답고 인상에 남는 장면이다.

또 그가 유학 중 다녔던 음악학교는 기스바흐에 있는 그랜드호텔 기스바흐Grandhotel Giessbach이며 마지막회 피아노 연주회장은 인터라켄에 있는 빅토리아 융프라우 그랜드호텔 & 스파이다. 제작 예산이 많아서인지 작품 중에 등장하는 북한의 평양역, 개성역은 몽골의 울란바토르역이 배경이 되었으며 핵심장면 중 하나인 세리와 정혁이 탄 열차가 멈춰버려 노숙하게 되는 초원도 울란바토르에서 촬영되었다.

한국 내 촬영지도 많다. 정혁과 다른 사람들이 사는 북한 마을은 안면도에 대규모 세트장을 제작해 촬영했고, 1화에서 세리가 패러글라이딩으로 불시착하면서 정혁과 만나는 장면은 제주도에 있는 '서귀포 치유의 숲'에서 촬영되었다.

치유의 숲은 서귀포시외버스터미널에서 택시로 30분 정도면 도착하는 곳으로 2016년에 문을 연 국립산림복지진흥 시설이다. 규모는 174㏊로 약 11㎞의 산책코스 외에 연령 등에 맞춘 다양한 코스도 있다. 편백나무와 삼나무로 둘러싸인 산책로를 걷는 것만으로도 몸과 마음이 치유되기 때문에 삼림 테라피를 할 수 있는 숲이다.

세리가 패러글라이딩을 타고 날아오르는 곳은 강원도 영월 별마로 천문대이다. 서울에서 영월까지는 버스로 약 2시간, 영월 터미널에서 천문대까지는 택시로 20~30분 거리이다. 〈태양의 후예〉 촬영지인 태백과도 가깝다. 이 일대는 과거 탄광지역으로 석탄의 하역을 위해 철도 지선이 만들어진바 있다.

세리의 집은 1, 3화에서 그야말로 대부호의 호화로운 저택으로 등장한다. 사실 이곳은 전라남도 담양에 있는 골프장으로 건물 입구의 문은 드라마 〈SKY 캐슬〉에도 사용되었다. '담양 레이나 CC'라는 이 골프장은 클럽하우스가 호화로워 〈사랑의 불시착〉에도 쓰였다고 한다. 담양공용버스터미널에서 차로 약 9분 거리에 있지만 서울에서는 버스로 약 3시간가량 걸려 거리가 좀 멀다. 그러나 담양 주변에는 볼거리가 많고 대나무 숲, 메타세쿼이아 가로수길 등은 사진 찍기 좋은 곳으로 최근 화제가 많이 되고 있는 '메타프로방스'가 있다.

4화에서 정혁이 세리를 자전거 뒤에 태우고 달리는 장면은 충남 태안 청산수목원의 삼나무 가로수길에서 촬영되었다. 하지만 서울에서 차로는 약

2시간 반 거리에 있고 대중교통으로는 KTX 이용 후 일반 철도로 갈아타고 또 다시 택시를 이용해야 하므로 잘 알아보고 방문해야 한다.

청산수목원은 600종의 수목원과 200종의 수생식물원으로 구성되어 있는데, 이곳은 정혁의 주변 인물들이 사는 것으로 그려진 북한 마을 안면도와도 가깝다.

5화에서 세리의 전 약혼녀 구승준이 북한에 있을 리 없는 세리를 우연히 만나는 장면은 부산 코모도호텔의 복고풍 로비에서 촬영되었고, 6화에서 세리가 한국으로 돌아오기 전 북한에서 5중대 대원들과 소풍을 떠난 장면은 충북 충주를 배경으로 한다. 남한강변의 비내섬은 억새와 갈대 군락지, 철새의 도래지로도 알려져 있으며, 아름다운 석양이 유명하다. 그리고 낚시나 캠핑지로도 많이 이용된다. 서울에서는 KTX로 오송역, 충북선으로 충주역에서 택시로 약 30분 거리에 있으며, 서울에서 충주까지는 직행버스로 1시간 40분 정도 걸린다.

충주에는 그 밖에 여러 곳의 촬영지가 있다. 12화에서 세리와 부대원들이 감동적으로 재회하는 장면에서 사용된 곳은 '중앙탑 사적공원'으로 충주역에서 택시로 이동할 수 있다. 배경에 비친 석탑은 신라시대의 것으로 국보로 지정되어 있다.

13~14화에서 정혁의 약혼자이자 첼리스트 서단과 구승준이 찾은 장소가 중앙탑 사적공원 호수에 있는 로맨틱한 다리인 '무지개다리'이다. 밤이 되면 조명이 켜지며, 그 옆에 있는 달의 오브제도 인상적이다. 드라마에서는 비극적인 사랑으로 끝나는 커플의 애틋한 순간을 장식했다.

다음으로 서울로 이동해보자. 세리가 운영하는 '세리스 초이스' 매장으로 나오는 곳은 압구정로데오역 인근의 유명한 독일 제작 웨딩 주얼리 업체

아크레도acredo 청담이다. 또 이 역에서 도보 거리 내에 1화에서 세리가 연예인 애인과 밀회하는 장소로 사용된 '울프강 스테이크하우스 청담'도 있다.

11화에서 세리와 정혁이 재회하는 장소는 정자역에서 도보로 몇 분 내에 있는 엠코헤리츠 4단지 내에 있다. 정자역은 지하철 강남역에서 신분당선으로 15분 정도면 도착한다.

북한에서 온 5중대 대원들이 들여다보는 치킨집도 인상적이다. 이대역에서 도보로 3분 거리에 있는 'BBQ치킨 이대점'이 촬영지로, 돈도 없이 한국에 온 이들이 부러운 듯 가게 안을 들여다보는 모습은 연민의 감정을 불러일으킨다. BBQ치킨의 노출은 한류 드라마가 사용하는 PPL의 한 기법으로 직접적인 광고CM라기보다는 스폰서의 가게나 상품을 드라마 속에 등장시켜 상품이나 상표의 이미지를 각인시켜 판매로 연결하는 전형적인 광고 기법이다.

한류 드라마의 단골 배경으로 등장하는 써브웨이도 5중대 멤버들이 당황하며 주문하는 장면과 세리가 직원들과 식사를 하는 가게로 촬영되었다. 드라마에서 나오는 가게는 독립문점으로 지하철 3호선 독립문역에서 도보로 5~6분 거리에 있다.

음식점으로는 11화에서 세리와 정혁이 찾는 곳이 엔제리너스커피Angel in us Coffee 계산삼거리점으로 롯데그룹의 커피 체인점이다. 장소는 지하철 인천1호선 계산역에서 도보로 5~6분 거리에 있다. 이 카페 역시 PPL로 드라마에 나온 천사 일러스트 머그컵도 구입할 수 있다. 11화에서 5중대 멤버들이 서울 야경을 감상한 곳은 청운공원 윤동주 시인의 언덕이다. 공원 내에는 조선시대 성벽이 남아 있고, 시야 너머로 서울의 경치가 펼쳐져 있으며 서울타워도 보인다. 하이킹 및 데이트 코스로도 유명하며 지하철 3호선 경복궁역에서 택시로 5분 정도 거리에 있다.

한류, 세계인을 사로잡다

11화에서 5중대 멤버들이 찾아온 곳은 세리스 초이스의 본사 건물로 디지털미디어시티에 있는 동아디지털미디어센터이다. 이 빌딩은 손예진과 정해인이 함께 출연한 〈밥 잘 사주는 예쁜 누나〉에서 두 사람의 직장이 있는 장소로 설정되기도 했다. 지하철 6호선, 경의중앙선, 공항철도 등을 이용하며 디지털미디어시티역에서 도보로 8분 정도 거리에 있다.

8화에서 단과 승준이 찾는 평양의 카페는 서울 한강변에 위치한 '스타시티 서울 레스토랑(현. 매종 드 플레티)'이다. 드라마에서는 창문 너머로 평양 거리가 펼쳐진다는 설정이었다. 이곳은 지하철 5, 8호선 천호역에서 도보 8분 거리에 있다. 또한 승준이 평양에서 살던 집은 '부암동 7번지'로 언뜻 보기에는 고급 주택으로 보이지만, 실제로는 결혼식, 전시회, 공연 등 다양한 행사가 열리는 문화시설이다. 예술적 성향이 강한 이 건물은 〈SKY 캐슬〉 등 여러 드라마에서도 배경으로 촬영되었다. 지하철 3호선 경복궁역에서 택시로 15~20분 정도 거리에 있다.

김수현이 카메오로 출연한 10화의 줄거리는 5중대 멤버들이 정혁을 찾아나선다는 내용이었다. 이곳은 인천 달동네 인근, 수도권 전철 1호선 제물포역에서 택시로 3분가량 걸리는 곳에 위치한 중식당 공원장 앞에서 촬영되었다. 제물포는 19세기 후반 해외로의 창구 역할을 했던 항구로 당시 시대가 배경인 이병헌, 김태리 주연의 드라마 〈미스터 션샤인〉(2018)에도 등장한다.

4화에 등장하는 평양에 있는 단이 어머니의 백화점은 모다아울렛 인천 부평점에서 촬영되었다. 지하철 1호선 부평역에서 도보로 약 10분 거리에 있다. 세리가 백화점에서 정혁에게 정장을 사주는 11화의 장소도 롯데백화점 인천터미널점으로, 4층에 있는 수트 서플라이SUIT SUPPLY란 곳에서 촬영되었다.

세리스 초이스 인테리어 전시장에 5중대 대원들이 방문하는 12화 장면
은 영림홈앤리빙 인천갤러리에서 촬영되었으며, 지하철 인천1호선 동막역
에서 버스, 택시로 약 10분 거리에 있다.

13화에서 정혁이 세리와 북한에서 만나기 전 스위스 시그리스빌 다리에

〈사랑의 불시착〉 서울 주요 촬영지

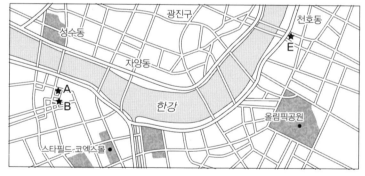

A 세리스 초이스(아크레도 청담점)
B 세리가 연예인 남자친구와 사진 찍힌 가게(울프강 스테이크하우스 청담점)
C 5중대 대원들이 밖에서 들여다본 치킨집(BBQ치킨 이대점)
D 세리스 초이스 본사(동아디지털미디어센터 빌딩)
E 단과 승준이 찾는 평양의 카페(스타시티 서울 레스토랑)
F 승준이 평양에서 살던 집(부암동 7번지)

한류, 세계인을 사로잡다

서 만났다는 사실을 털어놓는 곳은 경기도 포천에 위치한 하늘다리다. 이곳은 〈김비서가 왜 그럴까〉에도 등장한다. 2018년에 만들어진 현수교로 다리 중간 지점이 투명 유리로 되어 있어 바닥이 훤히 보인다. 서울에서 차로는 2시간 정도 걸리고, 대중교통을 이용할 때는 서울에서 버스로 포천까지 가고, 거기서 버스를 갈아타는 수단도 있지만 총 3시간 정도가 걸린다.

주요 촬영지를 살펴본 결과 이 드라마는 서울을 비롯한 한국 내 많은 곳에서도 촬영되었으며 스위스, 몽골 등의 해외 촬영도 이뤄졌던 것으로 보아 제작비 예산 규모가 컸음을 알 수 있다.

〈이태원 클라쓰〉

JTBC 〈이태원 클라쓰〉 공식 홈페이지(https://tv.jtbc.co.kr/event/pr10011148/pm10057045)

〈이태원 클라쓰〉는 JTBC에서 2020년 방송되었으며 마지막 회 시청률은 16.5%를 기록했다. 넷플릭스를 통해 전 세계에 방영되면서 일본에서도 붐이 일었다. 원작은 동명의 웹툰이며, 이 역시 일본에서 일본어 판이 출간되었다. 서울 이태원 음식업계에서 성공하기 위해 동료들과 함께 고군분투하는 젊은이들을 그린 작품이다. 주연은 한국을 대표하는 배우 박서준과 이 작품으로 주목받은 김다미가 맡았다.

2022년 일본에서도 리메이크 판인 〈롯폰기 클라쓰六本木クラス〉가 만들어졌다. 한국이 일본 드라마를 리메이크하는 일은 종종 있었지만, 이제는 일본이 한국 드라마를 리메이크하는 것이 당연해졌을 만큼 〈이태원 클라쓰〉는 드라마로서 풍부한 매력이 있다. 이 드라마로 인해 서울 이태원은 일본에서도 많은 사람들에게 알려지게 되었는데, 콘텐츠에 의해 지명이 알려지는 효과를 새삼 알 수 있었다.

이태원은 서울 용산 내 미군기지 가까이에 있어 미국인들의 모습도 많고 서울중앙성원(한국 최초, 최대의 이슬람 모스크)도 있어 외국인들이 많은 지역이다. 제목 그대로 드라마는 이태원을 중심으로 촬영이 진행되었다. 먼저 박서준이 연기한 박새로이가 이태원을 바라보는 육교를 찾아보자. 이 육교는 녹사평 육교라고도 하며, 지하철 6호선 녹사평역에서 도보 1분 거리에 있다. 그리고 새로이가 늘 바라보던 곳은 서울타워가 보이는 남산 방면이다.

4화에서 김다미가 연기하는 조이서가 클럽에서 만난 남성에게 폭행을 당하는 장소는 육교에서 이태원 방면으로 5, 6분 거리에 있는 '노리테이블Nori Table'이라는 초밥집 앞이다. 이곳은 언덕길 전망이 좋아서 서울의 매력 중 하나를 느낄 수 있다.

5화에서 권나라가 연기하는 새로이의 소꿉친구 오수아가 새로이와 키스하는 것을 이서가 손으로 말리는 장면이 나온다. 이서 캐릭터를 멋지게 표현한 매우 인상적인 장면으로, '노리테이블' 끝에 있는 '코레아노스키친'이라는 멕시코 식당 맞은편 근처에서 촬영되었다. 여기서 다시 이태원 방면으로 향하면 새로이가 문을 연 '단밤' 1호점이 있다. 현재는 '서울의 밤'이라는 가게로 되어 있지만 잘 살펴보면 '단밤' 글자가 남아 있다. 다시 이곳을 지나 아래로 내려가 오른쪽으로 조금 돌면 이서가 남자에게 얽힌 화장실도 있다.

한류, 세계인을 사로잡다

다시 육교로 돌아와 길을 쭉 가다가 편의점 모퉁이를 오른쪽으로 돌면 카페 거리가 있다. 그 앞에서 왼쪽으로 들어가면 9화에 새로이가 매출을 올리기 위해 새로운 메뉴를 생각해 낸 장소가 나온다. 이미 문을 닫았지만, 촬영 당시에는 '마루쿠 식당'이란 이름의 가게였다.

또한 거기서 길을 따라가다 보면 역시 9화에서 간판을 수리해 준 다른 가게가 등장한다. '조이의 공간'이라는 가게이고 그 앞에 공원이 있다. 이 공원은 8화에서 장가그룹 회장의 아들로 '단밤'에서 일하는 근수를 새로이가 불러내 격려했던 장소이자, 9화에서는 전직 형사의 딸과 강 이사가 처음 만나 아버지를 기다리던 장소이기도 했고, 또한 강 이사가 수상한 누군가에게 사진을 찍히는 장면에서도 나오는 장소이다.

이 공원은 '이태원어린이공원'으로 판다 미끄럼틀이 인상적인 곳이다. 이 공원의 동쪽을 따라가다 보면 큰길과 합류하게 된다. 거기서 새로이랑 이서가 종종 함께 술을 마신 곳이 있는데, 가게 이름은 '더파이니스트The Finest'인데, 빌딩 4층에 있으며 서울타워가 잘 보인다.

그리고 '단밤' 1호점을 인수한 새로이가 다음으로 문을 연 '단밤' 2호점은 남산 기슭 해방촌이라는 곳으로 남산도서관 옆에 있다. '오리올Oriole'(현재는 어반 클리프라는 와인 바로 변경됨)이라는 레스토랑 바의 루프탑 장면이 인상적이다. 남산 비탈면에 있어 걸어서 가는 것보다는 택시가 편리하며, 수아의 집도 이 근처에 있다.

이태원에서는 랜드마크 해밀턴 호텔 뒤편의 '세계음식문화거리'가 자주 등장한다. 새로이가 처음 이태원을 찾은 곳도 이곳이다. 그날은 '할로윈데이'였고 여기서 우연히 수아와 재회하는 장면이 나온다. 그리고 두 사람이 술을 마신 가게인 '클럽 펌킨Club Pumpkin'도 이태원역 바로 근처에 있고, 이서가 동급생 부모님과 말다툼하고 있을 때, 마침 새로이가 지나간 자리는 'G 게스트하우스G Guesthouse' 앞 계단이다. 이 게스트하우스는 이태원역에서 도보로 이동할 수 있는 거리며, 드라마 속에서는 집을 나온 근수가 머무르는 곳이었다.

이태원 일대에서 가장 인상적인 장소는 천사 날개 벽화일 것이다. 이곳은 마지막 회에서 새로이와 이서가 데이트할 때 기념사진을 찍는 장소다. 이태원역에서 도보 3분 거리에 있고, 나무계단 중간에 있다.

이태원 이외의 촬영지는 서울 시내에 여러 곳이 있다. 명동에는 수아가 일하는 장가그룹 본사 건물이 있다. 이곳은 '스테이트타워 남산'이라는 빌딩으로 명동역에서도 가깝다. 명동역 옆 회현역에서 10분 정도 남동쪽으로 가면 '백범광장공원'이 있다. 이곳은 마지막 회에서 새로이와 이서가 첫 키스를 한 장소다. 성벽이 있는 공원으로 이곳도 새로이가 생각에 잠기는 장소이자, 작품 속에서 새로이와 이서가 밀회하는 장소로 등장한다.

홍대 일대에서는 상수역 인근에 장가포차 이태원점을 촬영한 '코다차야 홍대점'과 홍대입구역에서 7~8분 거리에 있는 외관이 특징적인 '만만코코로'라는 술집이 있다(장가포차 내부는 코다차야, 외부는 만만코코로). 만만코코로는 코다차야에서 도보로 이동할 수 있다. 또한 홍대입구역에서 만만코코로 반대방향으로 10분 정도 걸어가면 1화에서 새로이 아버지가 퇴직금으로 연 '마포소금구이'라는 이름의 가게도 있다.

공항철도 홍대입구역 다음 역인 디지털미디어시티역 주변에도 여러 곳의 촬영지가 있다. 먼저 3화에서 인형 옷을 입은 새로이와 이서가 재회하는 장면, 오토바이 급제동으로 공중으로 솟아오른 이서를 새로이가 받아 안으며 넘어지는 장면이 있다. 이 장면은 '구름산추어탕'이라는 유명한 추어탕

한류, 세계인을 사로잡다

집 옆으로, 역에서 가까운 거리에서 촬영했다.

디지털미디어시티역에서 지하철 3호선으로 40분 거리의 주엽역에는 13화에 등장하는 극중 'IC(이태원 클라쓰)'의 본사 건물이 있다. 드라마를 제작한 JTBC의 일산 스튜디오를 사용하였으며, 택시로 이동하는 것이 편리하다.

또한 1화에서 시험 당일 물건을 두고와 늦을 뻔한 수아를 새로이가 공연장까지 바래다준 장면은 지하철 1호선 회기역 인근의 '서울시립대학교'에서 촬영했다. 회기역에서 도보로는 20분 정도여서, 택시 이용이 편리하다.

마지막 회에서 '장가'를 그만둔 수아가 매니저로 일하는 레스토랑은 세련된 번화가로 알려진 지하철 수인분당선 압구정로데오역 주변으로 '퀸즈파크Queens Park' 청담점이다. 이곳은 박보검이 카메오로 출연한 레스토랑으로 역에서 도보 3분 정도로 가깝다.

교외에서는 11화에서 이서가 새로이에게 고백하는 장면이 있는데 지하철 인천1호선 테크노파크역에서 도보로 10분 거리에 있는 쇼핑몰 '트리플 스트리트TRIPLE STREET'에서 촬영했으며, 일루미네이션[8]이 하얗게 빛나는 가로수가 특징적이다. 그 당시에는 이서의 생각이 새로이에게 전달되지 않았지만 회차를 거듭할수록 두 사람의 거리는 가까워진다.

지금까지 〈이태원 클라쓰〉의 주요 촬영지를 소개했다. 이태원 일대가 주를 이루지만 서울 외곽에서도 촬영이 이루어져 촬영지는 분산되어 있다. 비교적 촘촘한 범위 내에서 둘러볼 수 있어 서울 거리의 매력을 충분히 느낄 수 있고, 도쿄와는 다른 거리의 숨결을 접할 수 있다. 이태원은 드라마로 인해 지명도를 높였지만, 그 주변 지형과 미군기지 인접 등의 요소가 얽혀 이

---

8 (옮긴이) 전광장식(電光粧飾) 또는 전식광고(電飾廣告)라고도 한다. 여러 종류의 전구나 네온사인 등을 이용하여 문자나 그림, 배경 등을 보여주는 조명을 이용한 장식이나 광고

태원의 독특한 지역 특성이 생겨난 것도 알 수 있었다.

〈이태원 클라쓰〉 서울 주요 촬영지

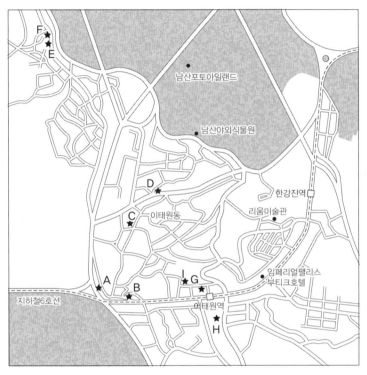

A 녹사평 육교
B 단밤1호점(서울의 밤)
C 강 이사가 수상한 누군가에게 사진 찍히는 공원(이태원어린이공원)
D 새로이와 이서가 찾은 옥상 바(더파이니스트)
E 단밤 2호점(오리올 레스토랑 바)
F 수아의 집
G 세계음식문화거리
H 근수가 혼자 사는 고시원(G게스트하우스)
I 천사 날개 벽화

한류, 세계인을 사로잡다

이전 후 '단밤'의 루프탑(필자 촬영)

세계음식문화거리 벽면
(필자 촬영)

제4장 한국 드라마 '성지순례'의 활성화

〈도깨비〉

tvN 〈도깨비〉 공식 홈페이지(https://tvn.cjenm.com/ko/dokebi)

드라마 〈도깨비〉는 tvN 개국 10주년 특별기획으로 2016년부터 2017년까지 총 16부에 스페셜 3회가 추가되어 방송되었으며, 최고 시청률은 19.6% 였다. 제53회 백상예술대상에서 TV 부문 대상과 주연 배우 공유가 TV 부문 남자최우수연기상을 받았다.

줄거리는 역적이란 오명을 쓰고 목숨을 잃은 김신이 신의 힘에 의해 불멸의 목숨을 사는 '도깨비'가 되어 900년 넘게 칼을 몸에 꽂은 채 현세에 머물러 있다가, 어느 날 유령이 보이는 여고생과 만나는 이야기로 자신이 도깨비 신부라고 주장하는 여고생과 사랑을 키워가는 판타지 로맨스이다. 제작은 한국을 대표하는 제작사인 스튜디오드래곤이 맡았다.

김고은이 연기하는 지은탁이 다니는 고등학교는 '서울중앙고등학교'에서 촬영되었다. 이 고등학교는 〈겨울연가〉에서도 촬영된 곳이다. 춘천에 있다는 설정으로 사용되었는데, 묵직한 모습의 석조 건물이 있고, 지하철 3호선 안국역이 가장 가까운 역이다. 그리고 우산을 쓰지 않고 후드 티를 입은 은탁이 우산을 쓴 도깨비와 스치는 1화에서는 쏟아지는 비가 인상적인데 이곳은 '덕성여고'와 '풍문여고' 사이 돌담 오솔길로, 감고당길感古堂路이라고 한다. 이 오솔길은 6화에서 은탁이 복권 당첨 번호를 할머니 귀신에게 알려주는 장면에서도 배경이 되었으며, 역시 안국역 북쪽에 있다.

안국역 주변에 있는 돌담길은 1화에서 도깨비와 저승사자가 만나는 장면 촬영지이고, 그 돌담 너머가 저승사자의 찻집(세트로 촬영)이라고 설정되어 있다. 장소는 덕수궁으로 향하는 돌담길이다. 여러 드라마 촬영지에서도 사용되었지만 도깨비가 저승사자를 바라보는 곳은 구세군이 있는 곳이다.

12화에서는 저승사자와 전생에 연결된 써니의 키스신 장면 배경은 삼청동 골목으로 한옥카페로 알려진 '커피방앗간' 옆이다. 북촌과 삼청동은 조선시대에는 고위 관료와 왕족, 귀족들이 거주하는 고급 주택지였으며, 당시 정치, 행정, 문화의 중심이었던 곳으로 한옥도 많고 최근에는 카페도 많이 생겨났다.

앞서 언급한 '서울중앙고등학교'로 향하는 계동길도 한옥을 활용한 게스트하우스 등이 많아 과거로의 시간여행을 떠나기 좋은 거리이다.

9회에서 저승사자가 써니와 걷는 곳은 일루미네이션이 예쁜 '신세계백화점 본점'이다. 이곳은 두 사람이 10화에서도 대화를 나눈 곳으로 과거에 미츠코시백화점 경성점이었다. 써니의 집은 지하철 6호선 창신역에서 도보권이지만 언덕길이다. 서울 '창신초등학교' 옆에 있는 독채 건물은 하지원이 출연한 드라마 〈시크릿 가든〉에서도 사용되었으며, 은탁이 살던 옥탑방은 철거된 상태이다.

도깨비집은 '운현궁雲峴宮'[9]에 있는 양관이 사용되었다. 이 건물은 1910년대 초반에 일본인 가타야마 도쿠마片山東熊가 설계한 것이다. 다만 '운현궁'은

---

9   (옮긴이) 조선 26대 왕인 고종의 생부 흥선대원군의 저택이었던 곳으로 사적 제257호이다.

정식 왕궁은 아니며, 2화에서 도깨비가 학교에 지각한 은탁을 데리고 캐나다에서 돌아온 광화문에 있는 '경복궁景福宮'과는 다르다. 운현궁 양관은 '덕성여자대학교' 부지 내에 있어 출입이 금지되어 있고, 안국역에서 가깝다.

이제 서울 동쪽으로 발길을 돌려보자. 써니와 저승사자의 만남과 이별의 장이 된 육교는 지하철 2호선 용답역 바로 근처다. 이 육교는 드라마 속에서 여러 차례 등장한다. 3화에서 오징어를 굽던 은탁이 도깨비를 불러내는 장면에서 도깨비가 책을 읽으며 기대어 있는 벽화는 성수동 카페거리에 있는 '모카 책방'이다. 화려한 현대풍의 벽화부터 한국적인 수묵화풍의 벽화까지 즐비하며 지하철 2호선 성수역에서 도보 5분 거리에 있다.

1화에서 은탁이 드디어 아르바이트 면접에서 합격해 일하기 시작하는 곳은 써니가 운영하는 치킨집으로 'BBQ치킨' 종로 본점으로(현재는 영업 종료), 명동에서 가장 가까운 2호선 을지로입구역 근처에 있으며, 드라마 촬영에는 이 가게의 1층과 4층이 사용되었다.

10화에 등장한 도깨비와 저승사자가 당당하게 걷는 장면의 촬영지는 일명 신촌 그래피티 벽화 터널로 불린다. 벽화로 채색된 이 터널은 지하철 2호선 이대역에서 도보로 10분 정도 거리에 있다.

또한 4화에서 저승사자가 눈에 보이는 여자들이 모두 써니로 보이는 장면에서 등장한 곳은 '마당플라워카페'로, 꽃집과 카페가 함께 있는 멋진 공간이다. 촬영 시에는 안국역에서 도보로 10분 정도 거리에 있었으나 현재 이 자리는 화장품 가게가 되었고 종로구 익선동의 멋쟁이 가게들이 모이는 잡화거리로 이전하였다. 지하철 1, 3, 5호선 종로3가역에서 도보로 5분 거리다.

인천은 서울과 비슷하게 촬영지가 많은 곳이다. 인천하면 공항인데 15화에서 도깨비가 은탁을 마중하는 곳이 인천국제공항 도착층 F게이트, 두 사

한류, 세계인을 사로잡다

람이 나가는 곳이 도착층 12번 출구다. 4화에서 술 취한 도깨비와 은탁이 걷는 곳은 '청라중앙호수공원'이다. 국내 최대 규모의 호수공원으로 인공적으로 만들어진 도시공원인데, 음악 분수와 아름다운 야경으로 유명하다. 인천국제공항에서 공항철도를 타고 청라국제도시로 가서 버스로 이동해야 한다.

또 2, 3회에서 납치된 은탁을 도깨비와 저승사자가 구출하는 장면은 인천 '드림파크 메타세쿼이아' 가로수길이다. 이 장면은 밤에 촬영했는데, 두 사람이 나란히 걷는 장면은 OST의 CD팩의 표지로 사용되기도 했는데, 이곳은 '청라중앙호수공원'에서 택시로 20분 정도 거리에 있다.

인천 '자유공원'은 1, 3, 15, 16화에 등장하는데, 특히 15, 16화에서는 기억을 되찾은 은탁에게 도깨비가 청혼하는 장소이기도 하다. 지하철 1호선과 수인·분당선 인천역에서 걸어서 10분 정도 거리에 있다. 130년 이상의 역사를 자랑하는 한국 최초의 서양식 정원으로, 자유공원 내에는 13화에 나오는 유 회장의 집도 있다. 이 집은 1891년 러시아 건축가 '사바틴'[10]이 설계한 서양식 목조건축 '제물포구락부'이다. 당시에는 이곳이 인근

유 회장님 집앞 계단 안내(필자 촬영)

---

10 (옮긴이) 아파나시 이바노비치 세레딘사바틴(Afanasii Ivanovych Seredin-Sabatin, 1860~1921)은 1890년부터 1904년까지 조선시대와 대한제국에서 일했던 러시아제국 국적의 우크라이나인 건축가이다. 대한제국 고종 황제가 아관파천 당시 1년간 묵었던 러시아 공사관(사적 제253호), 경복궁 내 관문각, 독립문 외 다수의 작품이 있다.

에 거주하던 영국, 프랑스, 미국, 러시아 등 각국 외국인들의 사교의 장으로서 역할을 했다.

〈도깨비〉 서울 주요 촬영지

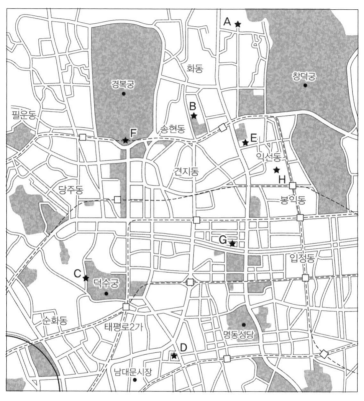

A 은탁이 다니는 고등학교(서울중앙고등학교)
B 처음으로 도깨비와 은탁이 스쳐 지나가는 감고당길
C 도깨비와 저승사자가 만나는 돌담길(정동로)
D 신세계백화점 본점
E 도깨비집, 운현궁(雲峴宮)
F 도깨비와 은탁이 캐나다에서 순간이동으로 돌아오는 장소
G 은탁이 아르바이트하는, 써니가 운영하는 치킨집 BBQ치킨 종로 본점(현재 폐점)
H 마당플라워카페

한류, 세계인을 사로잡다

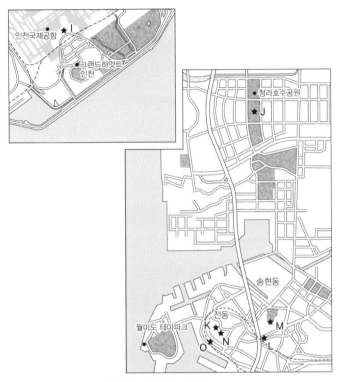

〈도깨비〉 인천 주요 촬영지

I   은탁을 도깨비가 맞이한 인천국제공항 제1터미널
J   술취한 은탁과 도깨비가 걷는 곳(청라중앙호수공원)
K   도깨비가 은탁에게 청혼하는 장소(인천자유공원)
L   은탁이 도깨비에게 머리 쓰다듬는 법을 알려준 장소(한미서점)
M   저승사자에게 발견된 은탁을 도깨비가 지킨 곳(송현근린공원)
N   유 회장의 집(제물포구락부)
O   가구 제조업체 일룸의 간판이 있는 빌딩(하버파크호텔)

    6화에서 은탁이 도깨비에게 머리를 쓰다듬는 법을 알려준 장소는 경인선 1호선 동인천역에서 걸어서 10분 거리에 있는 '한미서점'이다. 한미서점은 이 드라마에 자주 등장하는 매우 인상적인 서점이라고 할 수 있다. 노란색 외벽이 특징으로 주변은 '배다리헌책방거리'로 여러 서점이 자리 잡고 있다. 마지막 회에서 은탁이 몸을 던져 브레이크가 고장난 트럭으로부터 유치원

버스를 감싸고 유치원생들을 지키다 숨지는 장면의 촬영 장소도 이 서점에서 20분 거리에 있다.

또한 한미서점에서 10분 정도 거리에는 '송현근린공원'이 있으며, 이 근처에서도 촬영됐다. 2화에서 저승사자가 은탁을 데려가려는 것을 도깨비가 저지하는 장면 등 여러 장면들이 촬영됐다.

도깨비와 은탁이 둘이 지낸 곳은 송도국제도시 센트럴파크에 위치한 '경원재 앰배서더 인천'이다. 대한민국을 대표하는 고급 호텔로 지하철 인천1호선 센트럴파크역에서 도보 3분 거리에 있다.

14화에서 기억이 없는 은탁을 도깨비가 억지로 차를 마시게 하는 대목이 있는데, 이 카페는 인천 라마다호텔 1층에 있는 '달콤커피' 소래포구역점이다. 수인선 소래포구역에서 도보로 4분 정도 거리에 있다. 이 드라마에서도 PPL이 사용되고 있어 '달콤커피'가 자주 등장한다. 2, 3, 5, 6, 11, 14화에서도 나왔고, 특히 분당 정자점에서는 〈태양의 후예〉도 촬영됐다.

내친김에 카페에 대해 더 언급하자면 5, 15화에서 등장한 캐나다의 카페는 경기도 파주에 있는 갤러리 카페 '지노Cafe ZINO'이다. 이국적인 분위기가 물씬 풍기는 곳으로 교통편이 좀 불편한데, 지하철 2, 6호선 합정역에서 버스로 헤이리 예술마을까지 간 후 택시로 이동해야 된다. 서울에서는 1시간 정도 거리다.

또 하나 중요한 촬영지는 강릉이다. 강릉은 서울에서 KTX를 타고 약 2시간 정도 걸리는데, 2018 평창 동계 올림픽 당시 피겨 스케이팅, 스피드 스케이팅, 컬링 등 실내경기가 개최됐다. 이곳에는 1화에서 고등학생 은탁이 자신의 생일에 신세를 한탄하며 케이크의 촛불을 불어 끄고 처음으로 '도깨비'를 불러낸 방파제가 있다. 이곳은 주문진 방파제이다. 강릉에서 북쪽으로 버스로 1시간 남짓, 주문진 버스터미널에서 도보로 가야 하는 곳으로, 근처는 항구도시이기도 해서 해산물 요리가 맛있다.

이 작품도 1, 2, 4, 10, 14, 16화 등은 캐나다 퀘벡에서 해외 로케이션이 진행됐다. 1화에서 두 사람은 프티 샹플랭Petit Champlain이란 구시가지의 로어타운Lower Town의 거리로 순간이동한다. 1608년 퀘벡이 들어서면서 모피 유통으로 번창했던 이 거리는 현재 부티크, 음식점들이 즐비한 관광명소가 됐다. 이곳에서는 어퍼타운Upper Town과 로어타운을 연결하는 경사가 가파른, 속칭 '목이 꺾이는 계단'도 등장한다.

2화에서는 루아얄 광장Place Royale이 나온다. 이곳에는 북미에서 가장 오래된 석조교회인 '승리의 노트르담 교회Notre Dame des Victoires'가 있다. 이후 은탁이 가게 안을 들여다보는 '부티크 노엘La Boutique de Noel'이 나오는데, 이곳은 14화에서도 등장한다.

또한 2화에서 도깨비와 은탁이 떨어지는 단풍잎을 잡으려던 곳은 '파르크사무엘-홀랑Parc Samuel-Holland'이라는 공원으로, 시가지에서 떨어진 주택가에 있다. 나중에 독서를 좋아하는 도깨비에게 은탁이 책갈피로 주는 것이 단풍잎이다. 이후 시가지에 있는 고급 호텔 '페어몬트 르 샤토 프롱트낙Fairmont Le Chateau Frontenac'로 발길을 돌린다. 1893년에 지어진 이 호텔은 프랑스의 고성을 연상케 하며 저명 인사들도 많이 투숙한 곳으로 알려져 있다.

이후 도깨비는 약속이 있다며 호텔을 나서는데, 그가 향한 곳은 현재도 군이 주둔한 퀘벡 요새가 있는 '퀸스공원Queen's Park'이다. 이곳에 무덤이 있다는 설정으로 도깨비는 참배를 한다. 세인트로렌스강Saint Lawrence River이 내려다보이는 아름다운 공원으로 2화에서는 은탁이 도깨비를 찾는 장면으로 쓰이며 16화에도 등장한다. 모두 민들레 홀씨가 바람에 흩날리는 인상적인 장면을 연출하고 있다.

15화에서 도깨비가 분수대 안에서 검을 꺼내는 곳은 퀘백주의 사당 앞 투르니Tourney 분수이다. 그 밖에도 다양한 촬영지가 있지만, 주요 촬영지는 이 정도이다.

서울중앙고등학교(필자 촬영)

한미서점(필자 촬영)

한류, 세계인을 사로잡다

〈나의 아저씨〉

tvN 〈나의 아저씨〉 공식 홈페이지(https://tvn.cjenm.com/ko/mymister)

〈나의 아저씨〉는 tvN에서 2018년 총 16부작으로 방영됐으며, 최고 시청률은 7.4%였지만, 이지안을 연기한 아이유ιυ의 매력이 돋보이는 작품이다. 〈커피프린스 1호점〉, 〈파스타〉 등에서도 호연한 이선균(박동훈 역)과 아이유를 중심으로 펼쳐지는 드라마다. 인생의 부조리에 직면한 중년 직장인과 젊은 나이에 삶의 슬픔을 한 몸에 짊어진 여성이 서로를 위로하는 과정을 그린 작품이다. 특히 아이유가 부른 트랙까지 포함된 OST가 인상적이다. 영상미도 뛰어나 제55회 백상예술대상 TV 드라마 부문 작품상, 각본상을 수상한 바 있다.

2022년 6월 개봉한 고레에다 히로카즈是枝裕和 감독의 〈브로커ベイビー·ブローカー〉에 아이유가 출연했는데, 고레에다 감독이 〈나의 아저씨〉를 보고 섭외했다는 말이 있을 만큼, 드라마에서 존재감과 매력이 돋보인 작품이다.

이 드라마도 인상적인 장면이 많다. 대표적인 장소가 드라마에 자주 나오는 건널목이다. 이곳은 서울 용산에 있는 '백빈건널목'으로 경의중앙선과 중앙선 2개 노선의 철도가 지나가 건널목도 2개가 있는 독특한 장소이다.

지안이 차단기 앞에서 동훈을 기다리고 때로는 둘이 걸어가면서 거리를 좁혀 가는데, 야간 장면이 많아 두 사람의 상황을 잘 표현했던 것 같다. 낮에는 이 건널목 너머로 고층 빌딩군이 보인다. 장소는 지하철 1호선 용산역 1번 출구에서 도보로 10분 정도 거리에 있다.

이 드라마에 나오는 역명은 대부분 가공된 것인데, 예를 들어 동훈과 지안이 자주 이용하는 역은 '후계역'으로 설정되어 있으나, 실제로는 지하철 2호선 신정네거리역이다. 이 근처에 앞에서 언급한 건널목이 있다는 설정이다. 그리고 두 사람이 근무하는 건설사는 지하철 7호선 논현역과 지하철 3호선 신사역 중간에 있는 한국야쿠르트 빌딩인데, 처음에는 다른 빌딩이 사용됐고, 촬영 중간부터 이 빌딩으로 변경됐다.

그래서 그런지 첫 번째 빌딩은 종로구 도렴동에 있어 초기에는 가까운 지하철 5호선 광화문역에서 도보 거리 내 촬영지가 많다. 예컨대 2화에서 동훈이 벤치에서 맥주를 마시는 장면에서 지안이 들르는 편의점 '미니스톱'도 이 역 근처에 있다. 그리고 1화에서 나오는 동훈의 어머니와 형제가 사는 집은 마포구 공덕역에서 공덕시장을 지나서 한참 가면 있는데, 이름이 '신덕맨션'이다. 여러 동 중에서 가운데 안쪽에 위치해 있다.

5화에서는 달을 보고 싶어 하는 할머니를 위해 지안이 훔친 쇼핑 카트에 할머니를 태우고 공원으로 향하다가 둘이 큰 달을 보는 장면이 매우 인상적인 장소는 '낙산공원'이다. 〈이태원 클라쓰〉에도 나오는데, 대학로에 있는 공원으로 야경 명소로 유명하다. 한때는 이 공원 기슭에 달동네가 펼쳐져 있던 시절이 있었다. 여기는 지하철 4호선 혜화역에서 도보로 갈 수 있다.

또한 1화에서도 지안이 할머니를 침대에 태우고 달을 보러 가는데, 이 장소는 수원에 있는 '수원화성'이다. 이곳은 조선시대 후기 성곽 유적으로 유네스코 세계문화유산에도 등재되어 있어 입장료가 있다. 서울에서 수원까지는 지하철 1호선으로 약 1시간, 수원역 앞 버스정류장에서 버스를 타고 팔달문까지 약 10분 거리에 있다.

드라마에서는 지안이 할머니와 달동네에 살고 있다는 설정이다. 빚쟁이에게 쫓기고, 이를 위해 들어간 건설사에서 만난 동훈을 돈 때문에 어쩔 수 없는 상황으로 몰아가게 된다.

지안의 집은 인천에서 촬영됐다. 이 드라마는 인천에서의 촬영이 많은데, 장바구니에 할머니를 태우고 언덕길을 내려가는 곳은 동구 송림동 일대다. 동훈이 지안을 찾는 장면도 이 근처인데, 인천 경인선 제물포역 인근 미추홀구 숭의동 거리도 사용됐으며, 복잡한 편집이 이루어졌다는 것을 알 수 있다.

8화에서 동훈과 지안이 이야기하며 걷는 장면에도 이곳이 등장한다. 두 사람은 송현근린공원 근처 고지대로 올라간다. 이 공원은 〈도깨비〉에도 나왔는데 '수도국산 달동네박물관'이 있다.

지안의 집으로 가는 길은 아무래도 송현동이 아니라 예루살렘 교회가 비치는 것으로 보아 도원동인 것 같다. 지안의 집은 송현근린공원 동쪽에 있는 달동네며, 동훈이네 집도 인천에 있다. 경인선 부평역에서 도보로 10분 거리에 있는 부평동아1단지 아파트 6동이다.

또 형제들이 즐겨 찾는 정희네 가게는 인천 만석동에 있으며, 제물량로(미추홀구) 근처에 있어 인천역에서 도보로 바로 갈 수 있는 거리이다. 동훈의 아내 윤희가 근무하는 로펌은 인천지방검찰청 맞은편 빌딩이다. 윤희가 동훈의 회사 사장이자 불륜 상대인 도준영에게 연락할 때 쓰는 하늘색 공중전화 박스는 촬영용으로 설치된 것으로 실제로는 없다. 6화에서 두 사람이 밀회하는 장면의 호텔은 서울 지하철 5호선 서대문역 인근에 있는 '바비엥 스위트'다. 6화에서 이 장면 이후 동훈은 한강대교를 건넌다.

〈나의 아저씨〉 서울 주요 촬영지

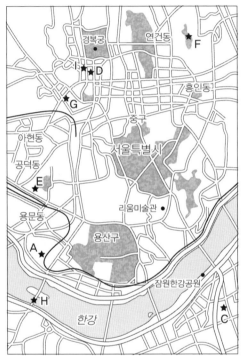

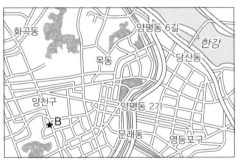

A 드라마에 자주 나오는 백빈건널목
B 드라마상의 가공의 역, 후계역
  (신정네거리역)
C 동훈이 근무하는 건설회사 빌딩
  (한국야쿠르트 빌딩)
D 동훈이 맥주를 마신 벤치
E 동훈의 본가
F 지안이 할머니를 쇼핑카트에
  태우고 달을 본 공원(낙산공원)
G 윤희와 준영이 밀회하는 호텔
  (바비엥 스위트)
H 동훈이 갔던 한강대교
I 2화에서 지안이 들르는 편의점
  '미니스톱'

한류, 세계인을 사로잡다

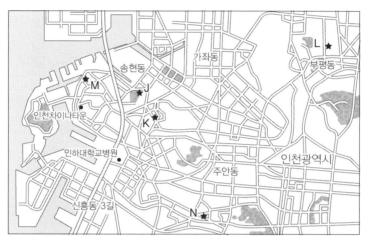

<나의 아저씨> 인천 주요 촬영지

J 8화에서 동훈이 지안을 집으로 보내던 길 일대
K 지안의 집이 있는 곳(달동네 지역)
L 동훈의 집
M 정희네 가게
N 윤희가 근무하는 로펌

　3화에서 동훈과 지안은 식사하러 가는데 이 가게는 고양 일산서구 대화동의 이자카야 '잔쇼'이다. 이곳은 서울 지하철 3호선 대화역에서 도보로 갈 수 있다.

　고양은 서울의 교외 도시로 최근 재개발이 진행되고 있는 지역이다. 6, 7, 16화에서 동훈과 지안이 가는 가게도 고양 일산동구 정발산동에 있는 '코주방'이다. 서울 지하철 3호선 정발산역에서 20분 정도 걸어야 한다.

　동훈 이외의 형제들은 청소방을 운영하는데, 이 가게는 이천의 증신로에 있다. 마지막 장면에서 두 사람이 재회하는 카페는 을지로3가역에서 도보로 이동할 수 있는 시그니처몰 1층에 있던 '쿼트블랙Quote Black'이지만 현재는 없어져서 유감스럽다.

백빈건널목(필자 촬영)

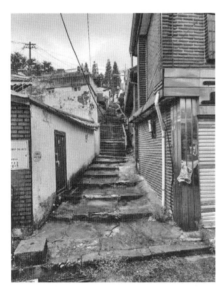

인천 달동네(필자 촬영)

한류, 세계인을 사로잡다

〈동백꽃 필 무렵〉

KBS 〈동백꽃 필 무렵〉
공식 홈페이지(https://program.kbs.co.kr/2tv/drama/camellia2019/pc/index.html)

지상파 드라마로서 2019년 최고의 대박 드라마가 된 작품이다. 주민들이 모두 아는 사이인 시골 마을에, 어린 아들을 둔 미혼모 오동백이 이사와서 주점을 연다. 그리고 고향으로 돌아온 어눌한 경찰관 황용식이 그녀에게 끌린다는 이야기다. 동백 역은 한국에서 시청률의 여왕으로 불리는 공효진이 맡았으며, 용식은 〈미생〉에서도 열연한 강하늘이 맡았다.

해당 작품은 2019년 KBS 연기대상, 제56회 백상예술대상, 제47회 한국방송대상, 제15회 서울드라마어워즈, 제32회 '한국PD대상'에서 대상과 작품상 모두를 휩쓸었으며, KBS 연기대상에서는 공효진이 대상을, 강하늘이 최우수상을 수상한 바 있다.

일본에서는 그다지 주목받지 못했던 작품이지만 한국인들에게는 상당히 높은 평가를 받았다. 특히, 마지막 화에서 야구 유학길에 오른 동백의 아들이 '메이저리그'에 진출한다는 TV 인터뷰 생중계를 바라보는 용식과 동백의 늙은 뒷모습 장면이 매우 감동적이다. 이 드라마는 '옹산'이라는 가공의 도시가 무대로, 경상북도에 있는 구룡포의 작은 마을에서 촬영됐다. 구룡포는 서울에서 고속철도와 버스로 약 4시간 거리에 있으며 포항 남구에 속해 있다.

구룡포는 20세기 초 일본 가가와현과 오카야마현 등 세토 내해瀬戸内海 어부들이 이주해 오면서 문을 열었다고 한다. 이들이 신사, 초등학교, 여관, 상점, 식당까지 지으면서 일본인 거리가 생겨났다. 현재 일본인은 살고 있지 않으나 포항시가 2009년 옛 일본인 거리를 복원하면서 '구룡포 근대문화역사거리'로 관광지화하였다.

메인 포스터에서 두 사람이 바다가 보이는 돌계단에 나란히 걸터앉아 있는 장면은 '구룡포 근대문화역사거리' 입구에서 돌계단을 오르는 곳에서 촬영됐으며, 촬영지를 둘러보는 많은 관광객들이 사진을 찍는 명소로, 드라마에서는 4화에 등장한다.

이 계단을 올라가 왼쪽으로 돌면 동백의 집으로 가는 길이 이어진다. 길가에는 벽화와 오브제 등의 예술품을 곳곳에서 볼 수 있는데, 8화에서 동백과 동백의 엄마, 아들 필구가 집에서 학교까지 걸어가는 장면에 나온다.

동백의 가게 '까멜리아' 외관은 '문화마실'이란 문화예술 전시장을 사용했고, 매장 내부는 세트장에서 촬영된 것으로 알려졌다. 동백을 신경 쓰는 용식이 가게 앞에서 서성이는 장면이 인상적이다.

드라마에서는 '구룡포 근대문화역사거리'가 꽃게 요리가 즐비한 '옹산 게장거리'로 나오는데, 이는 드라마 속 이야기로 실제로는 다양한 음식점들이 많은 거리이다.

용식 어머니의 집은 '백두게장'이지만 이 역시 실제론 '호호면옥'이란 식당이며, 냉면이나 육개장이 유명하다.

한류, 세계인을 사로잡다

2화에서 동네 아주머니들에게 추궁당하고 있는 '까멜리아' 아르바이트 종업원 향미를 감싸던 동백이 울음을 터뜨리는 장면은 복고풍의 보라색 외관이 눈에 띄는 '셰리 미용실' 앞에서 촬영했다.

또한 3화에서 용식이 동백에게 서투른 고백을 했다가 시원하게 거절당하는 장면의 촬영 장소는 1920년에 이주한 일본인이 지은 목조건물을 리모델링한 '근대역사관' 옆이다. 물론 거리뿐 아니라 구룡포 항구도 드라마 속에 가끔 나온다. 〈갯마을 차차차〉의 촬영지도 구룡포는 아니지만 역시 포항이라고 하니 포항에서는 두 작품의 촬영지를 둘러볼 수 있다.

〈동백꽃 필 무렵〉의 서울 촬영지도 있다. 1화에서 용식이 동백을 처음 만나는 서점은 경복궁 인근 '역사책방'이다. 지하철 3호선 경복궁역에서 도보로 7~8분 거리에 있다. 원형 책장이 인상적인 이 서점의 나선형 계단 옆 책장에서 용식이 동백을 바라보고 있었다.

또 2화에서 용식과 필구가 오락실(해방촌 '콤콤오락실')에서 놀다가 학원에 가지 않은 필구를 동백이 화난 모습으로 데리러 오는 장면은 서울 '신흥시장'에서 촬영됐다. 이 시장은 한국전쟁 전부터 있었던 오래된 시장으로, 그 복고적인 분위기는 구룡포와 크게 다르지 않다. 여기는 지하철 6호선 녹사평역에서 도보로는 먼 거리여서, 택시를 이용하는 것이 편리하다.

서울, 구룡포 이외 촬영지로는 옹산역 앞에서 동백과 용식이 대화를 나누는 장면의 촬영지로 비춰진 충북 영동의 '심천역'이 있다. 심천역은 경부선 철도역으로 역사는 등록문화재로 지정되어 있으며, 1905년 경부선 개통과 동시에 간이역으로 문을 열어 1934년에 신축 이전한 것으로 현존하고 있다. 대전에서 부산 방향에 있는 역으로 향수를 불러일으키는 역이다.

구룡포 계단(필자 촬영)

까멜리아(필자 촬영)

한류, 세계인을 사로잡다

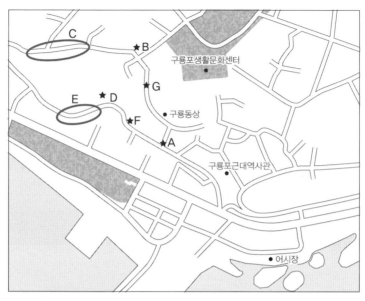

〈동백꽃 필 무렵〉 구룡포(포항) 주요 촬영지

A 용식과 동백이 나란히 앉은 돌계단
B 동백의 집
C 여러 로케이션이 진행된 일대로 벽화가 많음
D 동백의 가게 '까멜리아' 외관은 '문화마샬'
E 여러 개의 로케이션이 이루어진 일대
F 용식의 본가 '백두게장은 실제로는 '호호면옥'
G 동백이네 집으로 가는 길

하지만 이 드라마의 촬영지라면 역시 구룡포가 최고다. 양극화된 한국 사회에서 실력 이상으로 무리하지 않고 애쓰지 않아도 되는 지방에서의 일반적인 사람들의 삶과 사랑이 그려져 있으며, 중간중간 무서운 사건도 등장하지만, 많은 사람들의 공감을 불러일으키는 휴먼드라마로 완성됐다.

〈봄밤〉

MBC 〈봄밤〉 공식 홈페이지(https://program.imbc.com/onespringnight)

드라마 〈봄밤〉은 MBC TV 2019년 작품이다. MBC에서는 32부작, 넷플릭스에서는 16부작으로 방송됐고, 최고 시청률은 9.5%였다.

한지민이 연기하는 이정인은 4년째 사귀고 있는 상대가 있지만 결혼을 결심하지 못하는 도서관 사서 여성이다. 정해인은 싱글대디 약사 유지호 역으로 두 사람은 우연히 만나 서로 가까워진다. 인간적인 시각에서 두 사람을 그려가는 마음이 촉촉해지는 작품으로, 한국의 30대 남녀를 실제 눈높이로 그리고 있어, 많은 이들의 공감을 얻은 것 같다.

한지민은 NHK에서 방영된 〈이산〉에서 여주인공을 맡아 일본에서도 지명도가 높은 배우다. 정해인도 화제작 〈설강화snowdrop〉와 손예진과 함께 출연한 〈밥 잘 사주는 예쁜 누나〉 등에서 주연을 맡은 배우다. 이 작품에서 인상적인 것은 레이첼 야마가타의 트랙이 훌륭한 OST이다. 주연인 두 사람은 2019년도 MBC 연기대상에서 나란히 최우수연기상을 수상한 바 있다.

한류, 세계인을 사로잡다

드라마 속에서 종종 정인과 지호가 만나는 카페가 등장하는데, 이곳은 '쌍문동커피'라는 곳이다. 가게 밖이 화분 등 관엽식물로 꾸며진 독특한 분위기의 카페다. 지하철 4호선 쌍문역에서 도보로 2분 정도 거리에 있다. 이 근방은 '쌍문동'이라고 불리며 서울의 북부 도봉구에 있으며, 향수를 느낄 수 있는 지역이다. 〈오징어 게임〉의 주인공 이정재가 연기하는 기훈의 출신지이기도 하고 〈응답하라 1988〉의 무대이기도 하다. 서울의 변두리 지역이라고 봐도 좋을 것이다.

지호가 근무하는 약국은 명동에서 지하철 4호선을 타고 성신여대 입구까지 가서, 우이신설선 솔밭공원역에서 내리면 된다. 이 노선은 서울 최초의 '경전철'로 2량 편성 열차이다. 역에서 한참 걸으면 '힘찬 약국'이 있는데, 이 장소가 바로 드라마에 등장하는 '우리 약국'이다. 서울 시내에서는 조금 멀지만, 드라마에서는 중요한 촬영 장소이다.

1화부터 등장하는 지호의 빌라도 이 노선에 있다. 솔밭공원역이나 4·19 민주묘지역에서 내려 '민주성역民主聖域'이라고 적힌 큰 비석을 지나 이디야커피EDIYA COFFEE를 끼고 좌회전해 잠시 걷다보면 갈색 벽이 특징인 3층 건물이 나온다. 이 건물 3층에 지호가 살고 있고, 2층에 정인의 친구가 살고 있다는 설정이다. 또한, 인근 도로에서도 촬영이 이루어졌다.

4·19 민주묘지는 1960년 3·15 부정선거(당시 이승만정권의 1960년 3월 15일의 대선 부정선거)에 대하여, 분노한 학생과 시민들이 그해 4월 19일에 대규모 항의 시위를 벌이다 당국과의 충돌로 목숨을 잃은 185명의 민주영웅을 기리는 묘지이다. 일본에서는 생각할 수 없지만 한국에서는 민주화에 이르기까지 다양한 시민들의 저항운동이 있었다는 것을 알 수 있다.

3화에서 지호가 이 역 근처 가게 앞에서 정인에게 전화를 거는 장면이 있다. 아직 서로의 거리가 좁혀지지 않아 어색할 때다. 가게는 '산책'이라는 이름의 일식 주점이다. 또한 이 술집에서 도보 1분 거리에 두 사람이 자주 가던 식당 '모람(모이는 사람들)'이 있다. 선술집 앞 도로를 계속 가다가 덕성여자대학교 앞 강을 건너지 않고 좌회전하면 된다. 1화에서 정인이 지호와 같은 건물에 사는 친구 집에서 술을 마시고 돌아오는 길이 이 강가 도로다.

정인이 사는 집은 얼핏 보면 오피스텔처럼 보인다. 이곳은 지하철 3호선 경복궁역 바로 근처에 있다. 14화에서 지호와 정인이 횡단보도에서 포옹하는 것은 이 건물 앞이다.

드라마에서 중요한 위치를 차지하고 있는 장소 중 하나가 정인이 근무하는 도서관이다. 이곳은 분당 경의선 왕십리역에서 도보로 5분 거리에 있는 '성동구립도서관'이다.

3화, 4화에 사용된 서가는 4층이고, 지호가 정인이 궁금해 도서관에 오지만 정인의 남자친구 권기석과 이곳에서 마주친다.

두 사람이 처음 키스하는 곳은 지하철 3호선 독립문역 인근 서대문형무소 역사관 옆 벤치다. 이 벤치는 여러 차례 등장하는데, 두 사람이 산책하는 장면도 이 근처 벽돌담길이 사용되고 있다.

9화에서 첫 키스를 하고, 10화에서 두 사람은 정인의 남자친구 기석과 카페 앞에서 우연히 만나게 되는 이야기이다. 이곳은 지하철 9호선 언주역 옆 '이디야커피랩EDIYA COFFEE LAB'이다. 이디야커피는 한국에서 유명한 카페 체인점으로 이 드라마에서 종종 등장하는데, PPL의 일환이다. 역에서 3분 정도 거리에 있으며, 두 사람은 재즈가 흐르는 이 카페에서 시간을 보내고 나오다가 기석과 마주치게 된다.

11화에서 두 사람이 샌드위치를 먹은 곳은 '양재시민의숲 문화예술공원'

이다. 지하철 3호선, 신분당선 양재역에서 버스로 이동하면 되는데 물론 역에서 택시 이용도 가능하다. 이 장면은 그리 길지 않은 장면이지만, 드라마 속에서는 앞서 언급한 기석과 우연히 마주치는 카페와 함께 강남 방면에 있는 동네이다.

〈봄밤〉 서울 주요 촬영지

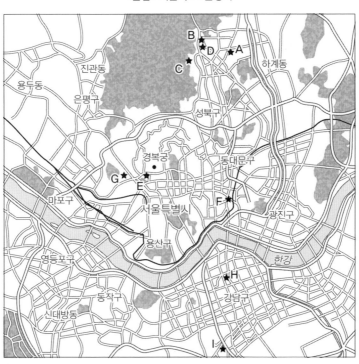

A 정인과 지호가 자주 가던 카페(쌍문동커피)
B 지호가 근무하는 약국(휴베이스(HuBase))
C 지호의 빌라
D 정인과 지호가 자주 가던 식당(모이는 사람들)
E 정인의 오피스텔
F 정인이 근무하는 도서관(성동구립도서관)
G 정인과 지호가 키스한 벤치(서대문 독립공원 내 서대문형무소 역사관 옆 벤치)
H 정인과 지호가 기석과 만나게 된 장소(이디야커피랩)
I 정인과 지호가 샌드위치를 먹은 벤치(양재시민의숲 문화예술공원)

주요 촬영지를 소개해보니, 이 드라마는 대부분 서울 시내에서 촬영되어 그렇게 큰 규모의 촬영이 이루어진 것은 아니다. 서울 시내를 여러 조각으로 다양하게 잘라낸 형태이다.

〈청춘기록〉

tvN 〈청춘기록〉 공식 홈페이지(https://tvn.cjenm.com/ko/recordofyouth)

젊은 한류스타의 대표 중 한 명인 박보검 주연작이다. 그의 입대 전 작품으로도 화제가 됐으며, 2020년 tvN에서 방송됐으며, 음악의 효과적인 사용, 영상미, 섬세한 연출이 볼거리 중 하나이다.

배우를 꿈꾸는 두 청년과 초보 메이크업 아티스트, 이 세 젊은이가 현실의 장벽에 절망하지 않고 자신의 꿈과 사랑을 이루기 위해 노력하는 청춘 성장 기록을 그린 드라마이다. 함께 출연한 배우는 박소담으로 영화 〈기생충〉으로 주목받은 여배우다. 박소담은 2021년 갑상선 유두암에 걸렸다는 소식을 전하기도 했지만, 2022년에는 인스타그램을 통해 건강한 근황을 전해왔다. 그리고 2022년 1월 개봉한 주연 영화 〈특송〉도 개봉 첫날 관객 동원 수 1위에 오르는 등 한국을 대표하는 여배우 중 한 명이 됐다. 한편 박보검과 송혜교의 공동 출연작 〈남자친구〉도 좋은 작품으로 시청을 추천한다.

한류, 세계인을 사로잡다

이 드라마의 무대는 한남동이 중심이다. 지하철 6호선을 타면 한강진역, 경의중앙선을 타면 한남역에서 걸어서 갈 수 있다. 한강변에 위치한 한남동은 고급 주택지로 알려져 있지만 지역에 따라서는 빈곤층이 거주하는 지역도 있어 대비를 이루는 것이 특징이다. 박보검이 연기하는 사혜준의 어머니가 친구 원해효 집에서 가정부로 일하고 있다는 상황이 이를 상징한다.

1화에서 한남동 일대에서 절친인 혜준과 해효가 김진우와 거리를 달리는 장면이 나오는데 이곳은 유엔빌리지로 불리는 한남동 부유층이 사는 지역이다. 또한 유엔빌리지에서 더 위로 올라가면 드라마에서 혜준, 해효, 진우가 자주 모여 이야기를 나누는 공원이 나온다. 경의중앙선 한남역에서 도보로 20분 거리에 있다. 그네만 있는 작은 공원이지만 서울 야경이 아주 잘 보이는 높은 곳에 있다.

또한 이 일대는 6화에서 혜준이나 할아버지가 달리기를 하는 곳이다. 이곳은 지하철 3호선 옥수역에서 도보 8분 거리에 있는 한강을 끼고 있는 '달맞이 근린공원'이다.

박소담이 연기하는 안정하의 집은 신촌에 있다. 지하철 2호선 신촌역에서 연세대학교 방향으로 걸어서 15분, 성산로22길에 위치해 있다.

또한 4화에서 혜준과 정하가 비를 피하는 편의점은 정하의 집 옆에 있으며 터널 바로 앞 세븐일레븐 신촌원룸점이라고 한다. 이 근처는 터널과 계단이 매우 매력적이고 운치가 있는 곳이다. 1화는 혜준과 정하가 패션쇼에서 만나는 것으로 이야기가 시작되는데, 이곳은 동대문디자인플라자DDP로 지하철 2, 4, 5호선 동대문역사문화공원역에서 나오면 바로 앞에 있다.

2화에서는 영화 오디션에서 친구 해효가 합격하고 혜준이 불합격하는 장면이 나오는데, 여기서도 이 장소가 배경이 됐다. 이 건물은 언뜻 우주선 같은 특징적인 형태를 띠고 있지만 여성 건축가 최초로 프리츠커상을 수상한 자하 하디드[11]가 설계했으며, 세계 최대 3차원 비정형 건축물[12]로 꼽힌다. 또한 2화에서 정하가 길거리에서 인터넷으로 메이크업 버스킹을 하는 곳은 지하철 2호선, 공항철도, 경의중앙선 홍대입구역 인근 '걷고 싶은 거리'다. 홍익대학교 미술대학과 디자인대학을 중심으로 전국 각지에서 모여든 미술가, 디자이너, 건축가, 뮤지션 지망생들의 열정이 가득한 곳이기에 홍대는 젊음의 거리로 불린다.

근처에는 4화에서 등장하는 데이트 계단도 있다(홍대입구역에서 도보 7분 거리). 이곳은 'KB청춘마루'라는 곳으로 원래 KB국민은행 서교동 지점을 리모델링해 새로운 문화공간으로 재탄생시킨 곳으로 홍익대학교 건축대학교 교수진이 설계했다.

5화에서 혜준이 정하에게 고백하는 장소는 역시 홍대입구역 인근 연남동 팔찌 만드는 공방 앞으로, 가게 이름은 홍대 '팅클유tingklu'라고 한다.

3화에서 혜준과 정하가 만나는 장소는 지하철 2호선 삼성역 6번 출구에서 도보 5분 거리에 있는 '별마당 도서관'이다. 별마당은 '꿈을 펼친다는 의미의 별+마당'이라는 뜻으로 코엑스몰이라는 쇼핑센터 안에 있다. 3화에서 두 사람이 들르는 카페도 이 도서관 옆 '빌리엔젤'이라는 카페가 배경이다.

또한 정하가 혜준 할아버지에게 시니어 모델 아르바이트를 소개하는 장

---

11 (옮긴이) 자하 하디드(Zaha Hadid, 1950.10.31.~2016.03.31.)는 곡선적이고 자유로운 선을 활용하여 일반적인 형태에서 벗어나 개방적인 느낌을 주는 해체주의 건축가로 유명하다. DDP는 '환유의 풍경(Metonymic Landscape)'이라는 이름으로 뽑힌 건물로 한국의 한옥 처마 끝과 도자기의 곡선 등에서 많은 영감을 받아 작품을 구사하였고 쉴 새 없이 움직이는 동대문의 역동성을 액체가 흐르는 것처럼 공간적인 유연성과 변화하는 미래를 반영하였다고 한다.

12 (옮긴이) 기존의 네모반듯한 박스형 건축물과 달리 자연스러운 유선형 외관으로 이루어진 기하학적 건축물을 뜻한다. DDP는 내부에 직선과 벽이 없는 3차원 건축물로 유명하다.

한류, 세계인을 사로잡다

소는 정하가 근무하는 미용실 5층으로, 밖으로 마당이 보이는 곳이다. 이곳은 청담동 미용실 '애브뉴준오Avenue JUNO'이며, 이 층은 통상 바Bar로 사용되고 있다. 지하철 7호선 청담역 9번 출구에서 도보 3분 거리에 있다.

6화에서 정하가 혜준을 만나서 찾아간 공원에서 두 사람은 키스를 한다. 혜준이 피아노 연주를 하면서 분위기가 고조됐기 때문이다. 이곳은 서울 시내가 아니라 경기도 시흥 '배곧한울공원'이다. 지하철 2, 4호선 사당역, 혹은 서울 시내에서 버스 이동이 가능하다.

〈청춘기록〉 서울 주요 촬영지

A 해준이 친구들과 자주 방문하는 공원(독서당 어린이 공원)
B 정하의 집
C 해준과 정하가 만나는 패션쇼 장(동대문디자인플라자, DDP)
D 정하가 거리에서 메이크업 하는 곳(걷고 싶은 거리)
E 해준과 정하가 데이트를 하는 계단이 있는 건물(KB청춘마루)
F 해준이 정하에게 고백하는 곳(홍대 팅클유 앞)
G 해준과 정하가 만나는 장소(별마당 도서관)
H 정하가 근무하는 미용실(애브뉴준오)

정하네 집(필자 촬영)

혜준과 정하가 비를 피했던 편의점(필자 촬영)

　　　　　　　　　　　　　　　　한류, 세계인을 사로잡다

8화 혜준과 정하가 빗속에서 신나게 춤을 추는 장면은 경기도 화성의 '남양성모성지'라는 곳이다. 가톨릭 관계자뿐 아니라 누구나 들어갈 수 있고 서울에서 버스로 2시간 정도 거리다. 이 장면에서 혜준과 정하가 함께 앉아 이어폰으로 음악을 듣는 있는 장소는 연남동 '경의선숲길'이라는 공원으로 홍대입구역에서 도보로 2분 정도 거리에 있다.

또 이 장면에는 정하의 집 주위를 한 바퀴 돌고 도넛 가게에 간다는 대목이 있다. 정하의 집은 신촌에 위치한다는 설정이지만 방문한 도넛 가게는 실제로 그곳에서 멀다. 가게는 '크리스피크림도넛' 화곡점이다. 이 가게는 신촌에서 버스로 40분 정도 거리에 있는 지하철 5호선 화곡역 바로 근처에 있다.

이 밖에도 촬영지는 많지만 대부분은 한남동·홍대·신촌을 중심으로 하고 있으며, 서울 외곽, 다른 지방 등 여러 곳이 합쳐진 형태다.

마지막으로 혜준이 사극에 출연했던 장소를 소개하고자 한다. 여기는 전북 남원시에 있는 '광한루원'으로 사극 촬영이 많이 이뤄지는 곳이다. 서울역에서 남원역까지 KTX로 약 2시간 30분 정도 소요되며, 남원역에서는 택시나 시내버스로 이동이 가능하다.

〈슬기로운 의사생활〉

이 작품은 2020년 시즌 1, 2021년 시즌 2가 tvN에서 방송됐다. 〈슬기로운 감빵생활〉에 이은 〈슬기로운 생활〉 시리즈의 두 번째 작품이다. 서울대 의대를 졸업한 이익준, 안정원, 김준완, 양석형, 채송화 동기 5명이 '율제병원'으로 모인다. 이 다섯 사람을 중심으로 이야기가 전개되는 '메디컬드라마'이다. 이들은 취미로 '밴드 99즈'를 계속하는데, 드라마 속 라이브 장면이 담겨 있는 것이 볼거리 중 하나다.

tvN 〈슬기로운 의사생활〉 공식 홈페이지(https://tvn.cjenm.com/ko/doctorlife)

시즌 1, 2를 통해 의료 드라마에서 빼놓을 수 없는 인간적인 시선으로 작품을 그리고 있으며, 주인공들의 연애 이야기도 담겨 있다. 일본에서도 넷플릭스로 팬이 된 사람들이 많은 것 같다. 스타급 배우는 등장하지 않지만 보는 사람들이 힐링할 수 있는 좋은 작품이라 할 수 있다. 일본에서도 한류 드라마 팬들에게 꾸준한 인기를 얻고 있는 작품이다.

드라마의 메인 무대인 '율제병원'은 다섯 의사의 직장이다. 촬영지는 이화여대 부속 서울병원으로 지하철 5호선 발산역과 바로 이어진다. 외관, 로비, 병원 복도, 엘리베이터 등은 이 병원을 사용하고 있다. 또 의사들이 출근길에 커피를 사서 동료들과의 함께 휴식하는 장소로 등장하는 곳이 병원 내 1층에 있는 카페 '파리크라상'이다.

밴드 연습을 하는 석형의 집은 수도권 전철 경의중앙선의 가좌역 인근 룸갤러리이다. 도보로 갈 수 있지만 먼 거리에 있으며, 밴드 연주 장면은 세트로 촬영했다고 한다.

한류, 세계인을 사로잡다

율제병원(필자 촬영)

율제병원 카페 파리크라상(필자 촬영)

시즌 1의 3화에서는 학창시절 회상 장면으로 노래방이 등장한다. 여기는 홍대에 있는 '럭셔리 수노래방'이다. TV 드라마에 많이 등장하는 가게로 통칭 '레드로드(구. 주차장거리)'에 접해 있다. 지하철 2호선 홍대입구역에서 도보로 15분 정도 걸린다.

시즌 1의 4화에서 처음 등장한 '에그드랍EGGDROP' 강남점은 익준의 외아들 우주가 좋아하는 샌드위치 가게로 계란 스크램블이 들어간 샌드위치가 인기 메뉴이다. 여기는 지하철 2호선, 신분당선 강남역 6번 출구에서 도보 7분 거리에 있다. 드라마 속에서 매장이나 테이크아웃 장면으로 종종 나온 이유는 이 가게도 PPL 협찬사이기 때문이다.

시즌 1의 9화와 시즌 2의 8화에서 병원 배달 점심 메뉴로 삼겹살이 등장하는데, '하남돼지집'이라는 삼겹살 전문점도 PPL협찬사로 본점은 경기도 하남시에 있지만, 전국에 체인점이 많다.

이 작품은 세트장 촬영이 많았지만, 음식점은 현장 촬영이 많았다. 예를 들어 시즌 1의 7화에서 5인방이 함께 찾은 이 '쌈밥집'은 파주에 있다. 드라마에서는 준완이 익준의 여동생이자 자신의 여자친구인 익순으로부터 전화가 걸려와 혼자만 늦게 가게에 들어가는 장면이 있다. 가게 이름은 드라마에서는 '향토'로 되어 있지만 실제로는 '토향'이다. 서울에서 대중교통으로는 버스로 이동해야 하며, 헤이리 예술마을과 아울렛 근처에 있다.

이 작품은 시즌 2까지 이어졌기 때문에 음식점 촬영지를 일일이 열거하기는 어렵지만, 그 가운데 개인적으로 인상 깊었던 곳은 병원 앞 스테이크집이다. 석형을 짝사랑하는 민하가 혼자 식사를 하고, 10화에서 준완과 익순이 만난 가게다. 실제 이 가게의 이름은 '레오네Leone'로 고양시 일산동구에 있다. 일산 지역은 드라마 촬영 스튜디오가 있어 촬영지로 사용되는 경

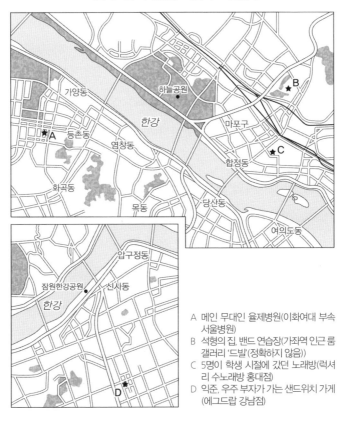

〈슬기로운 의사생활〉 서울 주요 촬영지

A 메인 무대인 율제병원(이화여대 부속 서울병원)
B 석형의 집, 밴드 연습장(가좌역 인근 룸 갤러리 '드빌'(정확하지 않음))
C 5명이 학생 시절에 갔던 노래방(럭셔리 수노래방 홍대점)
D 익준, 우주 부자가 가는 샌드위치 가게(에그드랍 강남점)

우가 많다. 이 가게는 정통 이탈리안 레스토랑으로 경의중앙선 풍산역 바로 옆에 있으며, 서울 시내에서 40분 정도 거리다.

교외의 경우는 시즌 2의 7회에서 아웃도어를 좋아하는 송화와 익준, 우주가 함께 캠핑을 즐겼던 장소가 나오는데 이곳은 '산너미목장'이다. 강원도 평창군에 있고, 드라마 속에 등장하는 '연인산' 목장이란 간판은 가상의 이름이다. 촬영지는 정상 부근으로 이곳은 캠핑장이 아니다. 평창까지는 KTX 혹은 버스로 서울에서 이동이 가능하고, 평창 내에서는 버스와 택시 등을 이용해야 한다. 이곳은 겨울 리조트도 많은데, 2018년 올림픽이 열린 장소로도 잘 알려져 있다.

또한, 민하의 부모님이 운영하는 펜션에 99즈 멤버들이 방문하는 장면이 있는데 이곳은 실제 영업 중인 '서해성 펜션'이다. 드라마 속에서는 '철우네 펜션'이라는 이름이 붙어 있다. 경기도 포천시 산정호수 인근에 있는데, 지하철 2호선 강변역에 있는 동서울종합터미널에서 버스로 약 1시간 40분 정도 거리에 있다.[13]

기본적으로 이 드라마의 촬영지는 서울과 서울 근교가 중심이다. 다만 99즈의 멤버에는 지방 출신자도 있는데, 이를 통해 우수 학생들은 역시 서울로 모인다는 것이 극중에서 드러난다.[14] 서울대학교 의과대학은 한국에서도 가장 수준이 높기 때문에 드라마를 통해 한국의 입시 상황도 엿볼 수 있다.

〈빈센조〉

2021년 tvN에서 방송되었던 드라마 〈빈센조〉는 송중기가 한국계 이탈리아인 빈센조 까사노 역(이탈리아 마피아 고문 변호사)을 맡았다. 동료들에게 배신당한 까사노는 은신처인 한국으로 향하는데, 한국행의 목적은 서울 시내 주상복합건물 '금가프라자'에 숨겨져 있는 대량의 금괴를 확보하기 위해서란 설정이다. 그리고 범죄에 손을 댄 대기업 '바벨그룹'과 금가프라자를 둘러싼 싸움이 벌어진다. 함께 출연한 배우는 전여빈으로, 반전을 거듭하는 스토리가 시청자들에게 다양한 재미를 선사하는 작품이다.

13　(옮긴이)　포원서에서 포천은 철도로 방문할 수 있다고 했지만, 오류인 것으로 보인다. 현재 포천은 2029년 완공을 목표로 지하철 7호선 연장 공사를 진행 중이다.

14　(옮긴이)　드라마상에서 99즈는 서울대학교 의과대학 99학번 동기들로 설정되어 있다.

한류, 세계인을 사로잡다

tvN 〈빈센조〉 공식 홈페이지(https://tvn.cjenm.com/ko/tvnvincenzo)

가장 유명한 촬영지는 '금가프라자'일 것이다. 실제 건물 이름은 '세운상가'로 1968년 지어진 한국 최초의 종합전자상가이며, 내부 길이가 1.1㎞에 이른다. 지하철 2, 5호선 을지로4가역에서 도보로 5분 정도 거리에 있다.

바벨그룹을 돕는 법무법인 '우상'의 건물은 명동 신세계백화점 바로 앞에 있는 한국은행 '화폐박물관'이다. 1912년에 지어진 르네상스 양식의 역사적 건축물로 과거 조선은행 본점이었다. 도쿄역을 설계한 것으로 알려진, 당대 일본 근대건축의 대가였던 다쓰노 긴고辰野金吾의 작품으로 역사적인 장소이다. 한국에 잘 알려지지 않았지만, 실제로는 일제강점기의 건축물이 의외로 많이 남아 있다. 서울 시내에는 구. 서울역, 구. 서울시청, 서울대 의과대학 본관, 과거 미쓰코시백화점 경성점이었던 신세계백화점 등이 있다.

3화에서 전여빈이 연기하는 우상의 변호사 홍차영과 인턴 변호사 장준우가 아이스크림을 먹던 곳은 서울숲 옆에 자리한, 녹색과 베이지색 컨테이너가 인상적인 '언더스탠드 애비뉴Under Stand Avenue'이다. 이곳은 시민들을 위한 문화창조 공간으로 만들어졌다.

도로변에 위치한 116개의 컨테이너에는 패션, 굿즈, 맛집, 카페 등의 가

계들이 입점해 있다. 지하철 수인·분당선 서울숲역 주변에는 '서울숲 카페거리'도 있어 서울의 새로운 면모를 엿볼 수 있다.

4화에서 빈센조가 차영을 데려온 카페도 인상적이었다. 그들은 파티오(건물에 둘러싸인 야외 뜰)에서 각각 카푸치노와 아메리카노를 마셨다. 이곳은 '카페 할아버지공장'으로 300평 규모의 갤러리 형식의 카페다. 서울 성수동에 있으며 지하철 2호선 성수역에서 도보로 갈 수 있다. 성수동은 원래 작은 동네 공장들이 즐비한 지역이었다. 하지만 최근 젊은 아티스트나 디자이너들이 오래된 건물을 리노베이션한 독특한 카페와 레스토랑이 등장하면서 이곳에도 카페거리가 형성되었다.

또 차영이 바벨그룹이나 우상과 싸우기 위해 빈센조에게 협조를 구하는 장면에서 등장한 '어른이대공원'이라는 카페도 등장한다. 이곳은 드라마에서는 카페로 나오지만, 실제로는 1970~1980년대를 모티브로 한 레트로풍 술집으로 지하철 6호선 상수역에서 도보 2~3분 거리에 위치해 있고, 홍대 지역에 있다. '어른이대공원'이라는 가게 이름은 '어린이대공원'을 따서 이름 붙여졌다고 한다. 재미있는 것은 이름의 유래가 된 공원이 실제 이 근처에 있는 것이 아니라, 서울 동부에 위치한 7호선 어린이대공원역 부근에 있다는 것이다.

5화에서 빈센조와 짝을 이루는 변호사 차영이 샌드위치를 먹고 커피를 마시는 곳은 복합문화공간 '커먼그라운드COMMON GROUND'이다. 이곳은 파란 컨테이너를 활용한 한국 최초의 컨테이너 쇼핑몰로 건국대학교 근처에 있으며, 지하철 2호선, 7호선 건대입구역에서 가깝다. 이 근처는 학생들이 많은 거리로 음식점이 주변에 많이 분포하고 있다.

또 이 이야기에서 빈센조, 차영, 준우 셋이 방문한 퓨전 중화요리집은 '구

구당'이며, 지하철 9호선 신분당선 신논현역 근처에 있다. 매운 짬뽕으로
대결하며 먹는 장면이 나오지만, 정식 메뉴는 아니라 메뉴에 없다.

7화에서 빈센조가 혜문병원 원장의 아내와 만나는 미술관은 파주출판도
시에 있는 '미메시스 아트 뮤지엄'이다. 멋진 디자인이 특징인 이 미술관은
2009년 건립되었으며, 드라마에서는 1층에 있는 북카페도 등장한다.

9화에서 빈센조의 라이벌 준우가 햄버거를 먹고 있었던 곳은 미국의 햄
버거 체인 '쉐이크쉑SHAKE SHACK'이다. 촬영에 사용되었던 곳은 2호점인 강
남 청담점이다. 지하철 수인·분당선 압구정로데오역에서 도보 5분 정도면

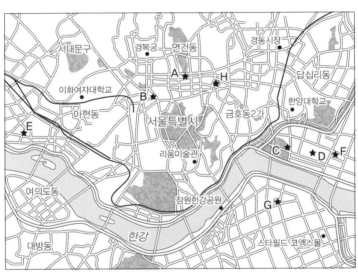

〈빈센조〉서울 주요 촬영지

A 금괴가 숨겨져 있는 주상복합건물 금가프라자(세운상가)
B 법무법인 우상의 건물(한국은행 화폐박물관)
C 변호사 차영과 인턴 변호사 준우가 아이스크림을 먹는 곳(언더스탠드 애비뉴)
D 빈센조가 차영을 데려온 카페(카페 할아버지공장)
E 차영이 빈센조에게 협력을 요청한 카페(어른이대공원)
F 빈센조와 차영이 샌드위치를 먹고 커피를 마신 곳(커먼그라운드)
G 준우가 햄버거를 먹은 장소(쉐이크쉑 청담점)
H 빈센조와 차영이 재회하는 장소(동대문디자인플라자, DDP)

도착한다. 주변에는 서울을 대표하는 패션 거리인 압구정 로데오 거리가 있다. 또한 이 일대는 고급 아파트들이 즐비한 셀럽들의 동네이기도 하고, 연예 기획사의 밀집 지역이기도 하다.

금가프라자(세운상가)(필자 촬영)

마지막 화에서 빈센조와 차영이 다시 만나는 곳은 동대문디자인플라자DDP이다. 신비로운 분위기의 키스 장면은 이곳의 계단에서 촬영되었다. 이 건물은 곡선의 여왕으로도 불리는 자하 하디드 설계로 과거 야구장과 축구장 등 스타디움이 있었던 동대문운동장 터에 2014년에 지어졌으며, 드라마 촬영지로 자주 이용되고 있다.

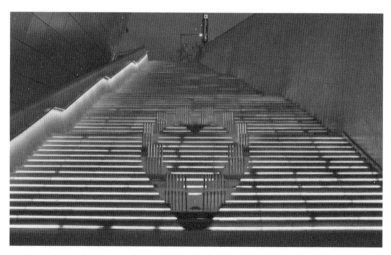
동대문디자인플라자(DDP) 하트 계단

한류, 세계인을 사로잡다

〈오징어 게임〉

Netflix 〈오징어 게임〉(출처: Collection Christophel/アフロ)

전 세계적으로 큰 인기를 끌었던 2021년 넷플릭스 작품이다. 다양한 사연을 갖고 있는 남녀가 커다란 상금이 걸린 게임에 참여하여 게임에서 지면 죽음을 맞이한다는 일종의 서바이벌 드라마라 할 수 있다.

주연 이정재는 무직으로 빚더미에 올라앉은 도박광이지만 인간미 넘치는 주인공 성기훈을 연기하며 세계적 지명도를 얻었다. 탈북 여성 강새벽 역을 맡은 정호연도 국제적인 주목을 받았으며, 특히 오징어 게임에 참여하는 의문의 노인 오일남 역을 맡은 오영수는 이 작품으로 미국 제79회 골든글로브상 TV 드라마 부문 남우조연상을 수상해 한류 드라마가 미국에서 확실히 인정받고 있음을 보여주었다. 작품 속 캐릭터도 전 세계적으로 인기가 있어, 할로윈Halloween에도 코스튬 플레이어가 등장했다.

촬영지 중 서울을 먼저 둘러보자. 기훈이 사는 거리라는 설정으로 등장하며, 극중에서 동네 친구들과 이야기하는 장면으로 등장하는 곳이 쌍문동이다. 이곳은 북한산 백운대 기슭에 위치한다. 동네 친구 조상우 어머니의 생선가게가 있는 시장 '백운시장'은 작품 속에 여러 차례 등장한다. 실제로 촬영에 사용된 '팔도건어물'이라는 건어물점도 있다. 이곳은 우이신설선 솔밭공원역에서 도보 3분 거리에 있다.

백운시장 근처에 있는 '도봉중앙교회'는 기훈이 담배를 피우던 장면에 등장한다. 기훈이 드라마의 열쇠를 쥔 노인과 소주를 마시는 곳 역시 이 근처 'CU 편의점 쌍문우이천점' 앞이다.

1화에서 기훈이 오징어 게임에 참여하는 계기가 된 '딱지치기 대결'을 벌이는 장소는 신분당선 양재시민의숲역 구내 승강장이다. 주변이 한적한 주택가 인근 역이다.

딱지치기 대결 상대인 수수께끼의 남자는 공유가 연기하는데, 이 승부에 져서 기훈은 오징어 게임에 참가하게 된다. 마지막 회에서도 공유는 다시 등장해 다른 사람에게 딱지치기 대결을 권하고 있는 모습을 지하철 안에서 기훈이 바라보는 장면이 있다. 그 장면은 공항철도 '인천공항1터미널역'의 바로 전 역인 '공항화물청사역' 승강장에서 촬영되었다.

게임은 대부분 무인도에서 진행된다는 설정이다. 이 섬의 모델이 된 곳은 인천항에서 60㎞ 떨어진 곳에 위치한 '선갑도'이다. 하지만 실제 게임 장면은 다른 곳에서 촬영되었다. 첫 번째 게임으로 등장하는 것은 '무궁화 꽃이 피었습니다'로 일본의 '다루마상이 넘어졌구나だるまさんが転んだ'와 같은 것이다. 이 게임에서는 움직이는 사람을 쏴 죽이는 '영희'라는 인형이 나오는데, 영희는 한국에서는 친숙한 캐릭터다. 2022년 1월까지 송파구 올림픽공원에 4m짜리 영희 동상이 전시돼 일종의 성지가 됐다.

이 밖에도 세부적인 촬영지가 몇 군데 더 있지만 기본적으로 세트장에서 촬영이 많은 작품이기 때문에 쌍문동을 우선 추천한다. 서울은 다양한 얼굴을 가진 도시인데, 쌍문동을 한마디로 정의하자면 '옛 동네의 모습'이라고 할 수 있다. 느긋하게 한가로운 시간을 이 동네에서 보낼 수 있을 것이다.

〈오징어 게임〉 서울 주요 촬영지

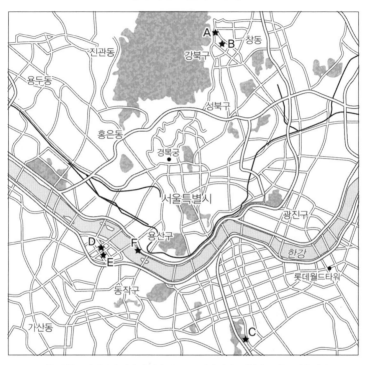

A 기훈의 친구 어머니의 생선 가게가 있고, 〈오징어 게임〉 체험관도 있는 '백운시장'
B 기훈이 노인과 소주를 마시는 편의점(CU 쌍문우이천점)
C 기훈이 플랫폼에서 '딱지치기 대결'을 벌이는 장소(지하철 신분당선 양재시민의숲역)
D 기훈이 게임 장소로 향하는 픽업 차량을 기다리는 장소(빌리엔젤 여의도 삼성생명점)
E 게임이 끝난 후 기훈이 차에서 내린 장소(지하철 5, 9호선 여의도역)
F 기훈이 꽃 판매상에게 말을 걸었던 둑길(이촌한강공원)

팔도건어물(필자 촬영)

쌍문동 〈오징어 게임〉 체험관.
영희 조형물이 놓여 있다(필자 촬영)

한류, 세계인을 사로잡다

〈그 해 우리는〉

SBS 〈그 해 우리는〉 공식 홈페이지(https://programs.sbs.co.kr/drama/ourbelovedsummer/main)

SBS에서 2021년부터 2022년까지 방송된 〈그 해 우리는〉은 다시는 만나고 싶지 않다고 생각한 옛 연인 두 사람이 고교시절에 촬영한 다큐멘터리가 인기를 끌게 된 것을 계기로 5년 만에 재회하는 로맨틱 코미디이다.

넷플릭스에서도 방영되었고, 일본 랭킹 '오늘의 TOP10'에서도 상위를 차지했다. BTS 뷔의 첫 솔로곡이 사용되는 등 극중 흘러나오는 OST도 화제를 모았는데, 이 곡은 빌보드 차트 'HOT 100' 진입에도 성공했다.

주인공 화가 최웅 역은 〈기생충〉으로 주목받은 최우식, 국연수 역은 〈이태원 클라쓰〉로 각광받았던 배우 김다미가 맡았다. 두 사람의 공동 출연은 2018년 영화 〈마녀〉 이후 처음이다.

이 드라마는 고등학교 시절과 현재가 교차하면서 전개된다. 학교는 〈겨울연가〉, 〈도깨비〉 등에도 나오는 '서울중앙고'다. 경복궁과 가깝고 북촌과 인사동 입구이기도 한 지하철 3호선 안국역에서 북쪽으로 비탈길을 올라가면 나온다.

화가로 생계를 이어가는 웅이네 집은 수원에 있다. 독채지만 이 건물은 조선시대 후기 성곽 유적이자 세계문화유산에 등재되어 있는 수원화성 건너편에 있으며 예전에는 카페였다고 한다.

또 연수가 할머니와 함께 사는 집은 그 근처, '지동벽화마을' 내에 있다. 수원에는 벽화마을이 두 곳 있는데, 웅의 집은 또 다른 행궁동 벽화마을에 있다. 마을은 일본어로는 정町과 촌村을 모두 가리키는 말이다. '동네'라고 해도 좋을 것 같다. 수원을 촬영지로 삼은 것은 이 드라마에 예술적 요소를 더하려는 의도가 있었던 것으로 보인다.

16화에서 웅이가 유학가기 전 웅과 연수가 만나기로 한 공원 같은 곳도 수원화성 근처다. 돌담과 조명으로 장식된 풍경이 매우 인상적이었다. 또 웅이가 장을 보던 연수의 할머니를 만나 짐 나르는 것을 도우려는 장면 역시 수원의 '지동시장'이다.

드라마에는 웅의 본가 식당도 종종 등장하는데, 실제 가게 이름은 '매당'으로 '전주 한옥마을'에 있다. 전주는 한국의 미식美食 도시로도 유명한데, 이 집 역시 평판이 좋다. 3화에서 웅과 연수가 자주 만나게 되면서 웅이 오토바이에 넘어지는 장면도 전주 한옥마을에서 촬영됐다.

서울로 눈을 돌려보면, 먼저 연수가 일하는 회사는 'JCC크리에이티브센터'로 이곳은 일본 안도 다다오[15]가 설계한 교육과 문화를 위한 다목적 복합

---

15 (옮긴이) 안도 다다오(安藤 忠雄, Ando Tadao, 1941.09.13.~)는 일본을 대표하는 건축가로, 1995년 건축계의 노벨상이라고 할 수 있는 프리츠커상을 수상한 건축계의 거장이다. 노출콘크리트 건축으로 유명하며 이를 대중화시켰다.

한류, 세계인을 사로잡다

시설이다. JCC아트센터와 JCC크리에이티브센터 두 건물로 구성되어 있으며, 혜화동에 위치해 가장 가까운 역은 지하철 4호선 혜화역이다.

3화에서 웅이 연수에게 차였던 때를 회상하는 장면에 등장하는 복고풍 슈퍼마켓은 종로구 자하문로에 있는 '자하슈퍼'이다. 다른 작품에도 자주 등장하는 이곳에서 아이스크림을 사거나 가게 앞에서 꽃구경을 하는 장면이 촬영되었다. 가장 가까운 역은 지하철 3호선 홍제역이지만 걸어서 이동하면 꽤 먼 거리다. 또한 이 지역에는 조금 멀지만 영화 〈기생충〉으로 유명해진 '자하문터널'도 있다.

〈그 해 우리는〉 수원 주요 촬영지

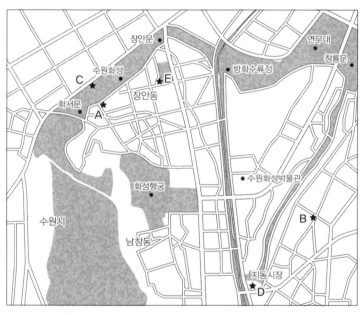

A 웅이의 집
B 연수의 집
C 웅과 연수가 대학 시절 방문한 장안공원
D 웅이 연수의 할머니 짐 나르는 것을 도운 시장(지동시장)
E 웅과 연수가 밤 데이트를 한 돌담길 거리. 웅이 연수가 가져온 대추를 주운 곳이기도 함

웅이네 집(필자 촬영)

연수네 집(필자 촬영)

한류, 세계인을 사로잡다

16화 후반부, 유학 중인 웅이 몰래 연수를 찾아간 곳은 종로구 '북촌한옥마을'에 위치한 언덕이다. 3화 회상 장면에서 연수가 웅이를 등에 업고 언덕을 오르거나 둘이 헤어진 장면도 여기서 촬영됐다. 분위기 좋은 돌담길로 지하철 3호선 안국역에서 카페와 레스토랑이 밀집한 삼청동으로 갈 때 자주 이용되는 길이다.

서울에서 두 사람이 엇갈리는 카페는 '북한산제빵소' 광화문점에서 촬영했는데, 인상적이고 애틋한 장면이었다. 이 카페도 여러 작품에서 등장하는 뒷골목 카페로, 지하철 5호선 광화문역에서 걸어서 갈 수 있는 거리다.

또 둘이서 간 곳으로는 '롯데월드'가 있다. 이곳은 서울에서 가장 큰 엔터테인먼트 시설로 지하철 2호선, 8호선 잠실역이 가장 가까운 역이다.

물론 촬영지는 앞서 언급한 수원, 전주, 서울 외에도 많다. 시간적 여유가 있다면 두 사람이 찾았던 제부도와 빗속 키스가 아름다웠던 '보령목장', 연수가 방문했던 시흥시의 '오이도박물관' 등 볼거리가 많은 곳을 찾아가는 것도 의미가 있을 것이다.

〈스물다섯 스물하나〉

이 작품은 2022년 tvN에서 방송됐다. IMF 위기에 흔들리던 1990년대 말, 한국에서 꿈을 좇고 또 꿈을 포기할 수밖에 없었던 젊은이들의 청춘을 그렸다. 주연은 〈미스터 션샤인〉 등으로 이름을 알린 김태리와 〈스타트업〉 등에서 주연한 남주혁이 맡았다.

한국에서는 2화부터 3주 연속 동시간대 시청률 1위, 최종화는 11.5%로 높은 시청률을 기록했다. 주연인 두 사람의 섬세한 연기가 이 드라마의 인기를 높인 것으로 보인다.

tvN 〈스물다섯 스물하나〉
공식 홈페이지 (https://tvn.cjenm.com/ko/twentyfivetwentyone/)

시대 배경이 1998년이기 때문에 드라마 설정상으로는 서울 마포구가 무대지만, 실제 촬영은 당시 분위기가 남아 있는 전주시에서 진행되었다. 전주는 삼한시대 백제 때부터 형성된 오래된 곳으로 역사와 전통이 많이 남아 있는 역사적 도시이기도 하다. 서울 용산역에서 KTX로 약 1시간 반 거리에 있으며, 인구는 약 65만 명이다.

김태리가 연기하는 나희도의 집은 전주 한옥마을에 있다. 한국의 전통 건축 양식인 한옥이 지역 일대를 차지하고 있다. 전주역과 전주한옥마을은 약 5~6㎞ 떨어져 있어 역을 나오면 시내버스나 택시를 이용하는 것이 좋다. 희도의 집은 언덕 위에 있는데, 일대에서는 보기 드문 양옥이다.

남주혁이 맡은 백이진이 아르바이트를 하던 만화 대여점은 '소리방앗간'이라는 음악 작업실로 이곳도 전주 서학동 예술마을에 있다. 이곳에서 희도는 1990년대 히트한 〈풀하우스〉[16]라는 만화를 빌린다.

---

16 (옮긴이) 〈풀하우스〉는 1990년대 수많은 소녀팬들을 사로잡았던 순정만화로 드라마와 웹툰으로도 제작되었다. 2004년 송혜교와 비가 주인공으로 열연한 KBS 드라마 〈풀하우스〉는 40.2%의 최고 시청률을 기록하기도 했다.

또 2화에서 나오는 상점은 동네 슈퍼 옆 빈 집을 사용했다고 하는데, 이곳도 전주 고속버스터미널에서 도보로 7분 거리에 있다. 2화에 등장하는 터널은 전주에서 촬영한 장소 중 가장 인상적인 곳이다. 희도와 이진이 둘이서 이야기하는 터널로, 한옥마을 옆에 있는 '한벽터널'이다.

3화에서 희도와 이진이 수도꼭지를 위로 향해 분수대로 만든 장면은 '전주제일고'에서 촬영되었는데, 이곳도 희도네 집에서 가깝다. 전주의 촬영지는 한옥마을과 가까워 걸어서 둘러볼 수 있다.

서울에서 촬영지는 '스크린쿼터(자국 영화 보호를 위해 국내 제작영화 상영일 수나 스크린 수의 최저기준을 의무화한 제도)' 폐지 시위에 희도가 가는 장면이 나오는데 이곳은 광화문이다. 희도의 라이벌이자 평생 친구가 되는 고유림의 본가 분식점은 '효자분식'이란 가게로 종로구 신교동에 있다. 지하철 3호선 경복궁역에서 10분 이상을 걸어야 한다. 맞은편은 '서울농학교'이다.

15화에서 희도와 이진이 2001년을 맞으며 카운트다운을 하는 공원은 '오동근린공원'이다. 이곳은 서울 번동, 미아동 외에 강북구의 5개 동과 성북구에 걸쳐 있는 대단위 공원으로 녹음이 우거진 곳이다. 드라마에서는 그다음해 희도가 혼자 찾아온다. 지하철 6호선 월곡역에서 도보로 10분´정도 거리에 있다.

수원에서도 촬영했는데, 특히 인상적인 것은 16화에서 작별인사를 하는 장면이다. 버스 정류장은 세트장으로 만들어졌다고 하는데, 활짝 핀 벚꽃이 아름답고 영상미가 훌륭한 장소는 수원화성 '남포루南砲樓'[17]다.

---

17 (옮긴이) 포루는 적이 성벽에 접근하는 것을 막기 위해 화포(火砲)를 쏠 수 있도록 만든 시설로 치성의 발전된 형태이다. 남포루는 팔달문 주위의 성벽과 화양루(서남각루)를 수비하기 위하여 설치되었다.

수원은 서울에서 KTX를 이용해 30분 정도면 도착하지만 지하철로도 갈 수 있다. 수원화성은 수원역에서 버스로 10분 정도 거리에 있다. 남포루는 화성의 5개 포루 중 팔달문과 서남암문의 사이에 위치한 포루로 1796년에 완성되었다. 남포루는 〈이태원 클라쓰〉에도 등장한다.

〈스물다섯 스물하나〉 전주 주요 촬영지

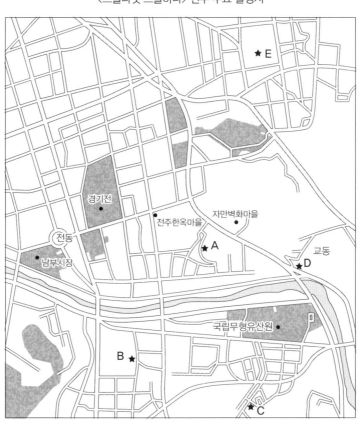

A 희도의 집
B 만화 대여점(소리방앗간)
C 희도와 이진이 가게 앞 벤치에 앉았던 동네 슈퍼
D 희도와 이진이 대화를 한 터널(한벽터널)
E 희도와 이진이 수도를 분수대로 만든 장소(전주제일고)

한류, 세계인을 사로잡다

3화에서 희도가 펜싱 코치에게 지도를 부탁하며 강도 높은 훈련을 하는 돌계단 길도 수원화성 근처에 있다.

희도의 집(필자 촬영)

한벽터널(필자 촬영)

그 외 촬영지는 춘천, 동해, 강릉, 삼척 등 매우 광범위하지만 기본적으로 전주만 가더라도 드라마의 분위기에 빠질 수 있다. 이 드라마의 시대 배경에서부터 전주는 향수를 불러일으키는 분위기가 있어서 적합했던 것 같다. 엔딩은 애틋했지만, 그 결말 역시 드라마와 어울리는 것 같다.

〈이상한 변호사 우영우〉

2022년 6월부터 8월까지 ENA 채널에서 방송되었다. 총 16부작으로 천재적인 두뇌를 가졌지만 자폐 스펙트럼을 가진 우영우가 대학 졸업 후 신참에서부터 진짜 변호사로 성장해 가는 이야기로 박은빈이 우영우를 연기했다. 영우가 입사한 한바다 로펌 직원으로 영우에게 끌리는 이준호 역은 배우 그룹 서프라이즈5surprise의 강태오가 연기하였다.

이상한 변호사 우영우

ENA 수목드라마 〈이상한 변호사 우영우〉는? 천재적인 두뇌와 자폐스펙트럼을 동시에 가진 신입 변호사 우영우(박은빈 분)의 대형 로펌 생존기

출연진

[우영우 역 (박은빈)] 27세. 법무법인 한바다의 신입 변호사. 자폐스펙트럼을 가진 천재 신입 변호사. 한 번 본 것은 절대로 잊어버리지 않는 기억력의 소유자다. 로스쿨을 수석으로 졸업한 그는 명석한 두뇌를 인정받아 법무법인 한바다의 인턴 변호사가 되지만, 사회성이 부족하고 감정표현이 서툴다. 사람들에게 당연한 세상은 자폐스펙트럼을 가진 그에겐 낯설고 어렵다. 엉뚱하고 솔직한 우영우의 모습은 때로는 사람들을 놀라게 하고, 틀에 박힌 규칙들을 새롭게 바라보게 한다. 다른 신입 변호사들과 경쟁에 놓이기도 하고, 한번도 경험하지 못한 사건 앞에 당황하기 일쑤인 우영우. 그러나 자신만의 방식으로 한계를 극복하고 새로운 시각으로 사건을 해결해 나가는 씩씩한 아웃사이더.

제작진 / 연출 [연출] 유인식 [극본] 문지원 [제작] 에이스토리 / KT스튜디오지니 / 낭만크루
편성시간 매주 수/목 21:00
방영채널 ENA

ENA 〈이상한 변호사 우영우〉(http://ena.skylifetv.co.kr/bbs/board.php?bo_table=skydrama&wr_id=113&sca=%EC%B5%9C%EC%8B%A0)

한류, 세계인을 사로잡다

첫 방영 당시 전국 유료 가구 기준 시청률(닐슨코리아 조사) 0.9%로 출발은 초라했지만, 회를 거듭할수록 상승해 9화는 15.8%를 기록했고, 이후 다소 숫자가 떨어지는 경향을 보였으나 최종화는 17.5%의 자체 최고 시청률을 기록했는데, 이는 전 회 시청률 13.8%보다 3.7% 포인트 높은 수치였다.

이 작품은 최종화 기준 넷플릭스 글로벌 비영어 TV 랭킹 1위, 일본 TV 부문 TOP 10에서도 1위를 독주하는 등 2022년을 대표하는 히트작이었다. 박은빈은 전작인 사극 〈연모〉에서도 호연을 펼치며, 아역 배우에서 한국을 대표하는 여배우로 성장했다고 평가된다.

주요 촬영지로는 영우 아버지의 김밥집이 있는데, 작품 속 가게 이름은 '우영우 김밥'이지만 실제로는 수원에 있는 일식집 '카자구루마'에서 촬영했다. 이곳은 수원화성 행궁동 인근으로 지하철 1호선 화서역에서 택시로 이동하면 된다.

우영우가 근무하는 '한바다 로펌'이 있는 곳은 2021년 완공된 쌍둥이 빌딩 '센터필드'의 웨스트타워West Tower다. 영우가 준호와 만나는 회전문도 이 빌딩에 있다. 강남구 테헤란로에 위치하며 지하철 2호선 역삼역에서 도보 8분 거리에 있다.

영우의 단골집이자 절친 동그라미가 일하는 '털보네 술집'은 서울 외곽 고양시 일산에 있는 '소소주점'에서 촬영됐다. 지하철 3호선 대화역에서 도보 9분 거리에 있다.

2화에서는 결혼식장에서 웨딩드레스가 벗겨진 사고에 대한 소송 조사로 결혼식장을 방문한 준호가 웨딩드레스를 입은 영우에게 감탄하는 장면이 나온다. 촬영지는 서울의 여의도에 있는 파크원Parc.1이라는 복합시설 내의 '페어몬트 앰배서더 서울' 호텔이다. 이 복합시설은 현대백화점과 연결되어 있는데, 이곳에서 영우가 쇼핑을 하는 장면을 촬영하기도 했다.

이 드라마는 기본적으로 서울에서 촬영됐는데, 2화에서 영우와 준호가 찾은 카페는 마포구 지하철 6호선 광흥창역 바로 앞에 있는 '프랑제리 피어' 신촌점이다. 두 사람은 이 가게에서 소금빵을 먹고 크림이 듬뿍 들어간 커피를 마신다.

10화에서 영우와 준호가 데이트할 때 덕수궁 돌담길을 걷던 연인은 헤어진다고 영우가 말하는 장면이 인상적이었다. 이곳은 조선시대 왕실 사람들과 지배계급이었던 양반들이 많이 거주하던 곳이었다. 돌담길은 정문인 대한문 왼쪽에서 약 800m에 걸쳐 이어지는 길이다. 지하철 1호선, 2호선 시청역에서 도보로 이동이 가능하다.

7화와 8화에는 거물급 변호사 태수미와 영우가 서로 모녀인줄 모르고 바라보는 커다란 팽나무가 등장한다. 드라마 속에서는 가공의 지명으로 되었으나 실제 소재지는 창원시 의창구 대산면 북부 102-1로 서울과는 멀다.

창원시는 경상남도 도청 소재지로 인구가 100만 명이 넘는다. 서울에서 창원까지 KTX를 이용하면 3시간 정도 걸리는데, 팽나무가 있는 곳도 창원역에서 멀고 버스 혹은 택시로 이동해야 한다.

앞서 언급한 수원 김밥집은 드라마 성지순례의 명소가 되어 장사진을 이루고 있는데, 이 팽나무 역시 성지화되었다. 수령 약 500년으로 추정되며 드라마 촬영이 끝난 뒤 천연기념물로 지정하자는 논의도 시작된 것으로 알려졌다.[18]

---

18 (옮긴이) 실제는 드라마 〈이상한 변호사 우영우〉에 등장하며 큰 관심을 받아 문화재청 천연기념물분과 문화재위원회 회의의 최종 심의를 거쳐 2022년 10월 천연기념물로 지정되었으나 관리 소홀에 대한 문제도 불거졌다.

한류, 세계인을 사로잡다

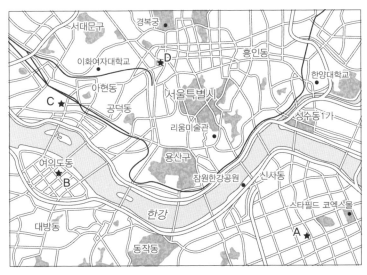

〈이상한 변호사 우영우〉 서울 주요 촬영지

A 영우가 근무하는 법무법인 '한바다 로펌(쌍둥이 빌딩 센터필드 웨스트타워)
B 벗겨진 웨딩 드레스 조사로 영우와 준호가 방문한 곳(페어몬트 앰배서더 서울)
C 영우와 준호가 방문한 카페(프랑제리 피어 신촌점)
D 영우와 준호가 데이트한 길(덕수궁 돌담길)

영우의 집(필자 촬영)

4. 촬영지 관광을 통해 살펴보는 서울의 매력

한국 드라마의 성지를 찾아서

2022년 여름 필자는 열흘에 걸쳐 드라마 촬영지들을 둘러보았다. 물론 일정상 모든 곳을 보지는 못했지만 여기서 그 소감을 밝히고자 한다.

서울, 인천, 수원, 전주, 포항 등을 둘러보았는데, 이미 드라마의 성지순례 관련 움직임들이 자리 잡기 시작했다는 것에 무척 놀랐다. 작품을 대표하는 성지에는 스마트폰을 한손에 든 수많은 관광객의 모습을 쉽게 볼 수 있었다. 일본과 다른 것은 여성이 중심이라는 점이다. 일본에서는 애니메이션 중심을 중심으로 한 성지순례, 관광활동이 주를 이루기 때문에 일반적으로 남성 관광객이 중심이다.

또 막상 촬영지를 찾아가 보니 로케이션 코디네이터[19]의 역량이 상당히 뛰어나다는 점도 알 수 있었다. 촬영지가 중복된 작품도 있었지만 일상에서 그냥 무심코 지나치는 거리와 가게들을 작품 속에서 멋지게 의미를 부여하는 데 성공한 작품들이 많았다. 또한 찾는 데 어려움을 겪은 장소도 여럿 있어 로케이션 코디네이터의 풍부한 정보 파악에 놀랄 때가 많았다. 특히 한국에서는 일본과 달리 벽에 그림이나 일러스트가 그려진 경우가 많아 이 또한 작품에 활용되고 있었다.

대부분의 작품은 서울이 무대를 이루고 있고, 높낮이 차로 인해 생긴 경관도 훌륭하게 살리고 있었다. 흔히 도쿄는 절구 모양으로 되어 있다는 지형에 관한 책이나 인터넷 기사를 많이 볼 수 있는데, 서울은 더 미세한 기복

---

19 (옮긴이) 영화, 드라마, 광고, 뮤직비디오 촬영 등에 필요한 장소를 찾아내고, 촬영허락을 받아낼 뿐 아니라 다양한 협조를 이끌어내는 직업으로 촬영장소에 관한 모든 것을 책임진다고 보면 된다. 로케이션 매니저라고도 부른다.

이 곳곳에 있다고 할 수 있다. 예를 들어 이태원 거리는 언덕 중턱에 있기 때문에 거리에서 남산을 올려다보다가 시선을 돌리면 눈 아래 또 다른 마을이 펼쳐지는 식이다.

또한 지역공동체와의 관계[20]가 짙게 남아 있어 서민들이 사는 동네와 고층 빌딩 숲의 대비를 통해 빈부격차를 소재로 한 드라마에 효과적이다. 그동안 여러 번 한국을 방문했지만 이번에 느낀 것은 고층 빌딩의 수가 한층 더 많아졌다는 것이다. 걷다 보면 주변에서 건물 공사를 하는 모습을 자주 볼 수 있다. 도쿄는 이렇게까지 빌딩 개발이 이루어지진 않았다.

반면 서울은 영화 〈기생충〉으로 주목받은 것처럼 반지하 집도 아직 많다. 홍수로 피해를 보는 일도 잦고 거리를 걷는 도중에도 여전히 시야에 들어온다. 이처럼 서울의 매력은 신구의 대비가 아닐까. 혹은 어쩌면 개발된 지역과 낙후된 지역의 대비라고 해도 좋겠다.

한옥마을로 유명한 전주도 그렇지만 서울도 경복궁 인근 북촌마을의 한옥 가옥도 촬영에 자주 사용된다. 조선시대부터 내려온 것으로 지금도 생활하는 사람들이 많지만 일부는 카페나 음식점, 상점으로 리모델링해서 본래 있었던 한옥의 분위기를 간직하면서도 주위와 조화를 이루고 있다.

물론 이 지역도 높낮이가 있어 위로 올라가면 서울의 거리를 한눈에 내려다볼 수 있다. 야경도 매우 아름다워 드라마 속에 자주 활용된다. 도쿄에서는 도쿄 스카이트리나 도쿄타워 등 고층빌딩의 야경 정도이지만, 서울에서는 언덕길 위의 음식점에서도 야경을 즐길 수 있다. 언덕길이 많아 노인들

---

20 (옮긴이) 원문에는 지연관계(地緣関係)라고 표현되어 있는데, 이때 지연(地緣)이란 사는 지역과 토지에 기초한 관계로 인근 주민과의 상호부조 등을 통해 형성되는 지역 커뮤니티를 뜻한다. 즉 현재 살고 있거나 과거에 살았던 지역에 대한 인간관계를 말한다.

에게는 힘든 도시지만 지하철, 버스 등 잘 발달해 있는 대중교통과 저렴한 택시비가 이를 보완하는 요소이다. 여러 번 버스를 탔는데 도착시간이 표시되는 버스 정류장도 있어서 매우 편리했다.

저녁 무렵 명동 일대 버스 정류장에는 사람들이 장사진을 이루고 있다. 의외일 정도로 이용객이 많은 모습을 보면서, 드라마 속 버스가 자주 등장하는 이유를 알 것 같았다.

드라마/영화 촬영에 적합한 서울의 매력

서울을 찬찬히 걷다 보면 그 매력을 잘 알 수 있고, 드라마가 그 매력을 배경으로 하여 효과를 보고 있다는 점을 충분히 이해할 수 있다. 서울은 도쿄에 비해 대조의 효과가 뚜렷한 도시라고 할 수 있다. 골목도 많고, 저마다 독특한 분위기를 가지고 있다. 골목을 돌아다니는 것만으로도 서울을 찾는 의미가 있다. 이들 골목은 서스펜스 영화에서는 긴박한 추격 장면으로 쓰이고, 로맨틱 드라마에서는 연인들의 공간으로 활용된다.

간선도로는 한쪽 3~4차로로 넓다. 서울은 대중교통이 잘 되어 있음에도 불구하고 개인 승용차가 많이 다니는 자동차의 도시이기도 하다. 계층 관계가 일본보다 양극화되어 있기 때문에 이런 현상이 생기고 있을지도 모른다. 이러한 간선도로가 있기 때문에 자동차 추격 장면 등 박진감 넘치는 영상을 찍을 수 있는 것 같다.

객관적으로 볼 때 서울은 드라마나 영화를 촬영하기 위한 거대한 세트장처럼 보이기도 한다. 그 중심에 삶의 터전을 표현하기 위한 작은 세트장들이 박혀 있는 것 같다. 또 작은 세트장들은 각각의 문화를 지니고 있어, 그와 대치하고 접하는 것도 흥미롭다. 하지만 지역 주민들이 이용하는 음식점 등에는 메뉴가 한글로만 기재되어 있는 곳도 많고, 식탁에 메뉴표가 따로 없거나 벽에만 붙어 있는 가게도 있어, 한글을 모르는 관광객들은 주의해야 한다. 그리고 이자카야居酒屋와 같은 일본 음식점은 따로 찾지 않으면 쉽게 찾을 수 없기 때문에 미리 알아보거나 한국 방문 중에는 포기하고 한국 음식만 먹을 각오를 해야 할 수도 있다.

한편 서울 이외의 도시들도 다양한 드라마 작품 촬영지로 활용되고 있다. 수원, 전주에서는 조선시대의 오래된 건축물들로 구성된 공간을 만끽할 수 있고, 인천, 포항에서는 일제강점기의 건축물들도 많이 남아 있어 거리를 걷는 재미가 쏠쏠하다. 또 지역을 대표하는 음식들도 있어 함께 즐기면 좋을 것 같다.

서울은 인구가 감소하는 추세지만 앞서 언급한 것처럼 재개발 속도도 빨라 특히 드라마에 나온 카페 등을 가보면 이미 사라진 경우도 있었다. 이는 어쩔 수 없는 것으로 촬영지 순례에는 항상 따라다니는 문제일 것이다.

필자의 입장으로는 촬영지 순례에만 머무르지 말고, 서울의 거리 곳곳에서 나름대로의 매력을 발견할 수 있으면 좋겠고, 그 경험이 한국의 전체적인 모습을 조망하는 데 도움이 되길 바란다.

열흘간의 방한 기간 동안 〈이태원 클라쓰〉로 유명해진 육교 위와 북촌 한옥마을 등에서 드라마 촬영을 여러 차례 접했다. 도쿄에서는 이런 일이 좀처럼 없지만, 서울은 곳곳에서 촬영이 일상처럼 이뤄지고 있다는 이야기일 것이다. 이러한 점도 덧붙이고 싶다.

제5장

한류 열풍을 이끄는 SNS와 동영상 공유 사이트

제5장

한류 열풍을 이끄는 SNS와
동영상 공유 사이트

1. 멘트가 없는 거리 걷기 동영상

'서울 워커'의 인기

코로나19 팬데믹 이후 급격히 증가한 워킹 유튜버[1](멘트가 없는 거리 촬영 동영상)도 서울 관광을 알리는 데 기여하고 있는 것으로 보인다. 물론 서울뿐 아니라 전 세계 도시들이 그 대상이지만 유독 서울을 다룬 채널이 내용이 잘 갖춰져 있다.

　그중 '서울 워커Seoul Walker'는 명동, 강남, 홍대 등 서울 거리를 걷는 유튜

1　(옮긴이) '워킹 유튜버'란 여행 유튜버의 하위 분류로써, 주로 걸으면서 촬영한 동영상을 보여주는 유튜버이다. 특별히 멘트도 거의 하지 않으며 주로 풍경, 경치 위주로 도시 곳곳을 촬영한 생생한 동영상을 올린다.

브 4K 동영상 채널로 약 500개의 콘텐츠가 업로드되고 있다. 구독자 수는 41만 4000명(2024년 8월 5일 기준)으로 멘트가 없는 것이 특징이다. 한 콘텐츠의 길이는 20분에서 1시간 30분 정도로 다양하며, 작품에 따라서는 시작 부분에 지도를 사용해 여정을 설명하거나 자막이 오버랩[2]되어 들어 있는 것도 있다. 워킹 유튜버 채널은 차량용 카메라나 드론을 이용한 항공촬영 등 방법이 다양하지만 '서울 워커'는 휴대용 카메라를 주로 사용한다. 이 채널에서 눈길을 끄는 것은 특히 밤과 눈, 비의 풍경이 4K만의 아름다운 영상으로 담겨 있다는 점이다. 특히 눈이 내리는 서울은 매력적이다. 잠시 보고 있으면 새삼 그 아름다움에 매료된다. 서울의 거리 워킹 동영상 채널은 이 밖에도 '워크 투게더Walk Together' 등 유튜브에 여러 채널이 있다. 물론 도쿄를 대상으로 한 워킹 유튜버의 채널도 '로밍 재팬Roaming Japan' 등 여러 개가 있지만, 서울을 대상으로 한 채널의 구독자 수에는 턱없이 못 미친다.

아마도 서울은 한류 드라마, K-POP 등과의 시너지 효과도 있을 것이다. 서울은 글로벌하게 도쿄를 능가할 기세로 급속한 이미지 확산이 이루어지고 있다고 볼 수 있다. 이는 분명 한국으로의 인바운드 관광객 창출로 이어질 것이다. 이미 팬데믹 이전부터 한류 드라마 촬영지 순례가 활발해져 있었기 때문에, 많은 일본인 관광객이 방문하는 현상이 나타났다. 팬데믹으로 촬영지 순례는 줄어들었지만 대신 '서울 워커'와 같은 한국 도시 대상 워킹 유튜버의 채널이 급증하면서 집에 있으면서도 서울의 거리 걷기를 즐길 수 있는 상황이 되었다.

---

2   (옮긴이) 원서에는 '자막 슈퍼'라고 표기되어 있다. 자막 슈퍼는 영상 기술 용어 '슈퍼임포즈(Superimpose)'에서 유래한 것으로, 원래는 '(여러 가지를) 겹쳐서'라는 뜻이다. 영화 필름에 자막 필름을 겹쳐서 구워 넣는 방식으로 영화 자막을 만들었기 때문에 슈퍼판이라고 부르게 되었다. 이에 DVD 같은 데서 자막 슈퍼 버전은 '원본 영상에 자막 영상을 겹쳐서 보여준다'라는 의미 정도이다.

한국의 새로운 매력 발산 도구

한국의 워킹 동영상은 서울에만 국한된 것이 아니라 부산, 대구, 대전 등으로도 확산되고 있다. 그리고 국내는 물론 해외에서도 효과적인 정보 전달의 도구가 되고 있다. 예를 들어 〈이태원 클라쓰〉의 무대가 된 이태원은 드라마 방영 전까지만 해도 일본에서 그다지 인기있는 장소는 아니었다. 그러나 드라마의 인기가 폭발함과 동시에 드라마 방영 후 이태원이 워킹 유튜버의 채널에 다수 등장함으로써 더욱 실감나게 콘텐츠를 전달할 수 있게 되었다. 드라마와 워킹 유튜버의 채널은 직접적인 관련성이 없지만, 서울 등 거리의 매력을 전달하는 데는 큰 효과를 거두고 있다.

이는 시대가 많이 변했다는 의미이기도 하다. 달리 보면 모니터를 통한 거리 걷기만으로도 충분히 그 도시의 매력을 만끽할 수 있는 것이다. 즐기는 방법에 있어 실제로 방문하는 것이 깊이와 넓이를 더하는 것이지만, 워킹 유튜버 영상들을 통해 새로운 거리 즐기기 방법이 제시되었다는 점이 큰 의미가 있다. 보는 것만으로도 새로운 발견의 기회가 된다. 서울 한옥 거리와 같은 아름다움, 언덕길의 매력, 아담한 언덕에서 보는 야경, 카페거리에 사람들이 몰려드는 모습, 설경 못지않은 아름답게 만개한 벚꽃 등 몰랐던 서울의 거리가 떠오른다.

워킹 유튜버들의 영상은 또한 배경화면의 효과[3]라는 측면에서도 의미가 있는데, 감각적인 영상은 인테리어의 일부로 온종일 모니터에 비추어져도 자연스럽다.

---

3   (옮긴이) 원저에는 'BGV(Back Ground Visual)'로 표기되어 있으며, 백그라운드 비주얼의 약자이다. BGM(Back Ground Music)이라는 용어에서 파생되어, 쉽게 풀이하면 BGM을 비주얼화한 것이다. 배경 효과로써 사용하는 다양한 영상(映像) 혹은 영상효과를 말한다.

팬데믹은 새로운 관광의 형식을 제시하는 계기가 되었다. 앞으로 메타버스4를 포함한 가상공간의 모색이 더 진행될 것이라 생각되는데, 이들이 한국의 콘텐츠와 잘 접목될 것으로 예상한다.

2. 생활 동영상과 한류 채널

주한 일본인들의 콘텐츠 소개

멘트 없이 거리를 소개하는 워킹 동영상 외에도 한국을 소개하는 영상은 동영상 공유 사이트에 넘쳐난다. 일본에서는 특히 한국에 거주하는 일본인이 올리는 영상이 많이 소개되고 있다. 팬데믹으로 한국 여행객이 급감했었지만, 한국은 일본 유학생들에게 인기가 높고, 한국에 살고 있는 일본인도 의외로 많다. 젊은 세대에게는 K-POP과 한류 드라마 등 대중문화가 인기의 마중물이 된 것이 분명해 보인다. 특히 유학생들은 교환학생뿐만 아니라 일본 대학을 휴학한 단기 유학생도 많다.

이러한 영상들은 단순한 거리 걷기 영상에 비해 생생함이 넘친다고 할 수 있다. 살고 있는 집을 소개하거나 거리를 걷는 등 일상생활에 관련된 것이 많아 한국에 살고 싶은 사람들에게는 큰 참고가 되는 내용이다. 또한 장기 체류를 고려하고 있는 관광객들에게도 좋은 볼거리가 되고 있다고 생각한다. 영상을 올리는 사람은 한국인과 결혼해 현지에 살고 있는 사람이나 한국 기업에 다니는 사람, 유학생, 관광객 등이다.

---

4 (옮긴이) '메타버스'는 '가상', '초월' 등을 뜻하는 영어 단어 '메타(Meta)'와 우주를 뜻하는 '유니버스(Universe)'의 합성어로, 현실세계와 같은 사회·경제·문화 활동이 이뤄지는 3차원의 가상세계를 가리킨다.

한류, 세계인을 사로잡다

특히 단순한 거리 걷기 영상에 없는 요소로 꼭 짚고 넘어가야 할 것은 한국의 음식문화이다. 한국 요리는 일본에서도 인기가 많은데, 영상에 따라서는 재료, 조리 방법, 순서를 자세하게 소개하는 것도 있다. 이러한 영상 중 대부분은 한국 도시의 매력보다 생활의 매력을 강조하고 있다. 한국 거주, 체류자는 블로그나 SNS 등에도 글을 많이 올리고 있지만, 동영상이 있으면 시너지효과를 더 높일 수 있다. 이러한 영상은 한국이나 서울 같은 도시의 매력을 보완하고 심화시키고 있다.

한국 드라마도 비슷한 역할을 한다고 볼 수 있다. 일본의 엄격한 팬데믹 정책으로 인해 일본 유학을 희망했던 외국인 학생들 중 한국으로 유학을 바꾼 사람도 많다고 한다. 역시 K-POP, 드라마 등 주요 콘텐츠뿐만 아니라 이와 같은 동영상 공유 사이트에서 얻은 정보가 이들의 마음을 움직였을 것이라 짐작할 수 있다.

한국에는 일본과 다른 생활문화가 있다. 한국은 그러한 매력을 충분히 어필하는 데 성공했다고 볼 수 있다. 이러한 배경에는 고도의 정보화 사회 특징이 있으며, 아시아뿐만 아니라 유럽과 미주 사람들에게도 어필하고 있다. 일본의 '비지트재팬' 정책에 따라 인바운드 관광객이 두드러지게 증가했지만, 정책 전체적인 측면보다는 비자 완화나 LCC(저가항공사)의 보급 측면이 주효했기 때문으로, 팬데믹 이후에는 한국 인바운드 관광객이 더 많아질 것으로 예상한다.

한류 드라마 정보를 송출하는 미디어의 변화

생각해보면, 과거에는 한류 드라마의 정보라고 하면 잡지의 영향이 컸지만, 이후 CS 방송[5]의 한류 채널이 정보를 전송하면서 현재는 동영상 공유 사이

트에 수많은 정보가 담겨 있다. 그래서인지 한류 드라마 잡지는《더 알고 싶다! 한국 TV 드라마もっと知りたい！韓国ＴＶドラマ》(미디어보이メディアボーイ), 《한국 TV 드라마 가이드韓国ＴＶドラマガイド》(후타바사双葉社),《한류 피아韓流ぴあ》등이 대표적으로, 이른바 화보 위주의 무크지[6]가 많아지고 있다. 이런 배경으로 잡지가 침체기에 접어든 요즘에도, 한류 드라마 관련 잡지는 여전히 인기가 많다.

CS 방송에서는 스카파!スカパー![7]가 한국 드라마와 K-POP에 적극적이다. KNTV,[8] 아시아드라마틱TVASIA DRAMATIC TV, Mnet 등도 한류 채널을 보유하고 있으며, 세트 요금제도 있다. 또 케이블TV의 주피터 텔레콤J:COM[9]에서도 비슷한 전략을 취하고 있다. BS(일반 위성방송), CS(유료 위성방송)의 등장 이후 일본 TV 매체는 다채널화되어 지상파, BS 등에서도 한류 드라마 콘텐츠의 존재감은 점점 더 강해지고 있다. 방송되고 있는 작품의 수에서는 이미 일본 영화나 드라마를 능가하는 듯하다.

유튜브를 비롯한 동영상 공유 사이트에서는 한류 드라마를 시청하기 위한 별도의 유료 요금제를 운영하는 경우가 많지만, 드라마 정보 채널이 너무 많아 모든 것을 다 파악하기는 어렵다. 크게 드라마 자체를 대상으로 하는 채널과 배우를 대상으로 하는 채널 두 가지로 나뉘는데, 일본 영화나 드

---

5 (옮긴이) 일본에서 방송위성을 사용하는 일반 위성방송은 BS로, 통신위성을 사용하는 유료 위성방송을 CS로 칭한다.

6 (옮긴이) '무크(mook)'란 잡지(magazine)와 서적(book)의 합성어로 부정기 간행물, 즉 잡지의 형식과 서적의 내용을 절충한 형태의 출판물을 말한다.

7 (옮긴이) '스카파!(スカパー!)'는 스카파(JSAT)에서 운영하는 유료 다채널 방송, 스트리밍 동영상 서비스로, 애니메이션, 영화, 축구, 프로야구 등 다수 장르의 프로그램이 있다.

8 (옮긴이) 'KNTV'는 일본의 위성 일반 방송인데, SM엔터테인먼트의 자회사 스트림 미디어 계열 일본 한류 및 K-POP 전문 채널이다. 재일본대한민국민단에서 운영하던 위성방송 채널로 시작했다.

9 (옮긴이) '주피터 텔레콤(J:COM)'은 일본에서 케이블 TV 사업 총괄 운영(MSO) 및 프로그램 공급 사업 총괄 운영(MCO)을 주된 업무로 하는 기업. KDDI의 연결 자회사이자 스미토모 상사가 50% 출자한 회사이다.

한류, 세계인을 사로잡다

라마에 관한 채널에 비해 압도적으로 수가 많아 여기에서도 한류의 인기를 체감할 수 있다.

이 같은 한류 정보에 대해서는 공식 채널도 있지만, 대부분은 일반인들이 개설한 것이다. 일본어로 된 것도 있지만 한국어를 그대로 내보내는 채널도 있다. 또 드라마 영상이나 캡처 화면을 사용하는 등 일본 드라마였다면 저작권 문제로 규제를 받을 것 같은 채널도 적지 않다. 제작자 측은 팬들에 의해 영상이 확산되는 것을 용인하고 있는 것인지 모르겠으나, 이 또한 팬덤의 영향으로 보인다.

어쨌든 일본에서는 한류에 관해 활자 매체, 지상파, BS, CS, 인터넷상에 정보가 넘쳐나는 상황이다. 일본에서조차 이런 상황이니 한국의 상황은 어떨지 미루어 짐작할 수 있을 것이다.

3. 도쿄에 비해 뛰어난 서울의 이미지 형성

관광은 미디어가 만든 도시 이미지를 확인하는 작업

도시 이미지 형성과 전파에는 미디어의 힘이 크다. 실제로 이미지가 먼저 형성되는 도시도 있다. 그런 도시는 살다 보면 이야기가 또 달라지지만, 미디어에 의해 만들어진 이미지는 알기 쉬운 것이 특징이다. 관광도시로서의 매력도 넘쳐나는 것이 많다.

도시 이름을 들으면 바로 이미지가 떠오르는 도시가 있다. 삿포로 하면 TV탑テレビ塔, 오도리 공원大通公園, 시계탑, 교토 하면 기요미즈데라清水寺, 금각사金閣寺 등의 사찰 불당, 고베神戸 하면 항구 풍경, 기타노이진칸北野異人館 등이 떠오른다. 파리 에펠탑, 뉴욕 마천루, 런던 브리지, 도쿄 타워東京タワー, 도쿄

스카이트리東京スカイツリー 등도 마찬가지다.

고전적이지만 도시 이미지에 관해서는 케빈 린치Kevin Lynch[10]의 연구가 기본이다. 케빈 린치는 도시의 환경 이미지를 '동질성identity', '구조structure', '의미meaning' 등 세 가지 요소로 분석했다.[11] 특히 저서《도시의 이미지》에서는 '동질성'과 '구조' 두 가지로 좁혔다. 그리고 이미지를 구성하는 다섯 가지 요소에 주목했다. 다섯 가지 요소는 다음과 같다.

① 통로path: 도로, 사람이 다니는 길을 가리키며 구체적으로는 가로街路, 산책로, 운송로, 운하, 철도 등을 말한다.

② 가장자리edge: 경계, 즉 연속 상태를 중단하는 것으로 지역의 경계를 의미하며 구체적으로는 경로로 보기 어려운 철도 노선, 해안, 절벽 등을 말한다.

③ 지구district: 지역, 비교적 큰 도시지역(부분)을 말하며 그 내부에 유사한 특징이 있는 지역을 나타낸다.

④ 결절점node: 접합점, 집중점을 말하며 중요한 초점, 즉 교차로, 광장, 로터리, 역 등을 의미한다.

⑤ 랜드마크landmark: 표식이자 외부에서 보는 이정표로 비교적 떨어져 존재하는 표지를 말하며 건물, 간판, 기념물, 산 등을 나타낸다.

앞에서 이야기한 예들은 ⑤의 랜드마크에 해당될 것이다.

---

10 (옮긴이) 케빈 린치(Kevin Lynch, 1918.01.07.~1984.04.25.)는 미국의 도시 이론가로서《도시의 이미지(The Image of the City)》(1960)라는 책을 통해 도시 이미지를 위한 5가지 구성요소를 제시한 것이 유명하다.

11 《도시의 이미지(都市のイメージ)》, 단시타 겐조(丹下健三)·도미다 레이코(富田玲子訳), 이와나미서점(岩波書店, 2007).

한류, 세계인을 사로잡다

관광학 분야에서는 대니엘 부어스틴Daniel Joseph Boorstin[12]이 떠오른다. 그는 미디어의 변화가 이미지의 대량생산을 가져왔고, 사람들의 상상력과 진실성이란 관념에도 결정적 영향을 미쳤다며, 대중의 욕망에 맞춰 미디어를 제조하는 '사실'을 '유사類似 이벤트'라고 불렀다. 즉, 부어스틴은 사진·영화·광고·TV 등 다양한 매체에 의해 만들어진 이미지가 현실보다 더 현실감을 갖는다고 한다. 관광은 그와 같이 미디어에서 만들어진 이미지를 확인하기 위한 것이 되어버렸고, 동시에 관광객들도 그것을 원한다고 지적했다.[13] 즉, 관광에 있어서 미디어의 역할이 커지고, 기존 매스 미디어에 더해 소셜 미디어의 확산으로 현대 사회는 정보의 홍수 시대를 맞이하고 있어, 현실과 가상의 이원화 현상이 나타나고 있다고 하겠다.

관광의 맥락에서도 실제의 관광 행동을 발전시키지 않고 가상으로만 완성시키는 형태가 생겨나고 있는 것은 틀림없는 사실이다. 관광산업 자체가 앞으로 새로운 국면을 맞이하게 될지도 모른다.

한국의 콘텐츠는 위와 같은 도시, 지역 이미지를 증폭, 확산시키는 역할을 하고 있다. 앞서 언급한 거리 걷기 영상도 마찬가지지만 이 부분에서도 한국의 현상에 주목해야 한다. 일본은 대부분 만화나 애니메이션 작품을 통해 도쿄를 비롯한 개별 장소에 관한 정보가 확산되고 있지만, 실사 기반으로는 한국에 뒤처지고 있다고 할 수 있다.

---

12 (옮긴이) 대니얼 조셉 부어스틴(Daniel Joseph Boorstin, 1914.10.1.~2004.2.28.)은 세계적으로 유명한 역사학자이며 교육자이다. 25년 동안 시카고 대학의 역사학과 교수로 재직하였으며, 미국 의회도서관 관장, 미국 국립 역사·기술 박물관 관장, 워싱턴 스미스소니언 박물관의 선임 연구원 등을 역임한 바 있다.

13 《The mage: A Guide to Pseudo-events in America》(1962), 일본어 번역 《환영의 시대: 매스컴이 제조하는 사실(幻影の時代: マスコミが製造する事実)》(1964), 호시노 이쿠미·고토 카즈히코(星野郁美·後藤和彦) 옮김, 도쿄 소겐사(東京創元社); 한국어 번역 《이미지와 환상: 미국에서 벌어지는 가짜사건에 대한 안내서》(2004), 정태철 옮김, 사계절.

제약이 많은 일본에서의 촬영

일본에서의 촬영은 제약이 많다는 이야기를 자주 듣는다. 예컨대 미이케 다카시三池崇史 감독의 〈짚의 방패Shield of Straw〉는 액션 장면에서 신칸센新幹線 사용 허가가 나지 않아 대만에서 촬영했다. 또 마틴 스코세이지Martin Charles Scorsese 감독의 〈사일런스Silence〉[14]는 엔도 슈사쿠遠藤周作 원작이었지만 역시 대만에서 주로 촬영이 이뤄졌다고 한다.

영화 전성기에는 자동차 스턴트도 거리에서 진행되곤 했지만 현재는 안전상의 문제나 도로 봉쇄의 어려움으로 점차 그런 장면이 줄어드는 추세다. 그렇다고 해도 로케이션에 관한 체제 구축이 소홀했던 것은 결코 아니다. 20세기 후반에는 개별 지역에서 처음 움직임이 있었고, 2000년에 일본 최초의 필름커미션Film Commission(지역 활성화를 목적으로 영화작품 등의 로케이션 촬영이 원활하게 이루어지도록 지원하는 공적 단체),[15] 오사카 로케이션 서비스 협의회가 설립된 후에는 전국 규모로 필름 커미션 정비가 진행되어 2021년에는 필름 커미션이 약 350개 단체에 이르게 되었다. 또 동시에 로케이션 촬영 작품 수도 큰 폭으로 증가했다. 현재 실사 작품 대부분이 필름커미션의 지원을 받고 있다.

하지만 이러한 활동이 일본에서는 필름커미션 혹은 관광 진흥을 목적으로 한 관광협회 등 유관단체에서 운영되는 경우가 많아 미국처럼 도로 봉쇄까지 할 수 있는 권한을 갖고 있지는 않다.

2009년에 각지의 필름커미션 연락기관으로서 '특정 비영리활동법인 일

---

14 (옮긴이) 한국 개봉은 2016년 〈사일런스〉로 나타난다.

15 (옮긴이) 한국에서는 영상위원회로 부르지만, 일본에서의 명칭은 고유명사인 '필름커미션'으로 그에 따라 본문에서는 고유명사를 살려 표기하였다. 영화촬영 등에서 장소 물색을 도와주고 지역 특성에 맞는 제작환경을 만들어주며 각종 행정서비스를 지원·제공한다.

한류, 세계인을 사로잡다

본 필름커미션'이 설립되었는데, 모든 필름커미션이 가입되어 있는 것은 아니다. 어디까지나 임의단체이며 기본적으로 로케이션 유치, 지원에 관해서는 각각의 필름커미션이 담당하게 된다. 필름커미션 관련 도도부현都道府県 거의 대부분 지역에 상담 창구가 있어, 거기에서 개별 필름커미션을 소개받는 형태가 일반화되어 있다.

도쿄의 필름커미션은 이시하라 신타로石原慎太郎 도지사가 적극적으로 반응을 보인 바 있다. 이시하라는 영화 자체를 산업으로 보고, 영화 촬영지 유치에 따른 고용 확보, 행정의 수입 증가를 염두에 두었다. 로케이션 절차의 간소화를 통해 원스톱으로 일이 진행될 수 있도록 2001년 오사카에 이어 도쿄가 관할하는 필름커미션 '도쿄 로케이션 박스東京ロケーションボック'를 만들었다.그러나 현실적으로는 이러한 활동이 충분한 기능을 하고 있다고 말하기는 어렵다. 이시하라는 2000년 도쿄국제영화제에서 "긴자에서 자동차 추격 장면을!銀座でカーチェイスを"이라고 강조한 바 있지만 여전히 절차는 번거롭고, 자동차 추격 장면을 거리에서 찍기도 어려운 상황이다. 중앙정부 수준의 지원도 아직은 없는 상태이다.

국가지원으로 해외 촬영지로 인기있는 한국

반면 한국에서는 촬영 유치가 국가적 차원에서 지원되고 있다. 2018년 마블 영화 〈블랙팬서Black Panther〉는 부산에서 자동차 추격 장면을 촬영한 바 있다. 제작진은 2주간 부산에서 촬영을 감행했고, 감독 역시 촬영지로서의 부산을 극찬했으며 좋은 결과를 가져왔다.

한국에는 '영화진흥위원회'라 불리는 특수법인이 있다. 영화진흥을 목적으로 1973년에 설립된 행정기관이다. 설립 당시에는 '영화진흥공사'라고 불렸으며, 산하에는 1984년 설립한 '한국영화아카데미'가 있었고 1997년 '남양주종합촬영소' 설치 등이 이루어지며 1999년에 현재의 이름으로 바뀌었다. 2006년 「영화 및 비디오물의 진흥에 관한 법률」이 개정됨에 따라 영화발전 기금을 관리·운영하고 있다.

해외에서 흔히 볼 수 있는 인센티브 보조금도 제공하고 있다. '한국콘텐츠진흥원'과 마찬가지로 한국 정부 문화체육관광부 산하에 있으며, 2013년 공공기관 혁신도시 이전 계획에 따라 서울에서 부산으로 이전한 바 있다.

1970년대 말까지 한국은 군사정권하에 있었고 해외 문화 수입에도 큰 제한이 있기는 했지만, '영화진흥위원회'가 지금까지 걸어온 길은 대체로 한국 문화개방의 길을 따라왔다고 할 수 있을 것이다.

이러한 배경으로 한국과 일본은 실사 작품에서 큰 차이를 보인다. 단적으로 이를 보여주는 예로서, 일본에서는 시부야渋谷의 '스크램블 교차로スクランブル交差点'[16]는 촬영 허가를 받기 어렵기 때문에, 도치기현栃木県 아시카가시足利市에 실제 크기의 촬영 세트장인 '아시카가 스크램블 시티 스튜디오足利スクランブルシティスタジオ'가 만들어져 있다. 이 점에서 알 수 있듯이, 역시 도쿄 거리에서의 촬영은 어렵다.

반면 애니메이션 속에서는 극명하게 도쿄의 거리가 그려져 있다. 해외에서의 도쿄는 애니메이션 속 거리의 이미지로 인식되고 있을지도 모르겠다. 반면 서울은 드라마나 영화 속에 현실의 모습으로 자주 등장한다.

도시 이미지 형성 관련해서는 역시 실사 작품 속에 등장해야 현실적인

---

16 (옮긴이) 시부야의 가장 번화한 장소로 사방에서 보행자가 서로 지나쳐가는 모습을 빗대 '스크램블'이라는 별명이 붙었다. 가장 바쁜 시간대에는 2분에 한 번씩 이 교차로를 건너는 유동인구가 1000~2500명에 달한다고 한다(일본정부관광국 https://www.japan.travel/ko/spot/2177).

한류, 세계인을 사로잡다

감각을 불러일으킬 수 있다. 그런 면에서 보면 이미 한류 드라마가 세계를 휩쓸고 있는 현재, 도쿄보다 서울에 더 장점이 있다고 봐도 무방할 것이다. K-POP을 비롯한 다른 콘텐츠의 정보 및 확산도 이를 지원하고 있기 때문이다.

4. 한국 콘텐츠산업의 새로운 발전

디지털 뉴딜 2.0

한국에서는 '디지털 뉴딜 2.0'이라는 정책을 추진한 바 있다.[17] '디지털 뉴딜'은 2020년 7월 시작되었는데, 코로나19 이후 시대를 내다보고 디지털 인프라와 빅데이터 산업 육성을 목표로 하는 '한국판 뉴딜' 계획의 일환이었다. 2021년 7월 항목이 추가돼 '한국판 뉴딜 2.0'으로 업데이트됨에 따라 디지털 뉴딜도 메타버스 등 초연결사회 관련 신산업 육성 과제를 추가하며 2.0으로 진화한 바 있다.

한국콘텐츠진흥원에 따르면 과학기술정보통신부는 2022년 3월 21일 '디지털 뉴딜 2.0사업'의 '메타버스 신산업 선도전략' 후속 조치로 총 1000억 원 규모의 메타버스 M&A 펀드를 조성한다고 발표했다. 이는 메타버스 관련 중소·벤처기업 경쟁력 강화가 목표이다.

M&A펀드는 총 1000억 원 이상 펀드 조성을 목표로 정부가 400억 원을 출자하고, 민간 출자도 600억 원 이상을 유치할 계획인 것으로 알려졌다.

---

17 (옮긴이) 2021년 7월 추진계획이 발표되었으며, 정부 변화로 인해 현재는 추진상황이 달라졌다.

이를 통해 메타버스 서비스를 구현하는 주요 기반 기술을 보유한 중소·벤처기업이 사업 영역 및 규모를 확대하고 글로벌 경쟁력을 갖춘 핵심 기업으로 성장할 수 있도록 지원한다.

메타버스와 관련해서는 페이스북이 회사명을 메타로 바꾼 것에서도 나타나듯이 전 세계 기업들의 관심이 높아지고 있다. 일본 기업들도 다양한 시책을 시도하고 있는데, 향후 이 분야의 성장으로 엔터테인먼트뿐만 아니라 소비 사회의 변화가 예상된다.

메타버스는 가상현실과 직접 관련되어 있지만 엔터테인먼트 분야가 주된 격전지가 된다면 관광에도 큰 영향을 줄 것으로 보는 시각이 있다.

메타버스는 3D CG로 구축된 가상공간 안에 사람들이 각각의 아바타로 참가해 커뮤니케이션을 시도하고, 상품 판매, 구매 등의 행위를 하거나, 나아가 또 다른 생활공간으로 인식하며 즐기는 것이 특징이다. 아직 준비단계이기는 하지만, 점차 구체화되어 가고 있다는 것이 현실이다.

'메타버스-콘텐츠-관광'의 삼위일체 전략

한국 정부의 메타버스 정책에 대해 더 자세히 알아보자. 2022년에는 문화체육관광부가 전 세계 한류 팬들이 메타버스에 모일 수 있도록 'K-메타월드' 구축을 목표로 하고 있다고 밝힌 바 있다. 이는 전 세계에서 인지도가 높은 IP(지식재산권)와 연계해 팬덤과 아티스트가 게임을 통해 한국 문화를 향유할 수 있는 서비스로 개발·운영한다는 것이다.

'K-메타월드' 구축에는 19억 원을 투입하고 각 분야 특성을 고려한 메타버스 콘텐츠 제작을 위해 114억 원의 예산을 투입하였다. 우선 게임·애니메이션·실감 콘텐츠 분야에서 44억 원의 예산을 투입해 PC·모바일·클라우드 게임이나 애니메이션 등 실감 콘텐츠 메타버스 콘텐츠로의 전환을 지원하였다.

또 패션 분야에서는 메타버스를 활용한 K-패션 콘텐츠 제작과 가상매장 운영 및 홍보 마케팅 지원을 위해 23억 원을 배정했다. 메타버스 기반 전통문화 체험 콘텐츠 개발·보급에는 30억 원, 메타버스 활용 예술 프로젝트 지원에도 17억 원의 예산이 책정된 바 있다(Wow Korea 2021년 12월 23일자).[18]

문화체육관광부 산하 해외문화홍보원에서도 메타버스 지원에 착수해 '코리아월드'를 열었다고 한다. 이는 메타버스 온라인 전시관으로 국제 한류 콘텐츠 공모전 '토크토크 코리아Talk Talk Korea 2021' 응모작 4만여 점 중 본선에 진출한 140여 작품과 함께 외국인 한국문화 홍보 전문가인 코리아넷 명예기자단과 K-인플루언서 등의 우수작품, 해외문화홍보원 50주년 기념관 등 외국인의 눈으로 바라본 참신하고 다채로운 콘텐츠를 감상할 수 있다.

또 한국에서는 '국가관광전략회의'를 열어 관광산업 회복 및 재도약 방안을 마련, 정부가 방한 관광객 유치를 목적으로 전 세계적으로 큰 인기를 끌고 있는 한국 음악그룹 '방탄소년단'과 넷플릭스의 오리지널 한국 드라마 〈오징어 게임〉 등을 활용한 관광 콘텐츠를 만들고 가상공간 메타버스 디지털 관광 개발에도 나서기로 했다.

그리고 관광의 미래를 선도한다는 취지로 지능형 관광 생태계를 구축

---

18 (옮긴이) 와우코리아는 2004년부터 운영되고 있는 한국 한류 연예 뉴스사이트이다. 현재 3사의 한국 뉴스매체와 제휴하여 다양한 장르의 한국 뉴스를 사진, 텍스트, 동영상으로 제공하고 있으며, 화제의 뉴스를 분석한 칼럼이나, 회견·이벤트, 리포트 등을 많이 전하고 있다. 엔터테인먼트 콘텐츠 이외의 정치·경제 등의 뉴스 등 시사 문제 등도 폭넓게 다루고 있어 한국에 관심이 많은 일본인들에게 인기가 많다(https://www.wowkorea.jp).

할 계획이다. 그 일환으로 메타버스 플랫폼에 한국의 주요 관광지와 인기 영화·드라마 촬영지 등을 적용한 '한국 관광 유니버스'를 구축하는 방향도 제시하고 있다.

메타버스-콘텐츠-관광의 삼위일체 전략을 위해 정부를 축으로 한 정책이 이미 다양한 형태로 진행되고 있다는 점이 눈에 띈다. 일본도 정부가 움직이고 민간기업도 관심을 두고 있지만 한국처럼 역동적인 인상을 주지는 못하고 있다.

예를 들어 이 흐름은 관광지인 광화문광장에도 적용되어 2022년부터 다양한 체험형 예술, 디지털 이벤트를 모아 '광화시대光化時代'라는 프로젝트가 개최되기도 했다. 이 프로젝트의 내용 중 '광화원光化園'은 힐링과 명상을 주제로 한 미디어아트 디지털 정원으로 누구나 예약 없이 자유롭게 관람할 수 있다. 한 작품당 3~4분짜리 영상이 여러 개 준비돼 있어 30분 정도의 환상적인 시간을 즐길 수 있다. '광화인光化人'을 통해서는 세종대왕, 샤이니SHINee 민호 등 AI(인공지능) 휴먼과 대화할 수 있으며 일본어·한국어·영어·중국어 등 모두 4개 언어로 한국 문화유산의 볼거리를 알아볼 수 있다. 이 밖에 '광화전차光化電車'는 광화문의 역사와 실감콘텐츠 기술이 결합된 놀이기구형 CG영상 체험 프로그램이며, '광화수光化樹'는 전 세계인들의 생각과 감정을 실시간으로 반영하는 AR(증강현실) 인식 조형물로서의 숲, '광화담光化談'은 광화문과 AR기술이 합쳐진 온라인, 오프라인 게임 콘텐츠, '광화벽화光化壁画'는 인근 대한민국역사박물관 외벽에 설치된 대형 전광판에서 최신 3D 기술을 활용해 작품 영상을 감상할 수 있다는 내용 등이다. 이 같은 실감콘텐츠 제작지원을 위해 국립문화시설에 155억 원, 민간에 83억 원이 투입된 바 있다.

한류, 세계인을 사로잡다

제6장

한국 드라마가
일본인을 사로잡는 이유

한국 드라마가
일본인을 사로잡는 이유

1. 변해가는 한국문화에 대한 관심

한류 열풍, 중장년층에서 젊은층으로, 그리고 다시 중장년층으로

2000년대 들어 〈겨울연가〉의 히트 이후, 일본인들 중에도 한국에 대해 친근감을 느끼는 사람들이 많아졌다. 예를 들어 2009년 일본 내각부內閣部 조사에 따르면, '한국에 대해 친근감을 느낀다', '어느 정도 친근감을 느낀다'라는 의견은 역대 최고치인 63.1%를 기록한 반면, '한국에 대해 친근감을 느끼지 않는다', '그다지 친근감을 느끼지 않는다'라는 의견은 34.2%였다.

또한 2010년 NHK와 KBS의 공동조사에서 한국을 '좋아한다'가 12%, '어느 정도 좋아한다'가 50%로, '친한'이 과반수를 차지하고 있다. 한국을 '좋아한다('어느 정도 좋아한다' 포함)'는 응답은 연령대별로 20대 69%, 30대 70%,

40대 70%, 50대 64%, 60대 59%, 70세 이상 47%로, 젊은 세대일수록 한국을 '좋아한다', '어느 정도 좋아한다'라고 응답하는 경향이 두드러졌다.

그러나 이러한 흐름은 때로 한일간의 정치적인 대립으로 인해 크게 흔들리기도 한다. 2012년 8월 이명박 전 대통령은 저조한 정권 지지율 회복을 위해 독도를 방문하고 천황에게 사과 요구를 하는 등 반일 행보를 반복했다. 이로 인해 그동안 친한으로 향하던 일본인들의 감정은 반전되어 혐한으로 향했다. 이어 차기 박근혜 전 대통령과 뒤이어 문재인 전 대통령도 반일 노선을 계승했기 때문에 더욱 심각한 상황으로 빠져들었다. 특히 문재인 정부 시절에는 한일 위안부 합의는 사실상 파기되고 강제징용 피해자 배상 문제 등으로 한일 관계가 전후戰後1 최악이라고 평가됐다.

하지만 일본 젊은이들 대부분은 이를 정치의 문제로만 받아들이고, 다소 영향을 받긴 했지만 여전히 K-POP이나 한류 드라마 등을 지지하고 있다. 현재 한국으로 유학하는 대학생도 점차 늘어나고 있으며, 그들의 관심은 화장품, 한국요리, 식재료 등 대중문화 외에도 다양한 분야로 향하고 있다. 그 높은 관심도는 도쿄의 신오쿠보에 가보면 잘 알 수 있을 것이다.

즉, 한류 붐은 처음에는 〈겨울연가〉에 빠진 중장년층이 주도했고, 이후 K-POP의 인지도가 높아지면서 젊은층이 주축이 되었다고 할 수 있다.

현재는 소위 코로나 팬데믹으로 인한 '집콕' 수요와 넷플릭스의 보급으로 한류 붐이 다시금 중장년층으로 확대되기 시작했다.

1　(옮긴이)　일본에서 전후(戰後)라 하면 일반적으로 제2차 세계 대전 이후를 말한다.

　　　　　　　　　　　한류, 세계인을 사로잡다

상호이해의 도구로서의 콘텐츠

2022년에는 문재인 대통령에서 윤석열 대통령으로 정권이 바뀌었다. 한일관계 회복에 적극적으로 나서고 있는 윤석열 대통령의 취임은 호재로 작용할 수 있겠지만, 취임 후 그 입장이 바뀌는 경우도 종종 있으니 섣불리 판단하거나 무조건 기뻐할 상황은 아니다.

그러나 국제사회가 코로나 팬데믹과 우크라이나 문제로 인해 기존의 틀에서 벗어나고 있는 지금, 다시금 상호 이해를 바탕으로 한일관계가 재구성되기를 바라지 않을 수 없다. 언제까지나 '가깝고도 먼 이웃나라'로 남아있는 것은 너무 부자연스러운 일이다.

그 상호 이해를 위한 중요한 도구가 콘텐츠를 비롯한 대중문화다. 말하자면 민간 차원의 상호 이해가 깊어진다는 것인데, 정치적인 차원과는 다른 차원에서 서로의 관심을 불러일으킬 수 있다면 그 의미는 클 것이다.

물론 한국과 일본 모두 각자의 해석에 따라 역사 문제에 대한 이해의 차이가 뿌리 깊게 존재하고 있어 쉽게 관계가 회복될 수는 없겠지만, 민간 차원의 상호 이해를 촉진하는 것으로 시간을 들여 조심스럽게 관계를 회복할 수 있다면 좋을 것이다.

이번 장에서는 드라마에서 그려지는 주제를 중심으로 한국과 일본의 문화적 차이에 대해 알아보자.

2. 일본 드라마에는 없는 것

일본보다 가족드라마[2]의 인기가 높은 한국

한국 드라마에서 특징적으로 자주 그려지는 것은 가족, 빈부격차, 학벌사회, 부정부패, 은폐, 이웃 나라와의 긴장감 등이다.

가족 문제는 핵가족화된 일본에서도 자주 그려지긴 하지만, 한국 쪽이 더 강하게 그려지는 것 같다.

일본 가족드라마의 대표작으로 1990년부터 2011년까지 방영된 하시다 스가코橋田壽賀子 각본의 〈세상살이 원수천지渡る世間は鬼ばかり〉(TBS)를 꼽는 경우가 많지만, 사실 가족드라마의 전성기는 1960년대부터 1970년대에 걸친 기간으로 〈일곱 명의 손주七人の孫〉[3](TBS, 1964~1966년), 〈지금 11명ただいま11人〉[4] (TBS, 1964~1967년), 〈대장부 엄마肝っ玉かあさん〉(TBS, 1968년), 〈고마워ありがとう〉(TBS, 1970~1975년) 등이 높은 시청률을 기록하였다.

구제 데루히코久世光彦가 연출한 〈시간 됐어요時間ですよ〉(TBS, 1970년, 이후 수차례 시리즈화), 〈데라우치 간타로 일가寺内貫太郎一家〉(TBS, 1974~1975년) 등도 가족 드라마의 범주에 속하는 작품이다.

그러나 고도 경제성장과 오일쇼크를 거치면서 가족의 모습에 변화가 생겼다. 대가족 제도는 붕괴하고 핵가족으로 대체되면서 가족은 물론 친족 간의 관계도 약해졌다. 그리하여 가족관계는 더 이상 크게 묘사되지 않게 되

---

2   (옮긴이) 원저는 홈드라마로 표기. 일반 가정에서 일어나는 일상사를 소재로 제작된 드라마를 말한다.

3   (옮긴이) 공식 한국 제목 없음. 《키키 키린의 말》(고레에다 히로카즈/이지수, 2021)에서 인용. 이하 〈대장부 엄마〉, 〈고마워〉, 〈시간 됐어요〉, 〈데라우치 간타로 일가〉 등도 동일하다.

4   (옮긴이) 공식 한국 제목 없음. 「한류가 일본사회에 미친 영향연구: 〈겨울연가〉를 중심으로(小峰直保子, 2007)」에서 인용하였다.

었고, 1980년대 후반부터 버블경제 시기를 배경으로 젊은이들의 모습을 그린 트렌디 드라마[5]의 시대가 도래하게 된다.

반면 한국에서는 1980년대 이후 근대화가 빠르게 진행되면서 경제가 비약적으로 발전했다. 현재의 한류 드라마의 흐름이 형성된 것은 1990년대부터라고 할 수 있다. 일본과 마찬가지로 트렌디 드라마가 하나의 흐름을 형성했지만, 그 와중에도 가족드라마가 명맥을 유지한 것은 급격한 성장의 그늘에서 각종 사회문제가 빈번하게 발생하고, 정국의 불안정성이 드러나면서 기존의 가족관계에도 변화가 나타났으며, 그에 대한 반발로 시청자들이 가족드라마로 옮겨갔기 때문이라는 해석이다.

그리고 1990년대 후반에는 아시아 외환위기로 촉발된 IMF 사태로 인해 고용이 불안해지고 붕괴되는 가정이 속출하면서 역시 도피처로서 가족드라마가 인기를 얻었다. 물론 이러한 배경에는 한국인의 유교적 사상이 있다는 것도 부정할 수 없다. 일본에서는 유명무실해진 가족드라마가 한국에서는 여전히 하나의 장르로서 존재하며, 다른 장르의 드라마에서도 특히 가족애가 강조되어 표현되는 경우가 많다.

이처럼 가족애는 한국 드라마의 특징 중 하나이며, 빈부격차를 다루는 경우에도 가족애는 강조된다. 영화 〈기생충〉이 그 전형적인 예일 것이다.

한류 드라마로 보는 한국의 사회 양극화

IMF에 따르면, 2018년 일본 1인당 GDP(2017년 물가수준으로 본 구매력 평가액)는 한국에 추월당했고, 이후에도 그 격차는 확대되고 있다(그림 16).

5　(옮긴이) 주로 1980년대 후반부터 1990년대 전반에 걸쳐 일본의 거품 경제 시대에 제작된 TV 드라마로 도시에 사는 남녀의 사랑과 트렌드를 그린 현대 드라마이다.

[그림 16] 한국과 일본의 1인당 GDP 동향(물가수준으로 본 구매력 평가)

(단위: 달러)

구분	2018	2019	2020	2021	2022(예상)
일본	41,722.89	41,936.73	40,048.32	41,507.42	42,730.63
한국	41,993.05	42,764.60	42,297.76	43,780.33	44,981.52

* 출처: International Monetary Fund, World Economic Outlook Database April 2021

　당초 2020년대에 한국이 추월할 것으로 예측하는 기관이나 전문가들이 많았지만, 실제로는 그보다 더 빨리 추월당했다.

　한국은 눈부신 경제성장을 하여 1990년 8353달러였던 한국의 1인당 GDP는 지난 30년간 5배 이상 증가했다. 반면 일본의 1인당 GDP는 2000년 세계 2위(명목)였으나 2021년에는 27위까지 떨어졌다. 일본의 1인당 GDP는 2007년까지는 OECD 평균을 웃돌았으나, 2008년 이후 12년 동안이나 평균을 밑도는 상태다.

　물론 통계 방식에 따라 한일 양국의 1인당 GDP가 아직 역전되지 않았다고 보는 시각도 있지만, 어느 쪽이든 몇 년 안에는 역전될 것으로 예측된다.

　IMF가 발표한 2021년 세계 각국의 GDP는 1위 미국, 2위 중국, 3위 일본인데, 일본은 이미 미국의 약 4분의 1 이하, 중국의 약 3분의 1 이하 수준이다. 한국은 10위로 일본의 3분의 1을 넘어섰다. 어느 쪽이든 일본 경제가 쇠퇴하고 있는 것은 틀림없으며, 앞으로도 지위의 하락이 예상된다.

　위와 같이 한국의 경제발전은 일본을 능가하는 추세지만, 빈부격차가 크다는 문제가 있으며, 그 모습이 한류 드라마에도 반영되어 있다. 또한 거기에 학벌사회가 적나라하게 반영되기도 하며, 지역 간의 격차도 그 모습을 보인다.

　　　　　　　　　　　　　　　　　　한류, 세계인을 사로잡다

영화 〈기생충〉은 한국 사회의 양극화를 잘 그려낸 작품 중 하나이다. 영화에는 반지하 집에 사는 가난한 주인공 가족과 고지대의 호화로운 저택에 사는 한 가족의 대비되는 모습이 잘 그려져 있다.

2016년 방송된 〈상류사회〉(SBS)는 국내 굴지의 재벌가의 막내딸이 사회 경험을 위해 백화점 식품코너에서 아르바이트를 하는 것으로 시작하는데, 강남구 역삼동에 위치한 라움아트센터가 그녀가 사는 호화주택으로 사용되었다. 이에 반해 그녀의 친구는 '옥탑방'이라 불리는 옥상의 작은 방에 살고 있다는 설정이었다. '옥탑방'이란 집주인이 임대를 늘리기 위해 옥상에 증축한 방으로, 추울 때와 더울 때의 기온차가 심해 주거환경으로는 좋지 않다.

이처럼 한류 드라마에서는 각자의 주택이 빈부격차의 상징으로 등장하는 경우가 많다.

개인적으로 기억에 남는 것은 〈나의 아저씨〉에서 아이유가 연기하는 여주인공의 집이다. 여주인공이 사채빚을 지고 할머니와 함께 살고 있다는 설정인데, 로케이션 장소는 인천의 빈민층이 사는 '달동네' 지역이다_{(p. 115 지도 참조).} '달동네'란 빈민층이 사는 구역을 부르는 말로 어느 도시에나 존재하지만, 최근에는 재개발로 인해 자취를 감추는 경우도 많다고 한다.

드라마에 선명하게 반영된 학벌사회

2018~2019년 방영된 〈SKY 캐슬〉도 높은 시청률을 기록하며 화제가 된 작품인데, 대학병원 관계자만 입주할 수 있는 고급 주택가에 사는 상류층 자녀들의 진학에 얽힌 인간관계를 그린 작품이다.

제목에 나오는 'SKY'는 서울대학교, 고려대학교, 연세대학교의 영문 앞머리글자로, 한국에서는 이 세 대학을 졸업하지 않으면 좋은 조건의 취업자리는 찾기 힘들다는 말도 있다.

유네스코 조사에 따르면 한국의 대학 진학률(전문대 포함)은 98.45%(2019년), 같은 조사에서 일본은 64.10%(2018년)로 큰 차이를 보인다. 한국의 고학력 사회는 이전부터 주목받아 왔지만, 이로 인해 대학 간 격차도 발생해 'SKY'로 대표되는 최상위권 학교를 향한 치열한 입시 전쟁이 벌어지고 있다. 또한, 서울 대학의 우위도 있어 지방도시의 대학은 취업뿐만 아니라 취업 후에도 불리한 것으로 알려져 있다.

이토록 높은 대학 진학률을 자랑하는 한국에서 격차가 발생하고 있다. 즉, 계층의 피라미드 사회가 형성되어 있다고 할 수 있다.

한국의 고등학교는 8교시까지 수업 후 보충수업이 있는 것이 일반적이며, 방과 후라는 것이 없고, 동아리 활동이 없는 고등학교가 대부분이다. 예를 들어 일본에서는 야구부가 있는 약 3900개의 고등학교가 일본고교야구연맹高野連에 가입되어 있지만, 한국에서 야구부가 있는 고등학교는 약 80개교에 불과하다. 부원 수 역시 일본은 약 13만 8000명인데 반해, 한국은 3200명 정도라고 한다.

드라마 〈스물다섯 스물하나〉의 여주인공은 고등학교 펜싱부에 소속되어 있는데, 아마 대한민국 전체 고등학생으로 보면 흔치 않은 일일 것이다. 드라마에서 그녀는 일부 수업을 면제받는다. 스포츠에서 좋은 성적이 기대되는 고등학생은 그런 특혜를 받는 것으로 보인다. 하지만 대부분의 한국 고등학생들은 고등학교 시절을 모두 입시 준비로 보낸다.

OECD에 따르면 2018년 한국의 상대적 빈곤율(소득이 중위소득의 절반 미만인 사람의 비율)은 16.7%로 42개국 중 4번째로 높은 수준이었다. 특히 고령층의 빈곤율이 높은 것이 특징인데, 17세 이하가 12.3%인 반면 고령층은 43.4%

한류, 세계인을 사로잡다

에 달한다. 다만 일본의 상대적 빈곤율도 12위인 15.7%로 수치상으로는 한국과 큰 차이가 없다.

프랑스 경제학자 토마 피케티 등이 운영하는 '세계불평등연구소'에 따르면, 2021년 한국에서는 상위 1% 부유층 소득이 국민 전체 소득에서 차지하는 비중이 14.7%, 상위 10% 부유층은 전체의 46.5%를 차지한다. 양극화가 상당히 심한 사회라 할 수 있다. 한국에서 격차가 발생하는 원인은 대기업과 중소기업, 비정규직 노동자의 임금 격차가 확대되고 있기 때문이다.

한국 고용노동부 조사에 따르면 대기업 대비 중소기업의 임금 수준은 2000년 65.0%였던 것이 2021년에는 54.5%로 낮아졌다. 또한 정규직 대비 비정규직의 임금 비율은 2021년에는 53.0%로 여전히 큰 격차가 발생하고 있다. 하지만, 격차 사회는 한국뿐만 아니라 일본에서도 마찬가지로 문제가 되고 있다. 빈곤 문제가 뉴스의 주제가 되는 일도 자주 있다. 그렇지만 일본 드라마는 여전히 중산층 중심의 드라마가 많은 것 같고, 일본인들은 이런 상황에 둔감해진 것으로 보인다. 경제 지표를 보면 정체라기보다는 하강곡선을 그리고 있는 것이 분명하지만 그것을 심각하게 받아들이지 않는 것 같다. 한국에서는 정치적인 것을 포함해 시위가 자주 일어나며, 이는 국민성의 차이로 보인다. 이에 반해 일본인 대부분은 그저 침묵하는 것이 당연한 일이 되어 버렸다.

드라마에서 사회정의를 추구

최근 몇 년간 한국에서 시청자들의 인기를 얻고 있는 장르는 범죄를 쫓는 수사극이나 권력의 부정, 부패, 은폐를 파헤치는 사회파 등 미스터리 서스펜스를 꼽을 수 있다. 한국에서 특화된 '장르물'이라 불리는 드라마가 많이 제작되기 시작한 것은 2016년 tvN에서 방영된 〈시그널〉부터라고 할 수 있는데, 하나의 무전기를 통해 시공간을 초월해 연결된 두 형사가 미제 사건 해결에 도전하는 이야기로, 이 작품은 일본에서도 리메이크되어 큰 인기를 끌었다.

2017년 OCN에서 방영된 〈보이스〉는 한 명의 보이스 프로파일러를 중심으로 사건을 풀어가는 형사들의 이야기로, 2021년 시즌 4까지 제작될 정도로 히트작이었다. 이 작품 역시 일본에서 리메이크됐다.

또한 2017년 tvN 〈비밀의 숲〉은 검사와 형사가 검찰과 경찰 내부의 비리를 파헤치기 위해 권력에 맞서는 이야기인데, 이 역시 2020년 시즌 2가 제작될 정도로 인기작이었다.

이들은 로맨스나 로맨틱 코미디와는 전혀 다른 내용이지만, 모두 한류 드라마의 인기 장르로 자리 잡고 있다.

일본에도 이런 주제의 작품이 많지만, 한국에서 많은 시청자의 공감을 얻는 것은 현실 사회에서도 '어둠'이 드러나고 있기 때문일 것이다. 다만 한국 드라마는 정교하고 치밀한 대본과 예술성 높은 영상미, 화려한 캐스팅 등 영화 못지않은 높은 퀄리티를 자랑한다. 이 점에서는 같은 장르의 일본 드라마가 다소 뒤처지는 것 같다는 생각이 든다.

일본에는 없는 현실적인 군사드라마

또한 이웃 국가인 북한과의 긴장 관계가 주제로 그려지는 경우도 많다. 분단국가인 한국의 특성 때문일 것이다. 한국에서는 이른바 '햇볕정책'을 통해 북한에 대해 화합하려는 노력을 보이기도 했지만, 여전히 긴장 상태임에는 변함이 없다. 그 점을 상징하는 것이 판문점이다.

2016년 KBS2에서 방영된 〈태양의 후예〉에서는 초반에 북한군과 한국군의 물밑 대치가 그려졌고, 〈사랑의 불시착〉은 한국 재벌가 딸인 윤세리와 북한 군인의 사랑 이야기였다. 과거 히트작 영화 〈쉬리〉도 같은 주제였다.

정권은 바뀌지만 한국과 북한은 여전히 긴장 관계에 있다. 일본에서는 현실감이 느껴지지 않을 수도 있지만, 실제로 북한에서 40㎞ 정도 떨어진 한국 서울 시내의 지하상가, 지하철, 지하주차장, 터널 등 약 4000곳이 대피소로 지정되어 있으며, 전국적으로 약 3만 개의 대피소가 있는 것으로 알려져 있다. 대피소에는 약 50m 간격으로 손전등이 설치되어 있고, 방독면과 방호복 등도 준비되어 있다.

생각해보면 한국과 북한은 휴전 중일 뿐, 여전히 전쟁 중인 상태이다. 최근에는 긴장감이 다소 완화되어 매월 실시하던 방공-민방위 훈련은 현재 서울에서는 1년에 한 번 15분씩 실시하고 있으며, 그 2~3일 전에는 주요 도로변에 '민방위의 날'을 알리는 깃발이 내걸린다고 한다.

일본에서 피난훈련이라고 하면 지진 등 재난에 대비한다는 인식이 더 강하다. 사실 일본도 지정학적으로 북한뿐만 아니라 주변에 중국, 러시아 등 강대국들이 있어 정치적으로나 안보적으로 어려운 위치에 있지만, 한국만큼의 현실감은 없다.

서울 시내에서는 군복을 입은 군인을 볼 수 있지만, 도쿄에서는 거의 볼 수 없다. 한국 이외의 나라에서도 종종 도심에서 군인을 볼 수 있지만, 일본에서는 요코스카 등 특정 도시나 자위대 기지 인근을 제외하고는 거의 볼 기회가 없다.

한국에서는 군대 자체도 드라마에 자주 등장하는데, 정해인 주연의 〈D.P.〉가 그 대표작이다. 한국은 징병제가 있기 때문에 생활의 연장선상에 군대가 있다고 볼 수 있다. 기본적으로 남성은 만 18세 이상이면 징병검사 대상자가 되고, 19세에 병역판정검사를 받는다. 대부분 대학생들은 대학 1학년을 마치고 2학년이 되기 전에 휴학하고 병역의무를 이행하는데, 한 해에 약 40만 명이 징병검사를 받고 그중 약 35만 명이 병역의무를 이행한다. 입대하면 육군, 해군, 공군, 해병대로 나뉘어 배치된다. 육군과 해병대는 18개월, 해군은 20개월, 공군은 21개월의 복무 기간이 정해져 있다.

다만 최근에는 방탄소년단 멤버들의 병역 면제 등 논의도 활발하게 이뤄지고 있다.[6] 또한 종교적 거부도 늘고 있고, 징집을 거부하면 형량이 발생하는데 이를 선택하는 젊은이들도 적지 않다. 국회에서도 징병제에서 모병제로 전환하자는 논의가 이뤄지고 있지만, 한국도 저출산 사회이기 때문에 현실적으로 쉽지 않을 수도 있다.

3. 엔터테인먼트 속의 감동

이야기를 소비하는 시대

엔터테인먼트 산업은 다른 말로 하면 '감동 산업'이라고 할 수 있다. 유발 하라리의 《사피엔스》(김영사, 2011)[7]는 일본에서도 번역본이 출간되어 큰 주목을 받았는데, 거기서 이야기된 한 가지 논점으로 사피엔스는 픽션을 만들어내고 그것을 모두가 공유하며 힘을 합치게 된다는 점이 강조되었다. 이야

---

6   (옮긴이) 실제는 2023년 말 현재 방탄소년단 멤버 전원이 입대하였다.

7   (옮긴이) 이스라엘의 역사학자 유발 하라리(Yuval Noah Harari)의 대표작으로 2011년 이스라엘에서 히브리어로 처음 출판되었으며 영문판은 2014년에 출판되었다. 영문판 제목은 《Sapiens: A Brief History of Humankind》.

한류, 세계인을 사로잡다

기를 만드는 행위도 여기에 기반하고 있으며, 한류 드라마나 일련의 콘텐츠 작품들도 소위 이야기성(性)을 동반하고 있다. 그리고 사람들은 그 이야기에 몰입하고, 공감하고, 감동하는 것이다.

콘텐츠는 비즈니스 측면에서는 '원소스 멀티미디어' 전략으로 고부가가치를 창출하지만 그중 이야기성을 빼놓을 수 없다.

오츠카 에이지大塚英志는《이야기 소비론: '빅쿠리맨'의 신화학物語消費論: 'ビックリマン の神話学》(新曜社, 1989)에서 만화, 애니메이션, 장난감 등의 상품에 나타나는 소비 형태는 상품 자체가 소비되는 것이 아니라, 그것들을 통해 그 배경이 되는 이야기가 소비되고 있다는 점을 지적한 바 있다.

이후 아즈마 히로키東浩紀는《동물화하는 포스트모던: 오타쿠를 통해 본 일본 사회動物化するポストモダン: オタクから見た日本社会》(講談社, 2001)[8]에서 '데이터베이스DB 소비'라는 개념[9]을 제시하며, 작가나 제작자가 의도한 이야기로부터 잡다한 정보들이 모여 있는 데이터베이스가 배경에 존재하는 방향으로 나아간다고 했다. 거기에는 엄밀한 계산은 없고, 소비자가 그것을 읽어내는 것에 특징이 있다고 한다.

1980년대에서 2000년대에 접어들면서 인터넷 보급 등으로 소비자의 다양화가 진행되며 2차 창작을 포함한 작은 이야기들이 무수히 생겨났고, 진짜와 가짜를 구분하기도 힘들어졌다. 현대에는 가짜 뉴스도 넘쳐나면서 유발 하라리의 말처럼 그야말로 픽션의 시대가 되었다. 한국인들의 기획이 옳

---

8 (옮긴이) 2007년 한국 정식 번역본 발간. 아즈마 히로키,《동물화하는 포스트모던: 오타쿠를 통해 본 일본 사회》(2007), 이은미 옮김, 문학동네.

9 (옮긴이) 일본의 평론가 아즈마 히로키가 제기한 개념으로, 이야기 그 자체가 아니라 그 구성 요소가 소비의 대상이 되는 콘텐츠의 수용 방법이다. 1990년대 후반 이후의 오타쿠 관련 콘텐츠가 수용되는 방법을 예로 들고 있다.

은 방향으로 보인다. 콘텐츠는 픽션의 산물이며, 사람들은 그 허구인 콘텐츠에서 진실을 발견한다. 바꿔 말하면, 그것이 감동이라 할 수 있다.

사람들이 잃어서는 안 되는 것이 감동이다. 그리고 그것을 공유함으로써 커뮤니티가 만들어진다. 콘텐츠의 효용은 그런 곳에 있다. 설령 그것이 데이터베이스 소비라 할지라도 어떠한 감동, 마음을 움직이는 무언가가 동반될 것임엔 틀림이 없다. 이 점에 주목해 마케팅 분야에서도 이야기 전략이 강조되었다. 원래는 물건이 아닌 이야기를 판매하는 것으로 독자화, 차별화를 꾀하는 것이지만, 최근에는 기업 브랜드를 구축하는 방법으로도 활용되고 있다.

우치다 카즈나리內田和成가 감수한《이야기 전략物語戦略》(日経BP, 2016)은 기업의 상징적 스토리를 중심으로 논의한 책인데, 여기서 제시하는 스토리는 ① 기업의 강점을 상징하는 것, ② 기업의 전략 방침에 부합하는 것, ③ 무심코 사람들에게 이야기하고 싶은 것 등이다. 이야기는 경쟁 전략이나 비즈니스 모델과 연계되어 고객, 직원을 비롯한 이해관계자들을 끌어당기는 힘을 가지고 있다고 한다.

또한 구스노키 겐楠木建은《히스토리가 되는 스토리 경영ストーリーとしての競争戦略—優れた戦略の条件》[10](東洋経済新報社, 2010)에서 우수한 경쟁전략은 논리적으로 무리가 없는 양질의 스토리로 이야기되어야 한다고 주장하며 구체적인 기업을 사례로 들어 설명하고 있으며, 그 스토리의 본질은 부분의 비합리성을 전체의 합리성으로 바꾸는 것이라고 말한다. 부분, 부분은 언뜻 보면 앞뒤가 맞지 않는 것 같지만, 전체로 놓고 보면 앞뒤가 맞는다는 이야기로 읽힌다.

---

10 (옮긴이) 구스노키 켄,《히스토리가 되는 스토리 경영(ストーリーとしての競争戦略: 優れた戦略の条件》(2012), 이용택 옮김, 자음과모음.

한류, 세계인을 사로잡다

이야기가 만들어내는 감동의 공유

앞서 언급한 바와 같이, 이야기는 그 본질을 뛰어넘는 형태로 마케팅의 세계에서도 활용되고 있다. 그야말로 이야기가 가진 힘이라고 할 수 있겠다. 그런 의미에서 보면 한국은 그 이야기의 힘을 키우려는 것으로 보인다. 필자 혼자만의 생각일 수도 있지만, 동서고금을 막론하고 이야기를 가진 나라는 강하다. 그것은 끊임없이 사람들 마음의 안식처가 되기 때문이다. 그 근원이 감동이다. 감동으로 인한 마음의 움직임은 사람으로 하여금 무언가를 발견하고 성장하게 한다. 그리고 그 부가가치로서 다른 사람과 감동의 공유가 가능해진다. 이 또한 이야기의 힘이다. 예를 들어 지역에 따라 해당 지역 특유의 이야기를 가지고 있는 곳이 많다. 또한 그 지역 출신 유명인의 이야기를 공유함으로써 정신적 기반을 형성하고 있는 곳도 적지 않다. 미야자와 겐지宮沢賢治의 고향인 이와테현 하나마키시花巻市 등이 대표적인 예로,《비에도 지지 않고雨ニモ負ケズ》라는 시가 시민들의 마음속에 자리 잡고 있다. 전국적으로도 그 지역의 예전 사람들을 찾아내고 홍보하는 곳이 늘어나고 있는데, 이런 것도 이야기 공유에 힘을 더하고 있다. 하지만, 세월 속에서 만들어진 허구도 포함되어 있다는 것을 이해하면서 진행할 필요가 있다고 생각한다.

4. 지금, 일본은 한국에서 무엇을 배워야 하는가?

플랫폼을 지배하는 자가 세계를 지배한다

지금까지 살펴본 바와 같이 한국의 콘텐츠 전략은 이야기를 생산함과 동시에 플랫폼 구축을 목표로 하는 것으로 보인다. 그것도 세계적인 수준에서 이루어진다. K-POP과 한류 드라마는 콘텐츠 그 자체로 세계적인 인지도를 얻고 있다.

일본무역진흥기구JETRO가 2022년 3월에 발표한 보고서「플랫폼 시대의 한국 콘텐츠산업 진흥 정책 및 사례 조사」는 제목부터가 정곡을 찌른다고 할 수 있다. 이 보고서에서는 "디지털 미디어 발전방안의 비전이 '혁신성장을 견인하는 디지털 미디어 강국'이며, 한국 정부는 2022년까지 '한국 미디어 시장 규모를 10조 원으로 확대', '콘텐츠 수출액 134.2억 달러 증가', '글로벌 플랫폼 기업 최소 5개사 설립'을 목표로 한국 미디어 산업을 지원하기로 했다"고 밝히고 있으며, 한국 미디어 산업의 발전을 위해 글로벌 플랫폼인 넷플릭스의 한국 콘텐츠 투자에 대한 긍정적인 면과 부정적인 면에 대해서도 언급하고 있다.

넷플릭스와 같은 글로벌 플랫폼을 통해 한류 드라마의 해외 시장 인지도가 높아지고 또 확대되어 제작사의 수익성 개선과 글로벌 경쟁력 상승을 기대할 수 있는 긍정적인 측면이 있는가 하면, 콘텐츠의 저작권이 종속되어 주도권을 가질 수 없다는 부정적인 측면도 있다. 하지만 대규모 제작비를 글로벌 플랫폼이 부담해 준다는 측면도 무시할 수 없다.

예전부터 콘텐츠산업은 유통망을 장악하는 쪽이 우위를 점한다고 알려져 왔다. 방송국을 일종의 유통수단으로 볼 수도 있고, 음악산업에서도 기존에는 도소매 유통망을 확보하는 것이 중요했다. 디지털화된 이후에도 아이튠즈 스토어부터 현재의 스포티파이, 애플뮤직 등의 스트리밍 서비스도 마찬가지다. 동영상 공유 사이트로는 유튜브, 틱톡, 그리고 동영상 스트리밍으로는 넷플릭스, 아마존 프라임 비디오, 디즈니 플러스 등이 글로벌 시장에서 각축을 벌이고 있다.

한류, 세계인을 사로잡다

OTT에 대한 국가적 지원 체계: 한국의 경우

앞서 언급한 보고서에서 "한국 내 OTT 시장 규모는 2012년 1085억 원에 불과했지만 연평균 28%의 성장을 거듭해 2020년 7,801억 원 규모로 7배 이상 성장했다. 넷플릭스 등 글로벌 OTT의 한국 시장 확대에 맞서 국내 기업들도 방송사별, 통신사별, 제작기획사별 등으로 연합하여 OTT 서비스를 제공하기 시작했지만, 한국의 OTT는 업종별로 나뉘어 있어 OTT 서비스별로 인기 콘텐츠가 분산되어 경쟁력이 떨어진다는 지적이 있다"라고 언급하고 있다.

즉, 한국은 아직 탐색기에 있다고 볼 수 있다. 일본에서는 2007년 시작한 갸오넥스트(현. U-NEXT)[11]가 앞서 있고, 니혼TV日本テレビ와 합작한 Hulu,[12] 주요 방송사 공동 출자사인 TVer,[13] 사이버에이전트サイバーエージェント[14]와 TV아사히テレビ朝日가 공동 출자한 ABEMA[15] 등이 있지만, 아직 글로벌 진출은 이뤄지지 않고 있다. 일본에서는 음악도 영상도 패키지가 여전히 강하기 때문에 OTT로의 전환이 쉽지 않지만, OTT로의 전환은 시대적 흐름이기 때문에 민관합동으로 노력하는 것이 필요하다.

한국에서도 OTT에 대한 국가적 지원 체계가 마련되고 있는데, 2021년

---

11 (옮긴이) 'USEN-NEXT HOLDINGS'가 운영하는 일본의 OTT서비스. 2023년 6월 시점 유료회원수 385만 명으로 일본 OTT 서비스로는 최대 규모이다.

12 (옮긴이) 미국의 OTT 서비스. 디즈니의 자회사로 미국과 일본에서만 서비스 중이다.

13 (옮긴이) 니혼TV(日本テレビ) 등 도쿄 소재 주요 민영방송국 5개사와 지방방송국들의 공동 출자로 탄생한 OTT 서비스. 일본 내 대부분의 방송에 대한 무료 다시보기 서비스를 제공한다.

14 (옮긴이) '아메바 블로그'로 유명한 일본의 IT 대기업으로 인터넷 광고, 미디어, 게임, 투자 육성 사업 등을 운영하고 있다.

15 (옮긴이) 일본의 동영상 스트리밍 플랫폼으로 광고시청으로 무료 이용이 가능하며 일부 서비스와 콘텐츠는 유료 구독자만 이용 가능하다.

OTT 특화 콘텐츠 제작 지원 사업을 신설하여 드라마와 예능, 다큐멘터리 분야에 15억 원 규모의 지원 사업을 진행했다고 한다. 또한, 문화체육관광부와 한국콘텐츠진흥원은 사업자 간 매칭을 위한 상담회도 적극적으로 개최하며, 크라우드 펀딩과 앞서 언급한 메타버스 플랫폼 구축, 메타버스에 대응할 수 있는 인재 양성 지원도 하고 있다. 그 외에도 NFT와 게임도 그 범주에 포함되어 일본보다 앞서 있다.

이 같은 흐름의 배경에는 최근 몇 년간 한국 콘텐츠가 해외 시장에서 거둔 성공이 있을 것이다. 해외에서 통하는 콘텐츠 작품을 배출하고 있다는 것이 비즈니스 측면에서 큰 자신감이 되는 것이다. 한국 경제도 전반적으로 문제점이 많지만, 성장하는 분야는 더욱 성장시킨다는 '선택과 집중'의 전략이 살아 있는 듯하다.

그동안 일본의 콘텐츠가 아시아에서 우위를 점하고 있었고 그것은 대중문화에서도 마찬가지였다. 그러나 일본은 애니메이션 등으로 세계적인 히트작을 만들어내는 데는 성공했지만, 콘텐츠 전반을 놓고 보면 한국과는 상황 자체가 다르다. 이는 콘텐츠산업의 시스템이 다르다는 뜻이기도 하다. 일본은 아직 전통적인 시스템에서 벗어나지 못하고 글로벌화에 잘 적응하지 못하고 있다.

해당 영역에서 이미 한국이 앞서가고 있다면 하나의 벤치마킹 대상으로서 더 많이 배워야 할 것이다. 필자는 일본 콘텐츠의 가능성을 부정하는 것이 아니라 그 잠재적 우위를 인정하기 때문에 다른 나라로부터 배우는 것이 중요하다고 생각한다.

한류, 세계인을 사로잡다

5. 일본 드라마가 잊고 있던 디테일에 대한 고집

다양한 로케이션이 드라마의 치밀함을 만든다

대체 언제부터 한류 드라마가 이렇게 정교해졌을까. 넷플릭스와의 협업으로 제작비가 풍부해진 것도 있지만, 비교 대상인 일본 드라마가 1쿨[16] 9~11회 분량의 작품이 많아진 것과도 관련이 있을 것 같다.

일본에서는 기본적으로 1쿨이 13회이지만, 개편기에 특별 편성되는 프로그램 때문에 방송 횟수는 그보다 적다. 반면 한국 드라마는 일반적으로 16회가 기본이다. 이를 하나의 시리즈로 간주하고, 인기에 따라 속편도 제작된다.

실제로 그것이 직접적인 영향을 미쳤는지는 차치하고서라도, 영상 표현의 디테일에 대한 집착은 일본에 비할 수 없을 정도로 높은 수준이다. 예를 들어 일본 애니메이션에서는 신카이 마코토의 작품이 섬세한 표현으로 높은 평가를 받고 있는데, 한국 드라마도 이러한 방향성을 가진 작품이 많다.

그중 하나는 드라마 시리즈의 로케이션이 많다는 것이다. 로케이션이 많다는 것은 그만큼 큰 노력이 필요하다는 뜻이다. 당연히 예산과 스태프 수도 많아진다. 그 섬세함이 한류 드라마의 질적 수준을 담보하고 있다고도 할 수 있다. 앞서 말했듯이 그것이 촬영지 관광의 활성화로 이어진 것으로 보인다.

또한 장면 하나하나에도 섬세한 연출이 엿보인다. 특히 비나 밤 장면에서는 물웅덩이나 네온사인까지 세심한 연출이 보이며, 시적인 의미가 더해지는 경우도 자주 있어 마치 영화를 만드는 방식을 그대로 적용하고 있는 듯하다.

---

16 (옮긴이) 드라마나 애니메이션 등 연속 방송 프로그램의 방송 기간 단위. 프랑스어 'cours'의 일본식 표현이다.

카메오 출연이라는 팬서비스와 제작비 문제

캐스팅에서도 실력파 배우들이 곁을 든든히 지키며 주인공을 돋보이게 한다. 그리고 한류 드라마의 단골 메뉴인 카메오 출연도 드라마 팬들의 즐거움이다. 주연급 배우가 한 장면만 자연스럽게 출연하는 것은 한류 드라마의 단골 메뉴. 예를 들어 〈이태원 클라쓰〉의 박보검, 〈청춘기록〉의 박서준의 카메오 출연이 떠오른다.

시대 흐름의 영향도 있겠지만, 그에 비해 일본 드라마는 제작비 절감에 골머리를 앓고 있다. 한류 드라마에서는 시나리오에 맞춰 해외 로케이션도 자주 이루어지고 있지만 현재 일본에서는 상당히 어려운 일이다. 출연진의 스케줄을 장기간 확보해야 하며, 때로는 해외 스태프를 써야 하는 경우도 있다.

예산이 넉넉하다는 것은 제작 측의 큰 장점이 된다. 그렇게 생각하면 일본의 현 상황에서는 쉽지 않을 것이다. 국가의 지원, 넷플릭스와 같은 유통 플랫폼과의 비즈니스 구축 등의 방법이 있을 수 있지만 아직 뚜렷한 비전은 보이지 않는다.

6. 관광지로서 도시의 매력을 강조

일본의 필름커미션 문제

앞서 말했듯이 세밀하고 세심하게 표현하는 것은 도시의 매력을 강조하는 것과도 연결된다. 이는 결코 리얼리티만을 강조하는 것이 아니라 연출된 영상미라는 의미다. 때로는 서울이 도쿄에 비해 도시가 정돈되지 않았다는 인상이 있기도 한데, 이런 점은 일본이 우위에 있다.[17]

---

17 (옮긴이) 저자의 주관적인 의견이다.

하지만 영상을 통해 도시를 매력적으로 보여주는 방법은 여러 가지가 있다. 드라마는 어디까지나 픽션이다. 연출의 묘미에 따라 실제보다 그 도시를 더 매력적으로 보일 수 있다. 관광 인구를 늘리기 위해서는 그 지역의 매력을 미디어와 콘텐츠를 통해 어떻게 강조할 수 있는지가 중요해진 시대다. 그리고 거기서 발산된 매력이 사람들을 관광으로 끌어들이는 것이다.

도시는 관광의 중요한 거점이다. 하지만 앞서 언급했듯이 도쿄를 비롯한 일본의 대도시는 로케이션이 어려운 점이 있어 이를 해소하기 위해 필름커미션이 탄생했다.

일본에서는 2000년에 설립된 오사카 로케이션 서비스 협의회가 그 시초라고 할 수 있는데, 이듬해 전국 필름커미션 연락 협의회가 설립되면서 전국적인 움직임으로 확산되었다. 현재는 조직이 변경되어 특정비영리활동 NPO 법인인 '재팬 필름커미션'으로 전환되었지만, 지역의 필름커미션은 지자체, 관광협회, 컨벤션협회, NPO, 일반 사단법인 등 그 조직 형태가 다양하다.

필름커미션은 영화 촬영지 유치 및 촬영 지원을 하는 공공기관으로, 그 목적은 영화 촬영지 유치를 통해 지역 활성화, 문화 진흥, 관광 활성화를 도모하는 것이며, 최근 촬영지 관광이 활발해지면서 필름커미션도 자연스럽게 주목받게 되었다고 할 수 있다.

그러나 일본은 로케이션 유치, 지원 중심의 성격이 강하고, 영국과 같은 투자적 성격은 거의 없다. 2008년에 영국에서 필름커미션을 조사한 적이 있는데, 재원도 명확하고 개별 로컬 필름커미션의 직원 수가 많다는 것에 놀랐다. 기본적으로 NPO의 형태를 띠고 있으며, 일본에 비해 조직적으로 체계가 잘 갖추어져 있는 것으로 보였다.

일본 영화 촬영지 관광의 현실

물론 일본 내 필름커미션의 앞으로의 활동에 주목해야겠지만, 넓은 의미에서 지역 영화에 있어 이 필름커미션의 설립이 큰 역할을 해온 사실도 중요하다. 예전부터 영화 촬영지 관광은 관광의 한 요소였지만, 1995년 〈러브레터〉(이와이 슌지 감독)부터 2004년 〈세상의 중심에서 사랑을 외치다〉(유키사다 이사오 감독)를 거치면서 본격적으로 팬들 사이에서 '성지순례'가 시작되었다. 전자는 홋카이도 오타루시小樽市에, 후자는 아지초庵治町(현. 가가와현香川県 다카마쓰시高松市)에 많은 관광객을 불러모은 것은 잘 알려진 사실이다.

그 외 대표적인 작품으로는 2004년 〈스윙걸즈〉(야구치 시노부 감독), 2006년 〈훌라걸스〉(이상일 감독), 2008년 〈굿 바이Good & Bye〉(다키타 요지로 감독) 등을 꼽을 수 있다. 모두 촬영지 관광으로 지역 활성화를 꾀한 사례로 알려져 있다. 각각 관광객 유치 측면에서 일정한 성과를 거두었지만, 도쿄 등지에서는 드라마 촬영을 포함해 촬영지 선정 및 촬영 허가가 까다로운 경우가 많다. 앞서 언급했듯이 2019년 도치기현栃木県 아시카가시足利市에 시부야 스크램블 교차로를 재현한 영화 촬영용 오픈 세트가 만들어졌다.

당초 3편의 영화 촬영이 끝나는 2019년 안에 철거할 예정이었지만, 이후 요청이 많아 유지하기로 결정됐다.

'재팬 필름커미션'의 「일본 국내 로케이션 촬영의 현황과 과제」(2017)에 따르면, 일본에서는 인허가 절차가 복잡하고 국가 차원에서 창구가 단일화되지 않았다는 점이 문제로 지적된다.

한편, 한국에는 영화진흥위원회라는 행정기관이 있는데, 2021년 11월 12일자 《연합뉴스》 보도에 따르면 한국 정부가 한국의 매력을 알리기 위해 K-POP을 비롯한 한류 콘텐츠를 적극적으로 활용한다고 한다.

앞서 언급했듯이 일본에서는 로케이션 관련 절차가 복잡하기 때문에 애니메이션이 도시 표현의 도구로 활용되고 있다는 시각도 많다. 이대로라면 도쿄가 애니메이션 속의 도시가 되고 말 것이라는 우려가 비단 필자만의 생각은 아닐 것이다.

7. 일본 콘텐츠산업은 글로벌 시장을 어떻게 받아들이고 있는가

과거 작품의 아카이브화가 급선무

글로벌 관점에서 보면, 2022년 〈오징어 게임〉이 에미상 6개 부문을 수상한 것 등에 비하면 일본은 한국에 비해 뒤처진다는 느낌을 지울 수 없다. 이러한 현상에 대해 일본도 어느 정도 위기감을 가져야 할 것이며, 한국에서는 인바운드 관광 전략에 있어 콘텐츠를 발판으로 삼고자 촬영지의 정비가 진행되고 있다는 점에 주목해야 할 것이다. 반대로 말하면, 일본 콘텐츠의 장점이 어디에 있는지 진지하게 논의할 기회가 왔다고 할 수 있다.

비즈니스 모델 구축에 있어서는 한국이 앞서 있다고 가정하면 당연히 그 방식을 배워야겠지만, 다시 한번 살펴보면 일본은 콘텐츠에 관해 오랜 역사를 갖고 있다는 강점이 있다. 필자가 이전에도 문화청이나 업계 단체에 건의한 적이 있는데, 해외 시장에 대한 인식은 부족하더라도 이 오랜 역사를 가진 콘텐츠의 아카이브를 활용할 수는 없는 것일까 하는 의구심이 든다.

교토의 국제만화박물관을 시작으로 애니메이션의 데이터베이스화가 시작된다고 들었다. 또한 현재 1980년대 시티팝이 해외에서 평가받고 있는 것도 하나의 참고사항이 될 수 있지 않을까 싶다. 아직 일본은 관광 대상으로서의 이점을 가지고 있기 때문에 이 우위가 사라지기 전에 어떻게든 각

콘텐츠 장르별로 아카이브화가 진행되기를 간절히 바란다.

아카이브는 대외적인 정보 제공에 도움이 될 것이며, 일본 국민들의 정체성 확립에도 도움이 될 것이 틀림없다.

2020년에 필자는 아이치현愛知県 현청県庁의 공청회 참가 기회가 있었는데, 아이치현에서 2022년 11월에 개장한 '지브리 파크'도 이러한 맥락과 관련이 있다고 볼 수 있다. 'TGS 2022'(도쿄게임쇼 2022)에서도 임시이기는 했지만, '게임 역사 박물관'의 전시가 있었다.

이처럼 몇몇 개별적인 움직임이 있긴 하지만 국가 차원의 노력과는 거리가 멀다. 공공이 개입하는 것에 대해서는 다양한 의견이 있겠지만, 콘텐츠를 단순한 소비재가 아닌 문화재로 본다면 그리 이상한 일이 아니다. 일본은 그동안 콘텐츠에 대해 소비재로 인식하는 것이 일반적이었다. 문화재를 대중문화라는 말로 바꿔봐도 좋을 것이다.

일본의 독창성을 어떻게 강조할 수 있느냐가 관건

콘텐츠는 아카이브로서 보존, 전시 등을 할 뿐 아니라 활용에 대한 방법도 제대로 논의해야 할 대상이다. 콘텐츠는 재화의 특성이 있는 일본의 재산이기 때문에 존중과 함께 새로운 시대에 활용할 필요도 있다고 생각한다. 히트한 작품이든, 그렇지 못한 작품이든, 지금까지 수많은 창작자들이 엄청난 노력으로 만들어 왔다는 것 또한 사실이기 때문이다. 그것이 일본 문화의 한 흐름을 형성해 왔다는 것은 부정할 수 없고, 더 자각해야 한다고 생각한다.

물론 활용에 관해서는 저작권에 관한 논의도 디지털 시대에 맞추어 반드시 이루어져야 한다. 이에 대해 '하츠네 미쿠' 사례처럼 2차 창작을 포함한 비즈니스 모델을 구축한 경우도 있지만, 이는 어디까지나 개별적인 경우이다. 한국은 이 부분을 포함해 국가가 관여하고 있다.

　하지만 해외에서 성공을 거듭하고 있는 한국을 단순히 모방해서는 안 된다. 일본 콘텐츠의 특징이나 비교 우위에 있는 것들에 주목하면서 독자적인 비즈니스 모델을 구축해야 한다. 일본은 해외의 문화를 현지화시키는 능력이 뛰어나다. 지금까지는 그 활용 범위가 국내에 국한되어 있었지만, 글로벌화에 따른 초국적 단위로 콘텐츠가 전 세계를 누비는 것이 당연시되는 시대다.

　물론 한국에서 배워야 할 점은 많다. 하지만 일본만의 독창성을 가진 콘텐츠를 계속 만들고, 이를 통해 매력적인 일본을 대외적으로 강조하는 것, 이것이 일본이 살아남을 수 있는 하나의 길일 것이다. 조금 과장되게 말하면 콘텐츠와 관광을 통한 국가발전이라고 할 수 있는데, 적어도 일본에는 그 기반이 분명히 존재한다고 믿는다.

제7장

일본 엔터테인먼트 업계에서 바라본 한국 드라마의 강점

일본 엔터테인먼트 업계에서 바라본 한국 드라마의 강점

1. 한류 5.0

한국 드라마를 필두로 영화, K-POP을 포함한 한국 엔터테인먼트 관련 콘텐츠의 집합, 일명 'K-콘텐츠'의 기세가 멈추지 않고 있다. 지난 10년간 한국에서 제작된 영상과 음악 콘텐츠의 상당수가 본고장인 미국 할리우드 작품을 능가하는 질적 수준과 완성도를 자랑한다.

일본 엔터테인먼트 업계 관계자들은 지난 몇 년간 K-콘텐츠의 약진에 놀라움을 넘어 두려움까지 느끼고 있다. 한국의 《중앙일보》는 한국 드라마로 인한 세계적인 1차 한류 붐을 '한류 1.0', K-POP을 계기로 한 2차 한류를 '한류 2.0', 그리고 한국 문화 전반에 대한 한류 확산을 '한류 3.0'이라고 정의한 바 있다.

이 표현을 그대로 차용한다면, 2018년부터 2022년까지 다시 한번 전 세계적인 유행을 기록한 한류 드라마와 K-POP의 흐름은 '한류 4.0'이다. 하지만 현재 이 한류 콘텐츠가 아시아뿐 아니라 할리우드까지 압도하는 기세로 성장하고, 나아가 세계를 주도하는 위치까지 도약하는 2023년 이후를 '한류 5.0'이라고 불러야 할 현상이 일어나고 있다.

일본에서 한류 드라마의 시초가 된 것은 2003~2004년 사이에 방영된 〈겨울연가〉였다. 그로부터 불과 20여 년 만에 한국 드라마의 질적 수준은 할리우드와 견주어도 결코 뒤지지 않게 높아졌다.

한류 드라마의 거침없는 성장세에 많은 일본 제작자들이 전의를 상실한 가운데, 금세기 안에 일본 드라마가 한류 드라마의 수준에 도달하는 것은 불가능하다고까지 말하는 방송인들도 적지 않다.

이런 글을 쓰면 당연히 "일본에는 세계에 자랑할 만한 애니메이션이 있고, 많은 원작을 보호하고 있으니 괜찮다"는 목소리가 나올 수 있다. 하지만 이 애니메이션 콘텐츠도 이미 붕괴된 상태이고, 애니메이션 종주국이라는 생각은 환상에 불과하다.

이제는 K-콘텐츠의 한 축을 담당하고 있는 한국의 디지털 만화, 웹툰(인터넷에 공개되는 스마트폰용 세로 스크롤 만화)이 눈부시게 진화하며 발전하고 있기 때문이다. 이에 따라 일본은 콘텐츠 개발력의 기획력과 속도감에서 10년 후, 아니 빠르면 5년 이내에 뒤처질 가능성을 배제할 수 없으며, 2028년에는 한국의 시장 규모가 3조 원에 달할 것이라는 전망도 나오고 있다.

한국콘텐츠진흥원이 발간한 「2021년 하반기 및 연간 콘텐츠산업 동향 분석 보고서」에 따르면, 한국 콘텐츠산업 시장 규모는 2020년 약 128조 원에서 2021년 약 136조 원(2022년 11월 기준)으로 전년 대비 6.3% 증가할 것으로 전망됐다. 한국 콘텐츠산업 매출에서 가장 큰 비중을 차지하는 분야는

한류, 세계인을 사로잡다

방송으로 22조 9,500억 원이며, 전년 대비 16.8%나 매출이 증가했다.

전 세계적으로 인기를 끌고 있는 한국 드라마는 한국 내에서도 특별한 수요를 창출하고 있다. 한국 드라마가 세계적으로 인정받으면서 원작이 된 소설과 만화, 그리고 게임 산업의 매출도 큰 폭의 성장세를 보였다. 만화 콘텐츠는 전년 대비 23.5%, 출판은 16.2%, 게임은 9.2%의 성장률을 기록했다. 방송, 게임 사업과 함께 출판 사업이 크게 성장한 것이다. 넷플릭스 등 스트리밍 미디어에서 한국 드라마가 연이어 세계 랭킹에 이름을 올리면서 세계적으로 통하는 '드라마 콘텐츠'로 인정받은 것이 영향을 미친 이유로 보인다. 나아가 미국, 영국, EU(유럽연합) 국가 등 엔터테인먼트 업계 프로듀서들이

[그림 17] 한국 콘텐츠산업 시장 규모

(단위: 조 원)

분야	2018년	2019년	2020년	2021년
출판	20.95	21.34	21.65	22.11
만화	1.18	1.34	1.53	1.89
음악	6.1	6.81	6.06	6.36
게임	14.3	15.58	18.89	20.62
영화	5.9	6.43	2.99	2.73
애니메이션	0.63	0.64	0.55	0.56
방송	19.76	20.84	21.96	22.95
광고	17.21	18.13	17.42	19.37
캐릭터	12.21	12.57	12.22	12.26
지식 정보	16.3	17.67	19.37	21.34
콘텐츠 솔루션	5.1	5.36	5.64	6.16
합계	119.64	126.71	128.29	136.36
전년비	105.70%	105.90%	101.20%	106.30%

* 출처: 한국콘텐츠진흥원 「2021년 하반기 및 연간 콘텐츠산업 동향 분석 보고서」

향후 드라마화를 염두에 두고 한국에서 출간된 소설과 만화의 원작권, 영화화 판권 등을 앞다퉈 사들이면서 출판업계의 매출이 성장하는 데 기여했다.

또한, 한류 드라마는 '콘텐츠가 재미있다=히트한다'라는 공식이 만들어지면서 전 세계 사람들이 '한국'이라는 나라에 대해 친근감을 갖고 문화적 배경을 더 자세히 알고자 하는 경향이 생겼다. 그 연장선상에서 역사서, 가이드북 등을 중심으로 매출이 증가했다. 신종 코로나바이러스가 확산되면서 해외여행 등이 제한된 가운데, 전 세계 한류 드라마 팬들은 가이드북을 손에 들고 드라마를 시청하고, 코로나 규제가 풀린 후 한국으로 건너와 드라마 촬영지 등을 방문하는 성지순례를 마음속으로 손꼽아 기다리고 있던 것이다. 신종 코로나가 진정되면서, 엄청난 수의 관광객이 한국을 찾을 것으로 기대되었고, 실제로 그런 현상이 일어나고 있다.

예전 〈겨울연가〉가 방영될 때 누가 지금의 한류 드라마의 성공을 예상할 수 있었을까. 한국이 엔터테인먼트 왕국이 되고, 엔터테인먼트 선진국이라 불리던 일본이 밀릴 거라고는 꿈에도 생각하지 못했을 것이다. 하지만 이는 현실이 되었다.

그렇다면 대체 어떻게 한류 드라마는 일본인뿐만 아니라 전 세계인을 이토록 매료시킨 것일까? 이번 장에서는 현직 방송인 나름의 분석을 시도해 보았다.

2. 한류 드라마의 성장기

먼저, 한국 엔터테인먼트 업계 일선에서 활약하는 업계 관계자들을 인터뷰하고, 보고서와 문헌 등을 찾아본 결과, 어렴풋이 드러난 성공 요인은 시청률 데이터에 기반한 치열한 경쟁사회(경쟁)와 시장지상주의(시장)라는 실상이

한류, 세계인을 사로잡다

었다. 이 한국 특유의 경쟁 이론이 결국 한국 엔터테인먼트계의 피가 되고 살이 되어 미국 할리우드를 능가할 정도로 성장하게 되었다.

엔터테인먼트 업계에서 경쟁 사회의 원천이 된 것은 리서치 회사 닐슨코리아를 필두로 데이터 마케팅을 앞세운 제작 방식이다. IT 선진국인 한국은 일본을 능가하는 데이터 마케팅이 정비되어 '시청률=실적'이라는 유일무이한 정의가 엔터테인먼트 업계를 지배하고 있다. 시청률은 절대적인 기준이자 부의 상징이며, 엔터테인먼트계의 계층구조를 형성하고 있다고 해도 과언이 아니기 때문이다. 애초에 한국 연예계에 경쟁 원리를 불러일으킨 것은 드라마 〈겨울연가〉의 상상 이상의 대성공이었다. 놀랍게도 당시 한국 연예계 관계자들은 한국이 본보기로 삼고 있는 일본에서 〈겨울연가〉가 대박을 터뜨린 것을 믿을 수 없었다고 한다. 왜냐하면 주연을 맡은 배용준은 한국에서는 이미 한물간 배우로 여겨졌기 때문이다. 그러나 일본에서 〈겨울연가〉로 촉발된 1차 한류 붐은 한국의 기준 연도 대비 GDP를 0.18%나 끌어올렸고, 방영권, DVD 등 대일 수출은 기준 연도 대비 6배인 3600만 달러까지 급증했다(JETRO,[1] 2004).

이에 배용준을 필두로 출연진과 제작진의 보수는 단숨에 10배 가까이 뛰었다. 요컨대 드라마가 성공하면 돈이 된다는 것을 한국인들은 피부로 느낀 것이다. 정부도 외화를 벌어들일 수 있다는 것을 알고 그 어느 때보다 국가 정책으로 지원하게 되었다. 한국 드라마는 'PCC', 즉 P(Place=방송국), C(Contents=드라마), C(Creator=제작자)라는 세 가지 요소로 구성되어 있다. 여기에 '경쟁'과 '시장'이라는 시장 원리가 작용하면서 한국 엔터테인먼트 업계는 선진국에

---

1 (옮긴이) 일본무역진흥기구(Japan External Trade Organization)로 한국의 대한무역투자진흥공사(KOTRA)에 해당한다.

서도 보기 드문 3개의 시기를 거치게 된다. '성장기(2006~2015년)'와 '파괴기(2016~2020년)', '안정기(2021년 이후)'가 바로 그것이다.

성장기인 2006년, 한국이 자랑하는 세계적인 엔터테인먼트 기업 CJ ENM은 남녀 20~40대 시청자층을 타깃으로 한 케이블 방송국 'tvNTotal Variety Network'을 개국한 데 이어 2011년에는 영화 전문 유료 케이블 방송 'OCN Orion Cinema Network'을 개국했다. 이 케이블TV 방송국의 탄생(정치 및 역사적 배경은 이전 장에서 언급했다)이 한국 엔터테인먼트 업계 드라마 제작의 질을 비약적으로 향상시켰다. 이 흐름을 타고 CJ그룹은 총 20개 채널을 보유한 국내 최대 방송사로 급성장한다.

2009년에는 이명박 전 대통령의 정책에 의해 규제완화의 일환으로 케이블TV 방송국이 속속 탄생했다. 신문사의 방송사 소유를 허용하는 미디어 개혁이 이뤄진 결과 《중앙일보》의 'JTBCJoongang Tongyang Broadcasting Company', 《동아일보》의 '채널A', 《조선일보》의 'TV조선', 《매일경제신문》의 '매일방송' 등 4개의 케이블 방송국이 각각 개국한다. 놀라운 점은 케이블 방송국임에도 불구하고 지상파 방송과 다를 바 없는 종합편성을 실시해 지상파 방송과 차이가 없었다는 점이다. 현재 한국의 케이블 방송국 보급률은 90% 이상에 달한다. 즉, 많은 가정이 지상파 방송국(KBS, MBC, SBS)에 케이블 방송국(tvN, OCN 등), 그리고 종합편성채널인 JTBC, 채널A, TV조선, 매일방송 등 총 100개 이상의 채널을 시청할 수 있는 환경에 놓여 있는 것이다. 게다가 인터넷 요금까지 포함해서 대부분 2만원 미만으로 가입할 수 있다는 점도 덧붙이고 싶다. 참고로 일본 국내 케이블TV 방송 보급률은 52.4%(총무성, 2021)에 불과하다.

한류, 세계인을 사로잡다

3. 일본에는 없는 다양한 드라마 장르

이러한 지상파 및 케이블TV의 다채널화는 한국 엔터테인먼트 업계에 일본, 미국 등에서도 보기 드문 치열한 시청자 확보 전쟁을 불러일으켰다. 같은 시기에 탄생한 것이 다양한 시청자층을 겨냥한 다채로운 드라마 장르와 콘텐츠였다.

2002년 〈겨울연가〉, 2003년 〈대장금〉 이후 한류 드라마는 로맨스를 필두로 코미디, 가족, 애증＆복수극, 청춘＆학원, 휴먼, 역사·시대극, 판타지＆SF, 서스펜스·미스터리 등 다양한 장르의 드라마가 제작되었다. 드라마의 배경도 식당, 경찰서, 패션계, 호텔, 병원, 방송국, 마피아, 법원, 연예계, 학교, 대학, 왕궁 등 이 세상에 존재했거나 상상했던 모든 것이 대상이라고 해도 과언이 아니다.

마찬가지로 직업도 형사, 의사, 변호사, 외과의사, 방송인이나 신문기자, 정치인, 커리어우먼, 여배우, 검사, 사무직 여성, 조폭, 사장, 아이돌, 요리사, 대학생, 검객 등 모든 것이 대상이다. 설정 및 주제도 불륜, 타임슬립, 유령과 뱀파이어에 좀비, 기억상실, 특수능력, 쌍둥이, 말기 암환자, 성형미인, 결혼, 임신, 배신, 연쇄살인사건, 부패 등 다양하다.

그전까지 한류 드라마의 기본 축은 '연애물=로맨스'가 중심이었다고 해도 과언이 아니다. 가장 큰 특징은 이야기 자체에 현실성이 거의 없다는 점이었다. 드라마의 주인공으로는 재벌가 자제나 믿기지 않을 정도로 엄청난 부자가 등장한다. 또 등장인물들은 불치병에 걸려 있거나, 기억상실증 등 말도 안 되는 설정이 붙어 있었다. 궁극적으로 한국의 삼국시대부터 고려, 조선시대에서 현대까지 과거와 미래를 넘나드는 타임슬립물 등 현실에서는 있을 수 없는 전개가 많았다. 하지만 등장인물들의 강렬한 캐릭터와 드라마의 묘한 속도감에 많은 시청자들이 '한류 드라마는 이런 스타일이다'라고 반쯤은 강제로 받아들이고 있었다.

게다가 드라마의 회차도 30~40회 내외였으며, 때로는 50회 이상도 드물지 않고, 한 회가 60분에서 90분으로 긴 데다가 광고가 들어가기 때문에 모니터 앞에서 꼼짝없이 지켜봐야 했다.

하지만 2006년 이후 많은 방송국이 생겨나면서 P(Place=방송국)뿐만 아니라 C(Contents=드라마)에도 큰 영향을 미치게 되었다. 드라마 장르는 더욱 세분화되었고, 주제와 설정도 큰 발전을 이루었다.

2010년대에도 속도감과 말도 안 되는 설정이 특징이었던 한국 드라마의 DNA는 '막장 드라마(비현실적이고 말도 안 되는 설정의 드라마)'라는 장르로 이어진다. 참고로 '막장'은 한국 속어로 '벼랑 끝', '막다른 길'이라는 뜻이다. 롤러코스터 같은 전개로 한번 드라마를 시청하면 마지막까지 다음 전개가 궁금해 견딜 수 없는 중독성이 있는 것이 특징이다.

하지만 '막장 드라마'보다 더 충격적이었던 것은 지금까지 한국 연예계에 없던 새로운 장르의 드라마가 탄생했다는 점이다. 그야말로 새로운 시대가 도래했다고 해도 과언이 아니다.

4. 드라마의 새로운 흐름

그 첫 번째는 한류 드라마의 단골 메뉴인 연애 장면이 하나도 등장하지 않았음에도 불구하고 히트를 기록한 드라마 〈미생〉(2014, 김원석 연출, 정윤정 각본)이다. 이전까지 한류 드라마의 정석은 '사랑에 빠진다' 하나로 단정 지었다고 해도 과언이 아니었다. 거꾸로 말하면, '연애=사랑'이라는 설정이 없는 드라마는 존재할 수 없었다고 해도 과언이 아니다. 하지만 드라마 〈미생〉의 제작진은 과감하게 드라마에서 로맨스 요소를 철저하게 배제했다. 당시 〈미생〉을 제작한 곳은 CJ ENM 산하 케이블 방송사 tvN이다.

이쯤에서 드라마의 내용에 대해 가볍게 짚고 넘어가자. 영업3팀 신입사원이자 바둑 천재였던 청년 장그래(임시완)는 7살 때 바둑을 접하고 10살에 한국기원에 연구생으로 입문한다. 프로기사가 되기 위해 10대의 모든 시간을 오로지 바둑에만 몰두했지만, 18세가 되던 해, 프로가 되기 위한 마지막 입단 시험에서 낙방했다. 게다가 아버지가 병으로 돌아가시고 어머니와 함께 감자탕 가게를 열었지만 8개월 만에 문을 닫게 된다. 생활은 어려워졌고, 어머니를 부양하기 위해 '장그래'는 어쩔 수 없이 일반 기업에 취직하기로 결심한다. 한국기원 시절 스승의 소개로 고졸 공채를 통해 종합상사의 인턴사원으로 채용된 것이다.

출근 첫날, 돌아가신 아버지의 큰 사이즈 정장을 입고 출근하지만, 배정받은 영업3팀 내에서 조롱을 당하고 곧바로 따돌림의 대상이 된다. 게다가 장그래의 상사이자 과장인 오상식(이성민)은 장그래가 인맥으로 입사한 인턴이라는 사실을 알고는 책임감 있는 업무를 주지 않는다. 하지만 장그래는 타고난 명랑함과 사람 좋은 성격으로 수많은 어려움을 극복해 나간다.

드라마의 최고 시청률은 7%였지만, 주인공 장그래가 겪는 학벌사회나 고용형태, 회사 상하관계, 부정부패, 여성차별, 연공서열, 성희롱, 갑질 등 직장인의 현실 묘사를 통해 한국 내에서 '직장인의 교과서'로 불리며 사회적으로 큰 반향을 불러일으켰다. 동명의 인기 웹툰을 드라마화한 것으로도 큰 주목을 받았다. 당시의 이야기가 다음과 같은 후일담으로 전해지고 있다. 웹툰 〈미생〉의 원작자인 윤태호 작가에게 지상파 방송국이나 다른 케이블 방송국에서 드라마화 제의가 여러 차례 들어왔다고 한다. 모든 방송국에서 영상화의 절대적인 조건으로 로맨스를 새롭게 추가할 것을 요구했지만 윤 작가는 이를 완강히 거부했다. 결국 그의 뜻을 받아들여 드라마 제작에 나선 것이 tvN의 김원석(드라마 〈시그널〉, 〈태양의 후예〉, 〈나의 아저씨〉 등의 연출과 각본 담당) 감독인데, 한국의 NHK로 불리는 KBS에서 tvN이 헤드헌팅한 PD였다.

여담이지만, 케이블 방송국들이 힘을 쏟은 것은 지상파 3사 못지않은 인적 자원 확보였다. 그중에서도 눈에 띄는 것은 tvN과 OCN, JTBC로, KBS에서 곽정환(드라마 〈도망자 Plan.B〉, 〈빠스껫 볼〉, 〈동네의 영웅〉, 〈THE K2〉의 PD), 신원호(드라마 〈응답하라 1997〉, 〈응답하라 1994〉, 〈응답하라 1988〉, 〈슬기로운 감빵생활〉, 〈슬기로운 의사생활〉의 연출 담당), 김석윤 (드라마 〈송곳〉, 〈이번 주, 아내가 바람을 핍니다〉의 PD) 등을 영입했다.

각 케이블 방송사들은 막대한 자금을 바탕으로 KBS에서 당시 연봉(1억 5000만~2억 원)의 2~3배를 제시하며 드라마계의 스타 프로듀서들을 영입해 방송계의 화제를 불러 모았다.

드라마 〈미생〉과 마찬가지로 이 성장기 시절에 히트해, 새로운 드라마의 시작을 알리며 한국 엔터테인먼트 업계에서 큰 주목을 받았던 드라마를 일부 소개하고자 한다. 당시 지상파 방송사들은 신흥 케이블 방송사에 절대 밀리지 않기 위해 총력을 기울여 새로운 형태의 드라마를 제작한다. 그중에서도 특히 화제를 모았던 것이 다음 세 작품이다.

드라마 제작에 절대적인 자신감을 갖고 있던 SBS가 내놓은 드라마 〈펀치〉(2014, 이명우 연출, 박경수 각본)가 바로 그 작품이다. 자신의 야망을 이루기 위해 부정도 마다하지 않고 일에 매진해온 대검찰청 수사 지휘과장 박정환 검사(김래원). 하지만 어느 날 갑자기 악성 뇌종양이 발견되고 6개월 시한부 선고를 받는다. 남은 짧은 생을 앞두고 지금까지의 삶을 진지하게 마주하

한류, 세계인을 사로잡다

고, 불의를 바로잡아 나간다.

KBS 드라마로는 〈어셈블리〉(2015, 황인혁·최윤석 연출, 정현민 각본)가 있다. 비뚤어진 인물들로 가득한 정치판에 뛰어든, 어리숙하지만 정직함만큼은 누구에게도 뒤지지 않는 전직 용접공 출신 국회의원 진상필(정재영)의 성장을 그린 작품이다. 정치의 이면에서 벌어지는 리얼한 에피소드를 정부와 가까운 KBS가 제작했다는 점에서 큰 화제를 모았다.

MBC 드라마 〈위대한 조강지처〉(2015, 김성욱·김홍동 연출, 황순영 각본)는 막장 드라마 중 최고 걸작이라는 평을 받았다. 남편에게 모진 대접을 받은 아내들의 통쾌하고 통렬한 복수극으로 화제를 모았다. 여고생 유지연(강성연)과 조경순(김지영)은 만나기만 하면 싸우는 견원지간이다. 다정한 성격의 오정미(황우슬혜)가 늘 두 사람의 사이를 중재하는 역할이다. 그러던 어느 날, 평소처럼 지연과 경순이 크게 싸우고 있을 때 수상한 남자가 다가왔고, 두 사람은 실수로 그를 죽이고 만다. 시체를 숨기고 도망친 두 사람은 그날 이후 연락이 두절된다. 세월이 흘러 대학교수의 아내로 우아하게 살고 있는 지연이 사는 아파트 옆집으로 이사 온 이웃이 바로 그 경순이었다. 정미와도 재회하면서 불륜, 이혼, 시어머니와의 불화, 불임, 마마보이 남편 등에 대한 분노를 폭발시킨 세 아내들이 기묘한 단결력을 발휘하는 이야기이다.

이어 케이블 방송사가 제작한, 드라마의 흐름을 크게 바꿔놓았다고 평가받는 화제작에 대해서도 언급하고자 한다.

tvN이 제작한 드라마 〈응답하라〉 시리즈로, 총 세 작품이 제작되었다. 시리즈 제1탄은 〈응답하라 1997〉(2012, 신원호·박성재 연출, 이우정·이선혜·김란주 각본)이다. IMF 위기로 사회가 혼란스러웠던 1990년대를 배경으로 여섯 남녀의 청춘 스토리를 생생하게 그려낸 작품이다. 이야기는 2012년 서울 시내에서 열린 부산의 한 고등학교 동창회에서 시작된다. 반가운 얼굴들과의 재회에 자연스레 웃음이 넘쳐나는 이 자리에서 한 커플이 결혼을 발표한다. 결혼 발표를 하는 두 사람은 도대체 누구일까? 시간은 1997년 부산으로 거슬러 올라간다. 아직 고등학생인 그들은 누구나 경험하는 아련한 첫사랑의 기억을 떠올린다.

시리즈 두 번째 작품인 〈응답하라 1994〉(2013, 신원호 연출, 이우정 각본)는 1994년을 배경으로 지방에서 상경해 서울의 한 하숙집에서 생활하는 대학생 4명이 펼치는 청춘 드라마로, 4명의 연애, 대학생활, 취업준비, 미래에 대한 불안감 등을 세심하게 그려낸 청춘드라마이다. 90년대 히트했던 곡들과 함께 풀어가는 스토리로 세대를 초월한 지지를 얻으며 복고 열풍과 함께 화제를 모았다.

이어 시리즈 3탄은 〈응답하라 1988〉(2015)이다. 서울 올림픽이 한창이던 1988년 서울 도봉구 쌍문동에 사는 다섯 가족의 사랑과 우정과 애정을 그린 가족드라마로, 마치 1980년대로 타임슬립한 듯한 느낌을 받게 한다. 어느 시리즈나 공통적인 주제는 '여주인공의 남편은 누구인가?'라는 것이다. 로맨스 미스터리 기법을 취하면서도 당시 시대상을 반영한 수작 휴먼 드라마이다. 한국 연예계에서는 〈미생〉 못지않은 높은 평가를 받고 있다.

마찬가지로 tvN에서 방영된 〈풍선껌〉(2015, 김병수 연출, 이미나 각본)은 성격적 결함을 가진 남녀가 서로의 단점을 보완하며 진정한 '행복'을 찾아가는 새로운 형태의 연애 드라마다. 당시 한국 내에서 '친구 이상 연인 이하'라는 미묘한 관계를 의미하는 '썸'을 주제로 남녀의 새로운 관계를 리얼하게 그려낸 의욕적인 작품이었다.

JTBC에서는 다음 세 작품을 꼽아볼 수 있다.

권태기를 맞은 두 부부가 우연히 같은 아파트로 이사를 오면서 벌어지는 미스터리한 사건과 40대 전후의 여성 4인방의 로맨스를 다룬 드라마 〈네 이웃의 아내〉(2013, 김재홍·이태곤 연출, 민선·유원·강지연·이준영 각본)는 부부생활을 적나라하고 코믹하게 그려낸 차세대 드라마로 주목받았다. 그리고 유능한 펀드매니저에서 노숙자로 전락한 장태호(윤계상)가 약육강식의 지하 경제 속에서 복수를 다짐하며 생존을 건 사투를 벌이는 드라마 〈라스트〉(2015, 조남국 연출, 한지훈 각본)도 있다. 또한 서울에서 발생한 대지진을 배경으로 재해의료지원팀(DMAT)과 구조대원들의 목숨을 건 구조 활동을 그린 휴먼 메디컬 드라마 〈디데이〉(2015, 장용우 연출, 황은경 각본)는 대지진을 배경으로 한 작품이다. 대지진을 소재로 했기 때문에 당시 동일본 대지진을 겪은 일본에서는 아쉽게도 방송과 방영이 이뤄지지 않았으나, CG 등 영상 기술이 할리우드에서도 주목받았다.

그리고 OCN에서는 〈나쁜 녀석들〉(2014, 김정민 연출, 한정훈 각본)이 방영되었다. 과잉수사로 정직 중인 형사 오구탁(김상중)은 특명을 받고 복역 중인 흉악범들을 비밀리에 모아 특별팀을 구성한다. 이 팀은 천재적인 두뇌를 가진 사이코패스 연쇄살인마 이정문(박해진)을 중심으로, 조직폭력배와 전직 일류 저격수 등 강력한 범죄자들로 이루어졌다. '악은 악으로 응징한다'는 모토 아래, 법망을 피해 다니는 흉악범들을 추적하는 본격 하드보일드 드라마로, OCN 역대 드라마 시청률 1위를 차지했다.

5. 드라마 제작 스튜디오의 탄생

2016년 1월, 미국 최대 OTT 콘텐츠 플랫폼 업체인 넷플릭스가 한국에서 서비스를 시작했다. 지금까지 유례가 없던 외국계 엔터테인먼트 기업의 진출은 안정적 성장을 거듭해 온 한국 엔터테인먼트 업계에 갑작스러운 파괴적 혁신의 시기를 가져온다.

사실 넷플릭스가 한국에서 서비스를 시작했을 때만 해도 한국 엔터테인먼트 업계에서는 넷플릭스의 야심찬 계획이 실패로 끝날 것이라고 예상했다. 그 당시 이미 IPTV(인터넷 접속을 통해 볼 수 있는 TV)와 케이블TV 등의 보급률이 90%를 넘어섰을 뿐만 아니라, 애초에 부가서비스로 영화나 드라마 콘텐츠 등은 얼마든지 시청이 가능했기 때문이다.

하지만 대부분의 예상과 달리 오리지널 콘텐츠 제작에 집중한 넷플릭스는 수많은 히트작을 내놓았다. 또한, 한국의 대형 케이블 방송사의 발끝에도 못 미치던 중소 IPTV 사업자들과의 업무 제휴를 통해 꾸준히 가입자를 확보해 나갔다.

그 결과, 진출 6년 가까이 지난 2022년 2월 기준 넷플릭스의 한국 가입자는 약 1245만 명까지 불어났다. 서비스 시작 당시 가입자는 6만 명에 불과했지만, 현재는 인구 약 5,000만 명인 한국에서 25%에 가까운 가입자를 확보한 것이다.

넷플릭스의 급성장은 국내 지상파 및 케이블TV 방송사들에게도 이전에 경험해보지 못한 드라마 콘텐츠의 수요와 공급, 그리고 대량 소비를 가져다주었다. 또한, 넷플릭스가 쏟아부은 제작비는 한국의 기존 드라마 제작 체제를 무너뜨리고 새로운 제작 문화를 싹트게 했다. 한국 엔터테인먼트 업계에서 지상파 방송사나 케이블 방송사의 하청으로 드라마 제작을 맡았던 기존의 '제작사'와는 확연히 구분되는 드라마 전문 제작사가 탄생한 것이다.

그것은 드라마 제작은 물론 기획, 판매, 유통까지 모두 맡는 이례적인 스타일이 특징이었다. 이 독자적인 형식을 가진 회사(제작사)는 한국 엔터테인

한류, 세계인을 사로잡다

먼트 업계에서 기존 제작사와 구별하기 위해 '제작 스튜디오'로 불리게 되었다.

이 일본에서도 전례가 없는 비즈니스 모델인 제작 스튜디오 시스템을 타사보다 먼저 구축한 것이 바로 한국 엔터테인먼트계의 거물 CJ ENM이었다. 이후 CJ ENM의 흑자 사업부였던 드라마 사업본부를 독립시켜 2016년 5월 한국 최초의 제작 스튜디오 '스튜디오드래곤'을 설립했다. 사무실이 있는 곳은 서울 서부의 주요 미디어가 모여 있는 디지털미디어시티에서도 가장 번화한 곳에 위치한 고층 빌딩의 17층이다.

CJ ENM은 넷플릭스의 글로벌 진출에 위협을 느끼고 경계심을 갖는 한편, 사업적 성공에 대해서는 큰 관심을 가지고 그 동향을 분석한다. 결국 CJ ENM은 넷플릭스를 경쟁자가 아닌 함께 상생할 수 있는 비즈니스 파트너로 인식하고 스튜디오드래곤을 설립했다.

현재 스튜디오드래곤의 제작력은 한국 내에서 최고 수준을 자랑한다. 지금까지 180편의 작품을 제작해 넷플릭스 등을 통해 200여 개국에 송출했다. 대량 생산만 하는 것이 아니다. 그 제작력은 세계적 수준의 높은 퀄리티를 자랑하며, 세계적인 히트작을 연이어 탄생시키며 급성장하고 있다.

2022년 11월까지 공개된 작품 중 세계 랭킹 10위 안에 든 작품은 9편이며 국가별 순위에서 10위 안에 든 작품은 30편 이상이다.

6. 스튜디오드래곤의 빠른 발전

스튜디오드래곤의 성공은 한국 엔터테인먼트 업계에 더 큰 충격을 안겨주었다. 자체적으로 유통과 판매의 체계를 갖추게 되면서 지상파 방송사나 케이블 방송사에 대한 의존도가 높았던 왜곡된 관계가 사라지고 대등한 위치로 올라선 것이다.

이전에는 방송사가 제작사에 발주하고, 제작사는 완성된 드라마 콘텐츠를 방송사에 납품하는 스타일이었고, 방영권 2차 판매 등의 사업 전개도 방송사에게 맡겨져 있었다. 다시 말해 방송사에게 제작사는 그야말로 하청업체 중 하나에 불과했고, 입지는 항상 약했다.

한국과 일본의 제작사에서 드라마와 영화를 제작한 경험이 있는 한 프로듀서는 필자의 취재에 "제작사는 드라마를 방송사에 납품하고, 지적재산권은 기본적으로 방송사에 있는 것이 당연했다. 이런 구조 때문에 드라마의 퀄리티가 발전하지 못하고, 어느 정도 수준에서 드라마 제작을 계속할 수밖에 없는 환경이었다. 이런 것들을 오랜 관행으로 무의식적으로 받아들이고 있었다"라고 말했다.

스튜디오드래곤의 탄생은 넷플릭스 등 새로운 발주 수요에 대응하기 위한 목적도 있었지만, 진정한 목적은 상습적인 '하청 구조'에서 탈피하기 위한 것이었다. 실제로 스튜디오드래곤은 창업 이듬해에 주식 상장을 이뤄냈다. 상장을 통해 막대한 제작비를 자체적으로 조달할 수 있게 된 것이다. 이것이 바로 산업의 구조적 전환을 실현했다고 해도 과언이 아니다.

"스튜디오는 드라마를 제작하는 것만이 아니다. 중요한 것은 기획 개발, 자금 조달, 유통 등을 통해 다양한 방식으로 수익을 실현하는 것이다. 드라마 제작 전체에 대한 모든 책임을 지고, 제작한 드라마 콘텐츠 자체로 수익을 창출할 수 있도록 드라마계의 구조를 근본적으로 바꾸고 성공했다. 모두가 불가능하다고 생각했던 일을 해낸 것이다."(앞서 언급한 프로듀서)

이렇게 드라마 콘텐츠로 수익을 창출할 수 있게 된 결과, 더 큰 규모의 드라마 제작이 가능해진 것이다. 규모가 커지면 결과적으로 더 큰 수익을 창

한류, 세계인을 사로잡다

출할 수 있고, 그 수익으로 재투자하는 선순환이 이루어지기 때문이다. 그 결과 한국 드라마 시장은 확대 성장했고, 드라마의 질도 높아졌으며, VFX (시각효과)와 CG 기술의 비약적인 발전으로 드라마의 표현과 연출의 폭이 차원이 다르게 넓어졌다.

　"제작 스튜디오의 등장으로 기존 일반 지상파나 케이블TV 방송사의 제작 구조로는 절대 감당할 수 없는 제작비를 확보할 수 있게 됐다. 그 결과 제작비 측면에서도 구조 개혁을 이룰 수 있게 된 것이다. 흔히 한류 드라마의 퀄리티가 영화에 뒤지지 않는다고 하는데, 이를 뒷받침하고 가능케 한 것은 자체적으로 제작비를 조달할 수 있는 구조로의 개혁이었다. 그 결과 할리우드에도 질적으로 밀리지 않는 드라마를 제작할 수 있게 되었다. 이미 드라마와 영화의 차이는 동영상 유통에 있어서 방송 형태만 다를 뿐인 상황이 되어가고 있다. 넷플릭스의 드라마는 대부분 16부작으로, 1편에 10억 원 이상을 투자하고 있다는 이야기다. 그만큼 우리가 만드는 드라마는 높은 수준에 도달했다고 자부한다."(한국 엔터테인먼트 관계자)

　일본 드라마나 영화 관계자들에게는 미심쩍은 이야기로 들리겠지만, 사실 스튜디오드래곤의 매출은 놀라울 정도로 급상승하고 있다. 독립 이듬해인 2017년 2870억 원이었던 매출은 3년 뒤인 2020년에는 83% 증가한 5257억 원, 2021년에는 신종 코로나바이러스의 영향으로 다소 감소했지만, 2022년에는 역대 최고치인 6000억 원을 훨씬 넘어섰다.[2]

　스튜디오드래곤이 성공시킨 드라마의 막대한 수익은 또 다른 선순환을 가져오고 있다. CJ ENM은 2022년 4월에 총 공사비 약 2000억 원을 투자해

2　(옮긴이) 2022년 매출 6979억 원, 영업이익 652억 원을 달성했다.

최첨단 기술을 갖춘 세계 유례없는 새로운 버추얼 스튜디오를 설립했다. 또한, CJ ENM의 막대한 자금력을 배경으로 2019년 11월 넷플릭스와 업무 제휴를 성사시켰는데, 동시에 세계를 놀라게 한 것은 넷플릭스가 스튜디오드래곤의 지분 4.99%를 약 1000억 원에 취득한 것이다. 양사는 3년간 21편 이상의 드라마를 방영하는 계약을 체결했고, 넷플릭스는 스튜디오드래곤을 비롯한 일련의 한국 엔터테인먼트계의 드라마 제작 노하우를 인정해 미국 할리우드에 앞서 투자를 단행했다. 동반 성장을 위한 큰 걸음을 내딛은 것이다.

자체 기획 제작, 제작비 조달, 유통-판매를 확보한 스튜디오드래곤의 시스템을 따라 한국에는 새로운 스튜디오 형식의 제작사들이 연이어 탄생하게 되었다. 이후 2020년 케이블 방송사 JTBC가 'JTBC 스튜디오'(2022년 3월 SLL=StudioLuLuLala로 사명 변경), SBS가 '스튜디오S'를 잇따라 설립했다.

또한 매우 흥미로운 점은 이 시기에 JTBC의 드라마 기획과 투자를 한 손에 쥐고 있던 제작사 제이콘텐트리(현. 콘텐트리중앙)도 넷플릭스와 계약을 성사시켰다는 점이다. 신규로 공동 제작하는 작품에 대해 넷플릭스가 막대한 제작비를 부담하는 대신 해외 독점 배급권을 양도하는 방식이다. 또한 전 세계 한국 드라마 팬들을 확보하면서 기존 콘텐츠를 다수의 OTT(동영상 스트리밍 서비스)에 판매하는 형태로 해외 수출에 속도를 냈다. 이후, 드라마 〈오징어 게임〉의 대성공으로 스튜디오드래곤과 제이콘텐트리는 막대한 판권료를 손에 쥐었다.

이렇듯 일본에는 없는 제작 스튜디오라는 새로운 시도가 한국 드라마 제작에 혁명을 일으켰다고 해도 과언이 아니다.

이러한 스튜디오 형태의 제작사들은 한국의 30여 개에 가까운 중소 제작사(삼화네트웍스, 팬엔터테인먼트, 문화창고, 픽쳐스, 쇼박스 등)에도 영향을 미치게 된

한류, 세계인을 사로잡다

[그림 18] 드라마 제작 스튜디오

모회사	스튜디오명 (설립연도)	비고
CJ ENM	스튜디오드래곤 (2016년)	2017년 가을 코스닥 상장. 2019년 11월 CJ ENM과 함께 넷플릭스와 MOU 체결. 2020년 스튜디오드래곤 재편 설립. tvN 드라마 다수 제작. 한-미-일 4곳(한국 2곳)에 멀티 스튜디오 체제 구축
JTBC	SLL (구. JTBC 스튜디오) (2020년)	JTBC의 자회사를 재편. 2020년 12월 중국 IT기업 텐센트가 1000억 원(약 95억 엔)을 출자해 7.2%의 주식을 취득. 2022년 3월 SLL(Studio LuluLala)로 사명 변경
SBS	스튜디오S (2020년)	SBS의 자회사 'THE STORY WORKS'에서 사명 변경

다. 지상파 방송사나 케이블 방송국뿐만 아니라 넷플릭스와 같은 유통업체가 생겨나면서 자체 콘텐츠를 공개할 수 있는 기회가 급증했기 때문이다.

그 결과 많은 제작 스튜디오와 제작사들은 자신들이 제작한 드라마의 IP(저작권)를 공동 또는 단독으로 소유하게 된다. 또한, 해외 독점 배급권을 양도함으로써 넷플릭스 등의 배급사에게 막대한 제작비를 부담하게 하는 사례도 볼 수 있게 되었다. 가장 높은 가격을 제시한 방송사나 배급사에 콘텐츠를 판매함으로써 안정적인 수익을 기대할 수 있게 된 것이다.

또한 방영권을 배급사에 재판매해 각 스튜디오와 제작사들은 한국에서 실패한 드라마 콘텐츠를 해외에 배급함으로써 새로운 시장에서 두 번째 도전을 할 수 있게 되었다. 언젠가는 국내에서 실패한 드라마가 해외에서 대박을 터뜨리는 사례가 나올 수도 있을 것이다.

넷플릭스를 비롯한 유통사의 등장은 그동안 지상파 방송사와 케이블 방송사에 묶여, 말 그대로 까다로운 조건으로 드라마 콘텐츠를 제작해온 중소 제작사들에게 전례 없이 유리한 조건과 여러 회사와의 비즈니스 협상이 가능하게 했다.

넷플릭스의 등장은 한국 드라마의 방송 형식에도 영향을 미쳤다. 두드러진 것은 드라마의 분량이다. 이전에는 30~50회 정도의 드라마를 흔히 볼 수 있었지만, 넷플릭스의 글로벌 유통 형식에 따라 10~16회, 많아야 20회 정도가 일반적인 스타일로 정착하고 있으며, 1회 분량도 이전에는 70~80분 정도였던 것이 넷플릭스에 맞춰 30~60분 내외의 드라마가 주류를 이루고 있다.

또한 한국 드라마는 광고가 들어가지 않고 드라마 본편에서 협찬사의 상품을 노골적으로 노출하는 PPL이라는 간접광고가 일반적이었지만, 법 개정으로 2021년부터는 지상파 및 케이블 방송국에서도 광고를 방영할 수 있게 됐다. 모두 자국의 콘텐츠를 전 세계에 유통할 것을 고려한 것이다.

7. 중소 제작사가 만든 〈오징어 게임〉

넷플릭스의 한국 진출은 한국 엔터테인먼트 업계에 해외 시장의 문을 열었고, 드라마 장르를 더욱 세분화하여 한류 드라마의 수준을 비약적으로 향상시켰다.

그중에서도 2021년 9월에 방영된 〈오징어 게임〉이 세계적인 흥행에 성공하면서 한류 드라마의 실력을 전 세계에 알릴 수 있게 되었다. 세계 94개국 넷플릭스 순위에서 1위를 차지하면서 한류 드라마에 대한 세계인의 평가가 180도 달라진 것이다.

물론 봉준호 감독이 연출한 한국 영화 〈기생충〉이 2020년 제92회 아카데미 시상식에서 작품상을 수상한 것도 영향을 미쳤지만, 그보다 마케팅 이론에 충실해 전 세계를 타깃으로 한 드라마 기획으로 완성한 것이 더 큰 이유다.

일본에서는 넷플릭스에서 방영된 〈사랑의 불시착〉이나 〈이태원 클라쓰〉

의 연장선상에서 〈오징어 게임〉이 히트를 쳤다고 오해하기 쉽지만, 이는 근본적으로 틀린 말이다. 〈사랑의 불시착〉은 tvN이 2019년 12월, 〈이태원 클라쓰〉는 JTBC가 2020년 1월에 각각 한국 국내에서 방영한 콘텐츠의 방영권을 넷플릭스에 판매한 것이기 때문이다. 그런 점에서 〈오징어 게임〉은 넷플릭스 오리지널 드라마로서 세계에서 처음으로 인정받은 한국 드라마라고 할 수 있다.

참고로 〈오징어 게임〉을 제작한 것은 거대 자본이 투입된 스튜디오드래곤도 스튜디오S도 SLL도 아니다. 직원이 10명도 안 되는 중소 제작사 '싸이런픽쳐스SirenPictures'이다. 감독, 연출, 각본을 모두 맡은 황동혁 감독은 2009년부터 각본을 집필했지만, 당시 국내에서는 투자에 응해줄 제작사를 찾지 못해 한동안 제작을 포기한 상태였다. 이 기획을 눈여겨보고 1화에 10억 원 이상이라는[3] 파격적인 제작비를 투입한 것이 바로 넷플릭스였다.

한국에는 이런 제작사들이 여럿 존재하며, 할리우드를 비롯한 전 세계 콘텐츠 헌터들은 한국 드라마의 저력에 놀람과 동시에 거액을 투자하며 끊임없이 소위 '시나리오 헌팅'을 실시하고 있다.

넷플릭스는 〈사랑의 불시착〉, 〈이태원 클라쓰〉, 〈오징어 게임〉의 성공으로 한류 드라마를 시장 개척에 필수적인 킬러 콘텐츠로 재인식하고, 2021년 한국 작품에 대한 투자 규모를 전년 대비 65% 증가한 5500억 원으로 확대하기로 했다. 2016년 150억 원에 불과했던 투자 금액이 고작 5년 만에 37배로 불어난 셈이다.[4]

---

3 (옮긴이) 총 9개 에피소드로 구성된 〈오징어 게임〉의 제작비는 2140만 달러(약 294억 원)로 알려져 있다.
4 (옮긴이) 2022년 넷플릭스의 한국 콘텐츠 투자금액은 8000억 원 수준으로 추산된다.

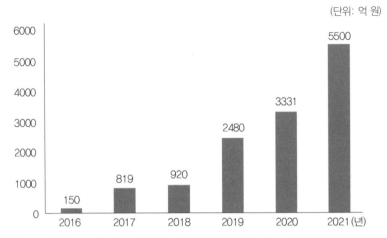

[그림 19] 넷플릭스 한국 콘텐츠 투자 금액 추이

(단위: 억 원)

* 출처: 2022년 3월 JETRO 「플랫폼 시대 한국 콘텐츠산업 진흥방안 및 사례조사」(한국수출입은행 세계경제 연구소, 2021년, 「OTT 산업과 K콘텐츠 수출」, K뉴딜산업 INSIGHT 보고서)

8. 뛰어난 기획과 각본

불과 20년이라는 짧은 기간 동안 세계 엔터테인먼트 업계의 정상에 올라선 한국. 어떻게 하면 이렇게 다양한 장르에서 수많은 히트작을 연이어 내놓을 수 있을까?

그 비밀에 접근하기 위해서는 지상파 및 케이블TV 방송국에서 쌓아온 한국 엔터테인먼트 업계의 독특한 기획 개발 시스템을 이해할 필요가 있다.

어느 나라든 예외 없이 드라마 콘텐츠에서 가장 중요하게 여기는 것은 기획과 각본이다. 이 기획과 각본에 한국 엔터테인먼트 업계는 막대한 투자를 해왔다. 한국 내 드라마 제작 체계는 크게 두 가지 스타일로 구분된다.

하나는 '작가 주도 제작 스타일(작가 주도형)'이다. 한국에서 시청률 높은

한류, 세계인을 사로잡다

드라마의 대본을 여러 편 작업한 경력이 있는 일명 'A급 작가'라고 불리는 거물급 작가가 중심이 되어 드라마의 기획부터 각본 집필, 캐스팅까지 전적으로 책임지고 진행하는 스타일이다. 또한 대부분의 경우 A급 작가를 도와주는 '보조 작가'라는 어시스턴트가 붙는다. 기본적으로 PD와 감독 등이 참여하는 것은 각본이 완성된 이후인 경우가 많다.

[그림 20] 넷플릭스가 제공하는 한국 오리지널 콘텐츠 드라마

2019년		2020년		2021년	
	〈킹덤〉 시즌 1		〈나 홀로 그대〉		〈좋아하면 울리는〉 시즌 2
	〈첫사랑은 처음이라서〉 시즌 1		〈킹덤〉 시즌 2		〈무브 투 헤븐: 나는 유품정리 사입니다〉
	〈첫사랑은 처음이라서〉 시즌 2		〈인간수업〉		〈내일 지구가 망해버렸으면 좋겠어〉
	〈좋아하면 울리는〉 시즌 1		〈보건교사 안은영〉		〈킹덤: 아신전〉
			〈스위트홈〉		〈D.P.〉 시즌 1
					〈오징어 게임〉
					〈마이 네임〉
					〈지옥〉
					〈고요의 바다〉

* 출처: 넷플릭스 홈페이지 및 구글 검색

또 하나는 'PD 주도 제작 스타일(PD 주도형)'이다. 이는 말 그대로 PD가 기획을 시작하는 것이다. 이때 작가나 감독과 상의하면서 드라마 기획서를 완성한다. PD는 대본 집필까지는 하지 않지만, 드라마의 방향성이나 등장인물 캐릭터 등에 대한 결정권을 가지고 있다. 캐스팅은 일본과 달리 각본이 완성된 단계에서 배역에 맞는 배우를 고르는데, PD가 생각하는 배우가 없으면 오디션을 통해 배역을 선정한다. 잘 나간다거나 인기가 많다는 이유로

선택하거나, 처음부터 배우가 정해져 있는 캐스팅 방법이 아니다.

참고로 한국에서는 프로듀서를 PD라고 부른다. 'Program Director'의 약자로, 한국 엔터테인먼트 업계에서는 '님'을 붙여 'PD님'이라고 부르는 것이 일반적이라고 한다.

이들은 일본의 프로듀서(통칭 P)와는 대우가 다르다고 한다. 그 이유는 예산과 캐스팅뿐만 아니라 각본과 연출에도 당당하게 개입할 뿐만 아니라, 각각의 작업에 대해 놀라울 정도로 깊이 관여하기 때문이다. 드라마를 맡은 감독이나 작가가 아무리 거물급이라 해도 절대 주저하지 않는다. 한국은 유교 사상이 뿌리내린 사회이긴 하지만, 눈치 보는 일 따위는 전혀 없다. 오히려 대등하거나, 아니면 그 이상의 존재라고 한다.

참고로 지상파 메인 방송국이나 케이블 방송국, 제작 스튜디오의 PD직에 취업할 수 있는 것은 각 방송국에서 실시하는 시험에 합격한 극소수의 사람에 불과하다. 한류 열풍에 힘입어 예전에는 1000명 중 1명이던 확률이 지금은 그 1.5배가 되었다고 한다. 즉 PD가 될 수 있는 사람은 1500명 중 1명이라는 뜻이다.

공무원 시험인 '고시'와 같은 수준이라 민간 시험이지만 '언론고시'라는 별칭이 붙었다. 특히 중요하게 여기는 것은 논술 시험과 문장 독해력이라고 한다. 이는 프로그램을 제작할 때 기획서나 각본이 중요한데, 이를 제대로 읽고 잠재적으로 각본을 집필할 수 있는 재능을 가지고 있는지를 가려내는 것이 목적이라고 한다.

PD들의 출신 대학도 S(서울대), K(고려대), Y(연세대) 출신이 대부분을 차지하고 있다. 하지만, 당당히 PD로 채용되더라도 입사 후 4~6년은 보조 PD로 업무를 익히게 된다. 그렇다면 연봉이 궁금해지는데, 많은 인기 드라마=높은 시청률을 만들어내는 PD는 '스타 PD'로 불리며, 인센티브 등을 포함하면 연봉 10억 원 이상의 스타가 되는 것도 가능하다.

이런 가운데 요즘 드라마 제작 스타일은 압도적으로 'PD 주도 제작 스타일'이 주를 이루고 있다. 세계를 겨냥해 대박을 노린다면 PD 주도형이 압도적으로 합리적이라는 것이 입증되었기 때문이다.

9. 'PD 주도 제작 스타일'의 기획 개발

현재 한국 드라마계의 주류로 자리 잡은 'PD 주도형'에서는 구체적으로 어떻게 드라마 기획 및 각본이 만들어지는 것일까? 앞서 언급한 한국이 자랑하는 세계적인 제작 스튜디오 스튜디오드래곤의 기획 개발 시스템을 소개하고자 한다.

현재 스튜디오드래곤은 160명의 직원을 가지고 있으며, 그중 100명이 PD라는 체제를 유지하고 있다. 게다가 PD들은 대부분 지상파 메인 방송국이나 케이블 방송국에서 수많은 히트작을 만들어내고, 헤드헌팅이나 중도 채용을 통해 스튜디오드래곤으로 옮긴 일당백의 실력자들이다.

스튜디오드래곤이 제작하는 드라마는 연간 약 30개 시리즈로, 드라마 기획에 대해 'GO 사인'을 내릴지는 2주에 한 번씩 열리는 최종 의사결정기관 회의 '그린라이트 위원회Greene Light Committee(통칭 GLC)'에서 결정된다.

이 회의에 참여할 수 있는 사람은 원칙적으로 스튜디오드래곤의 CEO(최고경영자)와 콘텐츠 전략기획 개발총괄인 두 명의 기획제작국장, 9명의 CPD Chief PD뿐이다.

9명의 CPD는 각각 로맨스, 서스펜스-미스터리, 공포, SF, 액션-누아르,

히어로, 시대극, 사회파, 코미디, 휴먼드라마 등 최소 3~5개 이상의 전문 분야를 가지고 있다. 각 CPD는 자신의 이름을 내건 팀을 구성하고, 각 팀에는 약 10명의 PD가 소속된다. 각 CPD가 자기 팀의 커리어와 자존심을 걸고 회의 멤버들에게 프레젠테이션을 하고 'GO 사인'에 도전하는 것이 GLC 회의다.

그동안 스튜디오드래곤의 GLC는 철저히 비밀에 부쳐졌지만, 얼마 전 NHK의 취재진이 취재에 성공해 전 세계 엔터테인먼트 관계자들을 놀라게 했다. 취재의 성과는 특집 프로그램 〈한국 드라마 세계적 흥행의 비밀: 밀착 기획 제작 현장〉(2022년 11월 2일/12월 11일 방영)으로 방송되었다. 이 프로그램에서도 GLC를 다루었으니 기회가 된다면 꼭 시청해보길 바란다.

다시 돌아와서, GLC에는 9명의 CPD가 사전에 기획개발총괄의 동의를 받은 드라마 기획서와 총 4회 분량의 각본을 제출한다. 현재 한국에서 제작되는 대부분의 드라마가 16부작으로 구성되어 있기 때문에 4분의 1에 해당하는 총 4화 분량의 각본으로 GO 사인 유무를 판단하는 것이다.

회의 참여 멤버들에게는 개최 1주일 전에 기획서와 4회 분량의 각본이 공유되며, 철저하게 정독하는 것이 의무화되어 있다. 이는 절대적이며, CEO도 예외가 아니라고 한다. GLC의 평가포인트는 다음과 같다.

- 드라마의 콘셉트 & 주제(시청자에게 어필하고자 하는 주제가 명확하고, 제작자 측의 공명정대한 정의가 있는가?)
- 시대성 & 사회성(대중의 수요에 부합하는가? 시대를 잘 파악하고 있는가? 제작진의 독선이 개입되어 있지는 않은가?)
- 매력적인 등장인물(드라마의 등장인물에 시청자를 끌어당기는 매력이 있는가?)
- 드라마 구성 및 대사(16화 분량의 구성에 모순이 없는가? 대사가 진부하지 않은가?

한류, 세계인을 사로잡다

대사가 템포있게 돌아가고, 시청자를 끌어당기는 힘이 있는가? 대사와 등장인물의 캐릭터에 모순은 없는가?)

- **콘텐츠 활용**(제작비 확보와 방영권 판매, 상품화 등 수익, 현금화 계획이 잘 제시되어 있고, 손익분기점을 넘어서는가?)

위의 5가지 항목에 대해 참가자들이 10점 만점으로 채점한다.

참고로 '그린라이트 위원회'의 그린라이트는 청신호를 의미하며, 말 그대로 'GO 사인'을 의미한다. GLC의 결재를 받으면 드라마 제작이 가능해진다.

당연히 회의장에서 심의되는 드라마 기획에 대해서는 참가자들에게 혹독한 의견과 비판, 질문이 쏟아진다. 이러한 논의를 거쳐 기획이 채택된다.

스튜디오드래곤이 제작하는 드라마의 제작비는 최소 1화에 약 10억 원 이상이다. 최근에는 시청자의 요구에 부응하기 위해 제작비가 점점 늘어나면서 시리즈당 드라마 제작비가 200억 원을 넘는 경우도 흔하다.

"기획을 평가하는 GLC 멤버들의 책임도 막중하지만, 그보다 더 압박감이 큰 것은 기획을 제출하는 PD들이다. 그들의 연봉은 최소 2억 원 이상(인센티브제이기 때문에 개인마다 차이가 있다)이다. 이 연봉을 유지하기 위해 목숨을 걸고 드라마 기획서를 작성한다고 해도 과언이 아닌데, GLC에서 채택되는 드라마 기획의 60~70% 이상은 나름대로의 수익을 내고 있지만, 당연히 그 중에는 실패하는 작품도 나온다. 첫 번째라면 어느 정도 용서가 되지만, 두 번째, 세 번째가 되면 더 이상 기회를 얻기 힘든 분위기가 되기에 PD들은 항상 긴장하고 있다."(한국 엔터테인먼트 관계자)

하지만 스튜디오드래곤의 PD는 드라마 기획 개발을 위해 특별한 환경에서 작업한다. 스튜디오드래곤은 한국 엔터테인먼트 업계 최고로 평가받는 작가, 감독 등 200여 명의 창작자와 계약을 맺고 있으며, 스튜디오드래곤의

PD라면 24시간 365일 언제든 자유롭게, 거리낌 없이 이들과 대화하며 기획 제작의 협조 요청이나 의뢰와 발주를 할 수 있는 시스템이 구축되어 있다.

뛰어난 점은 한 명의 작가나 감독에게 PD의 의뢰가 몰리지 않도록 스케줄링도 사무직원들에 의해 잘 뒷받침되고 있다는 점이다. 그 결과 항상 200명 이상의 정상급 창작자들이 스튜디오드래곤의 PD와 업무 수행이 가능한 것이다. 일본 미디어에서는 이런 체제를 갖춘 방송국이나 제작사는 본 적도, 들어본 적도 없다. 게다가 한국에서는 이런 시스템을 스튜디오드래곤만 가지고 있는 것이 아니라, 스튜디오S, SLL 등 다른 제작 스튜디오에서도 비슷한 시스템을 가지고 있는 것이다.

이러한 아낌없는 지원을 받은 PD는 작가, 감독 등 3~5명이 한 팀을 이뤄 드라마 기획서 및 각본 제작에 전념할 수 있다. 보통 한 편의 드라마 기획서를 작성하는 데 최소 반년 이상 걸린다. 가능성이 있다고 판단되어 CPD나 기획개발총괄의 결재를 받게 되면, 더 많은 시간을 들여 4~5년 동안 공을 들이는 드라마 기획서도 있다고 하니 놀라울 따름이다.

200명 이상의 최고의 크리에이터들에게 지급하는 개런티만 해도 연간 100억 원 이상에 달한다. 스튜디오드래곤이 작가나 감독에게 지급하는 계약금은 어디까지나 선투자이며, 결코 고액이라고 생각하지 않는다. 그것은 '미래를 위한 투자'라는 생각이 회사 수뇌부를 중심으로 자리 잡고 있기 때문일 것이다. 창작자에게 투자하는 금액보다 훗날 확실하게 얻을 수 있는 콘텐츠 수익이 훨씬 더 많다는 자신감의 표현이기도 하다.

실제로 이러한 선투자의 비용 대비 효과는 다음 나열된 드라마 히트작들이 말해주고 있다. 놀라운 확률로 스튜디오드래곤이 제작한 드라마는 세계 시청률 순위에서 10위권 내에 진입하고 있다.

스튜디오드래곤의 성과

넷플릭스 2022년 11월 말 기준 시청자 순위 참조

☆세계 랭킹 1위

〈소년심판〉(2022, 넷플릭스)

지방법원 소년부에 부임한 엘리트 여성 판사 심은석(김혜수)은 미성년자 범죄를 혐오한다. 때로는 무자비한 태도로 소년들의 거짓을 찾아내고 진실을 파헤쳐 나간다.

• 장르 : 휴먼
• 연출 : 홍종찬
• 주요 출연진 : 김혜수, 김무열, 이성민, 이정은

☆세계 랭킹 최고 2위

〈킹덤 : 아신전〉(2021년, 넷플릭스)

대히트한 드라마 〈킹덤〉 시리즈의 세 번째 작품으로 조선에 닥친 비극의 시작이 된 생사초와 주인공 아신의 이야기를 그린 특별판이다.

• 장르 : 역사/시대극, 좀비
• 연출 : 김성훈
• 주요 출연진 : 전지현, 박병은, 김시아, 김뢰하, 구교환

〈갯마을 차차차〉(2021년, tvN)

시골 어촌 마을 '공진'을 배경으로 현실주의자이자 융통성 없는 치과의사 윤혜진(신민아)과 유능하지만 일정한 직업이 없는 홍반장(김선호)의 애타는 사랑 이야기이다.

• 장르 : 로맨틱 코미디, 힐링 로맨스
• 연출 : 유제원
• 주요 출연진 : 신민아, 김선호, 이상이, 인교진

〈스물다섯 스물하나〉(2022, tvN)

1998년, IMF 경제위기로 소속팀에서 해고된 펜싱선수 나희도(김태리)와 아버지의 회사 부도로 꿈을 빼앗긴 백이진(남주혁). 시대에 꿈을 빼앗긴 청춘들의 방황과 성장을 그린 새콤달콤한 청춘 이야기이다.

• 장르 : 로맨스, 청춘, 스포츠
• 연출 : 정지현
• 주요 출연진 : 김태리, 남주혁, 보나(우주소녀), 최현욱, 이주명

〈우리들의 블루스〉(2022년, tvN)

제주도의 작은 항구를 배경으로 주민들을 둘러싼 희로애락이 교차하는 군상극으로. 풋풋한 첫사랑, 장애가 있는 사랑 등 다양한 러브스토리에 부모와 자식의 애틋함 등이 어우러져 옴니버스 형식으로 진행된다. 모든 시청자에게 와닿는, 달콤 쌉싸름한 인생을 응원하는 드라마이다.

• 장르 : 휴먼
• 연출 : 김규태, 김양희, 이정묵
• 주요 출연진 : 이병헌, 신민아, 차승원, 이정은, 한지민, 김우빈

☆세계 랭킹 최고 3위

〈작은아씨들〉(2022년, tvN)

가난하게 살면서도 부모의 사랑을 듬뿍 받고 자란 세 자매. 어느 날, 700억 원이라는 거금을 손에 쥐게 되면서 인생이 꼬이기 시작한다. 함정에 빠졌다는 사실을 알게 된 세 자매는 각자의 방식으로 대한민국에서 가장 부유한 가문에 맞선다.

• 장르 : 복수, 애증극

• 연출 : 김희원

• 주요 출연진 : 김고은, 남지현, 박지후, 위하준, 엄지원, 엄기준

〈환혼〉(2022년, tvN)

역사에도, 지도에도 없는 가상의 나라 '대호국'을 배경으로 영혼을 바꿀 수 있는 '환혼술'로 인해 기구한 운명에 휘말리면서도 술사로서 성장해가는 주인공의 이야기를 그린다.

• 장르 : 로맨스, 역사/시대극

• 연출 : 박준화

• 주요 출연진 : 이재욱, 정소민, 황민현, 유준상, 신승호

☆세계 랭킹 최고 6위

〈고스트 닥터〉(2022년, tvN)

오만하지만 뛰어난 의술을 가진 천재 의사 차영민(정지훈)은 교통사고를 당한다. 깨어나자마자 유체이탈 상태임을 알게 된다. 이송된 곳에서는 의사의 사명감 따위는 전혀 없는 엉터리 레지던트 고승탁(김범)이 자신의 몸에 메스를 들이대려 하고 있었다. 무심코 그의 손을 잡은 영민은 승탁의 몸에 옮겨가게 된다. 정반대의 두 사람이 몸을 공유하면서 소동을 일으킨다.

- 장르 : 의료, 휴먼
- 연출 : 부성철
- 주요 출연진 : 정지훈(비), 김범, 유이, 손나은(에이핑크), 이태성

☆세계 랭킹 최고 7위

〈해피니스〉(2021년, tvN)

감염병이 일상화된 가까운 미래. 고층은 일반 분양, 저층은 임대주택으로 나눈 대도시의 신축 아파트 내에서 어느 날 갑자기 발병하면 사람을 공격하는 정체불명의 전염병이 창궐한다. 아파트 내 주민들은 고층과 저층으로 나뉘어 대립하고, 결국 혼란과 생존을 건 싸움으로 발전한다.

- 장르 : 휴먼, 스릴러
- 연출 : 안길호
- 주요 출연진 : 한효주, 박형식(제국의아이들), 조우진, 박주희, 박희본

10. 스튜디오N의 등장과 웹툰

한류 드라마를 중심으로 한 'K-콘텐츠'는 2023년 이후 미국 할리우드를 제패할 기세로 성장하고 있으며, 세계 엔터테인먼트 업계에 혁신을 일으킬 '한류 5.0'이라고 불러야 할 시대가 이미 시작되었다.

그중에서도 이 장의 마무리로 다루고 싶은 것이 웹툰 원작 드라마이고, 대표적인 작품이 2020년 넷플릭스에서 공개되자마자 불과 한 달 만에 전 세계 2200만 가구가 시청한 드라마 〈스위트홈〉이다. 원작은 한국에서 13억 뷰를 기록한 동명의 웹툰이다. 한국에서는 웹툰을 원작으로 한 드라마가 급증하고 있으며, 2020년에는 드라마 시장의 15%를 차지할 정도로 성장하고 있다.

이 웹툰을 킬러 콘텐츠로 삼아 스튜디오드래곤 등과 드라마를 공동 제작하며 실적을 올리고 있는 제작사가 바로 '스튜디오N'이다. 한국 국내 최대 웹툰 사이트 '네이버웹툰'이 2018년 100% 출자해 만든 자회사로, CJ ENM에서 영화사업부문 책임자였던 권미경 씨가 대표이사를 맡고 있다.

PD는 불과 14명으로 소수지만 〈스위트홈〉(스튜디오드래곤과 공동제작, 2020), 〈유미의 세포들〉(스튜디오드래곤, 메리카우,[5] 티빙과 공동제작, 2021) 등 드라마 및 영화를 포함해 총 20편에 가까운 작품을 제작했다. 스튜디오N의 강점은 모회사인 네이버웹툰이 보유한 140만 편에 달하는 웹툰 콘텐츠 중 자유롭게 작품을 선택해 영상화할 수 있는 것이다.

또한 가장 큰 무기는 드라마화하는 웹툰의 스토리에 스튜디오N의 PD들이 자유롭게 손을 댈 수 있다는 점이다. 보통 드라마화 권리는 저자나 원작

---

5 (옮긴이) 〈인현황후의 남자〉, 〈나인〉, 〈W(더블유)〉, 〈알함브라 궁전의 추억〉 등으로 유명한 송재정 작가가 소속된 제작사로 2019년 스튜디오드래곤에 인수되었다.

자, 출판사가 그 인허가권을 소유하고 있다. 이 때문에 스토리에 손을 대려면 저자나 원작자, 출판사 양쪽의 허락을 받아야 한다. 하지만 스튜디오N의 경우, 모회사인 네이버웹툰이 영상화권을 소유하고 있기 때문에 누구의 눈치도 보지 않고 대담하고 자유롭게 스토리를 각색할 수 있는 것이다.

이에 대해 일본 드라마 관계자들은 놀라움을 금치 못하면서 다음과 같이 칭찬을 아끼지 않았다.

"일본에서는 절대 생각할 수 없는 일이다. 제작진이 스토리를 변경하거나 새로운 등장인물을 설정하는 등의 제안은 100% 갈등의 원인이 된다. 최근 언론이나 인터넷을 통해 저작권 관련 정보가 많이 알려지면서 원작자의 권리 의식이 과도하게 높아진 탓에 만화의 영상화는 점점 더 까다로워지고 있다. 반대로 원작자나 작가가 영상화에 대해 이런저런 주문을 하는 경우도 있다. 하지만 대부분의 경우 아마추어적인 생각이고, 프로 제작진 입장에서는 있을 수 없는 이야기인 경우가 많다. 그 결과 영상화가 무산된 사례도 심심찮게 들려온다. 무엇이든 전문가에 맡겨야 하는 법이다. 그런 점에서 한국은 정말 비즈니스적으로 철저하게 이 난점을 해결하고 있는데, 2020년 스튜디오N이 '본팩토리'와 공동 제작해 tvN에서 방영한 드라마 〈여신강림〉도 스토리와 캐릭터에 수정을 가한 것이다. 원작 만화를 읽어봤는데, 만화를 그대로 충실하게 드라마로 만들었으면 아마 흥행하지 못했을 것 같다. 만화에서는 주인공의 입장에 대해 반 친구들에게 놀림을 당하는 정도의 부드러운 느낌으로 그려졌지만, 드라마판에서는 잔혹한 괴롭힘으로 상당히 과장되어 있었다. 아마추어의 눈에도 드라마 쪽이 더 재미있어진 것은 분명해 보였다. 웹툰 원작의 드라마화는 틀림없이 급격히 늘어날 것이다. 일본 제작진이 스튜디오N에 공동제작을 타진하는 것은 시간문제일 것이다."

한류, 세계인을 사로잡다

웹툰 원작 드라마

〈스위트홈〉(2020년, 넷플릭스)

은둔형 외톨이인 고등학생이 가족을 잃고 절망에 빠져 이사한 아파트 단지에서 갑자기 잔인한 괴물이 난동을 부리고, 주민들과 힘을 합쳐 목숨을 건 사투를 벌이는 이야기다.

- 장르 : 서스펜스-미스터리, 공포
- 연출 : 이응복
- 주요 출연진 : 송강, 이진욱, 이시영, 이도현

〈여신강림〉(2020년, tvN)

수수하고 볼품없는 외모 때문에 왕따를 당하고 자살까지 생각했던 여주인공 임주경(문가영). 하지만 화장을 배우면서 여신으로 추앙받을 만큼 미인으로 변신한다. 문가영의 메이크업 전후의 변신한 모습이 화제를 모았다.

- 장르 : 로맨틱 코미디
- 연출 : 김상협
- 주요 출연진 : 문가영, 차은우(ASTRO), 황인엽, 박유나, 임세미, 정준호

11. 일본 창작자들이 나아갈 길

앞으로 일본이 몇 년 안에 한국, 즉 K-콘텐츠의 수준에 도달하는 것은 거의 불가능할 것으로 보인다. 우선은 10년 정도의 시간을 두고 제작 시스템부터 재검토해야 할 것이다.

본받아야 할 비즈니스 모델이 이웃나라 한국에서 실천되어 큰 성공을 거두고 있는데, 모방하지 않을 이유가 없다. 캐스팅이 미리 정해져 있는 기획 방식을 개선하고, 제작자가 좀 더 자유롭게 목소리를 낼 수 있는 환경을 조성하려면 어떻게 해야 할까. 스폰서가 요구하는 핵심 타깃(13~49세 남녀)에게만 매달려 드라마 기획을 만들어온 결과가 지금 일본의 모습이다. 물론 창작자 수준에서 한국과 일본을 비교한다면, 결코 일본 제작진이 밀리지 않으며, 오히려 개개인의 수준에서는 일본 제작진이 앞설 것이다. 그렇게 믿고 싶다.

현재 일본 민영 메인 방송사인 TBS만이 CJ ENM과 콘텐츠 공동 개발 및 제작을 위한 전략적 파트너십 계약을 체결한 상태다. 이미 TBS는 일본판 스튜디오드래곤 설립을 목표로 물밑에서 차근차근 준비를 하고 있는데, TBS의 도전이 어떤 결과를 가져올지 주목된다.

이런 가운데, 한국은 일찌감치 다음 단계로 큰 걸음을 내딛고 있다. 2020년 10월 CJ그룹이 설립한 영상 스트리밍 서비스 '티빙TVING' 사업의 성공을 위해 CJ ENM은 2021년 5월, 향후 5년간 약 5,000억 원 규모의 제작 투자를 단행한다고 발표했다. 이를 두고 일각에서는 넷플릭스, 아마존 프라임 비디오, 디즈니 플러스에 대한 선전포고로 받아들이고 있다.

넷플릭스와 CJ그룹 산하의 스튜디오드래곤이 넷플릭스와 업무 제휴를 맺고 밀월관계에 있다는 것은 앞서 언급했다. 이는 막대한 드라마 제작비를 마련해줄 뿐만 아니라 글로벌 비즈니스로 확장할 수 있다는 장점이 있었지만, 최근 한국 내에서는 비판의 목소리가 나오기 시작했다. 막대한 제작비를 부담하는 대신 저작권을 넷플릭스가 보유하기 때문에 2차 판매 수익은 기본적으로 주어지지 않기 때문이다. 이를 의문시하는 목소리가 한국 내에서 나오기 시작한 것이다.

이런 상황에서 CJ그룹이 자체적으로 넷플릭스와 같은 스트리밍 사업 서비스를 준비해 실현한 것이 바로 '티빙'이며, 2023년 내로 일본에서도 정식으로 사업을 전개할 예정이다.[6] 일본의 한류 드라마 팬들을 사로잡을 수 있는 질 높은 서비스가 예상되며 새로운 태풍의 눈이 될 것이 확실하다.

마지막으로 일본 드라마가 침체된 가장 큰 이유는 구태의연한 제작 시스템은 물론이고, 기획서나 각본 제작에 충분한 예산과 시간을 할애하지 못하는 데 있다.

일본 드라마계에서는 기본적으로 젊은 시청자층을 타깃으로 한 작품만 끊임없이 요구된다. 스튜디오드래곤이 채택하고 있는 기획 개발 시스템을 일본에 도입할 수 있다면, 지금과 같이 스폰서의 눈치만 살피며 시청률에만 일희일비하는, 출구가 보이지 않는 경직된 상황에 한 줄기 빛이 비칠 수 있을 것으로 기대한다. 아직 시간이 있다.

---

6 (옮긴이) 티빙은 2022년에 2023년부터 일본을 비롯한 단계적 해외진출을 선언했으나, 2024년10월 현재 보류된 상태이다. 대신, 오리지널 작품을 현지 OTT플랫폼을 통해 재공하는 방식으로 해외수출전략을 선택했다.

한국 드라마의 해외 진출 성공을 보면 양질의 콘텐츠 제작과 정보 전달, 확산 그리고 이를 활용한 새로운 관광수익의 창출이 양대 축을 이루고 있음을 알 수 있다. 또한 IMF 위기 이후 국가의 전략으로 '선택과 집중'이 잘 먹혔다는 뜻이기도 한데, 중심축이 IT와 콘텐츠였고, 그에 따른 성공은 일본에 큰 자극이 되고 있다.

이 책에서는 한국의 콘텐츠 제작 구조를 드라마를 통해 조망하고, 나아가 그 작품이 유도하는 관광까지 염두에 두고 설명하였다. '콘텐츠 투어리즘'은 콘텐츠 작품에 기반한 관광활동이기 때문에 어떻게 매력적인 콘텐츠 작품이 창작되고, 그 콘텐츠 작품이 어떻게 활용되는지 산업 진흥과 관광 진흥의 두 가지 측면을 모두 살펴봐야 한다.

양질의 콘텐츠는 새로운 관광활동을 만들어낸다는 것이 필자의 생각이다. 돌이켜보면 2010년 필자가 《이야기를 따라 여행하는 사람들: 콘텐츠 투어리즘이란 무엇인가物語を旅するひとびと: コンテンツ·ツーリズムとは何か》(彩流社, 2010)를 출

간했을 때만 해도 콘텐츠 투어리즘 연구는 아직 일반인들에게 인식되지 않았고, 필자로서는 관광지리학이나 문화지리학의 한 영역에 발을 들여놓았다고 생각했다. 그로부터 10여 년이 지나고 필자의 저서는 물론 수많은 책이 출간되고 논문들이 발표되었다.

콘텐츠 투어리즘 연구가 활성화된 계기는 2007년 전후로 거슬러 올라간다. 디지털 기술의 발달로 애니메이션에서 실제 풍경에 가까운 정교한 배경이 그려지게 된 것이 큰 영향을 미쳤다.

이에 따라 작품의 팬들이 각지의 애니메이션 무대를 찾아다니기 시작했다. 다시 말해, 현재의 콘텐츠 투어리즘의 일반화에 있어 콘텐츠 중에서도 애니메이션의 영향이 가장 크다고 볼 수 있다. 또한 애니메이션 투어리즘은 지역 활성화 등과 연계되어 지자체, 관광협회 등의 시책으로 관광객 유치 사업으로 발전한 사례가 적지 않다.

한편, 필자 역시 신종 코로나 바이러스 팬데믹의 영향으로 집에 머무는 시간이 많아졌고, 그 결과 넷플릭스를 중심으로 4차 한류 붐이라 불리는 한국 드라마를 상당수 시청하게 되었다.

그동안 한국에 관해서는 곁눈질로 바라만 보고 있던 것이 사실이었지만, 드디어 본격적으로 접근해보자는 생각으로 이 책의 기획에 이르렀다. 필자는 한때 30년 가까이 미디어, 콘텐츠 관련 일에 종사해왔고, 대학 교수가 된 이후에도 초창기에는 콘텐츠 연구에 매진했다.

원래 콘텐츠 창출 메커니즘에 관심이 많았고, 그것이 발전, 확장되어 콘텐츠 투어리즘 연구의 기반이 되었는데, 이 책에서도 한국의 콘텐츠를 콘텐츠산업 연구와 콘텐츠 투어리즘 연구의 두 가지 측면에서 파악하고자 했다. 이를 위해 도쿄 요츠야四谷에 있는 한국콘텐츠진흥원 일본비즈니스센터에 여러 차례 취재를 갔고, 본문에서도 언급했듯이 한국을 방문해 10일간의 현장조사도 진행했다.

한국에 거주하고 있는 것은 아니기 때문에 조금은 지나치게 객관적인 서술이 되었을 수 있지만, 그래도 현장조사를 통해서 최대한 현실성을 확보할 수 있었다고 생각한다. 서울이 아닌 다른 도시에서의 발견도 많았다. 콘텐츠의 기반이 되는 다양한 도시 공간의 확인은 중요하다.

한류 열풍은 일본에서 완전히 정착된 느낌인데, 앞으로는 어떤 식으로 발전해 나갈까에 대해 점점 더 흥미가 생긴다. 또 기회가 되면 한국을 방문하고 싶다는 생각도 든다. 지금은 한국에서 배울 점이 많다. 다만 이를 통해 일본 콘텐츠의 장점도 확인할 수 있을 것이다. 건전한 경쟁 속에서 한국과 일본이 각각 특색 있는 발전을 할 수 있기를 기대한다. 또한 이를 통해 서로의 문화와 콘텐츠를 상호 존중함으로써 양국의 교류가 더욱 깊어지길 바란다.

이 책을 만들면서 도쿠마 쇼텐德間書店의 아카시 나오히코明石直彦와 야스다 노부아키安田宣朗에게 기획 단계부터 많은 도움을 받았다. 이 책을 출간할 수 있는 기회를 주신 것에 대해 큰 감사를 드린다. 2022년은 여러 가지 사정으로 무척 바빴지만, 어떻게든 여기까지 왔다는 것이 솔직한 심정이다.

다시 한번 느끼는 것은 한국의 콘텐츠가 세계에서 좋은 평가를 받음으로써 일본의 콘텐츠에도 당연히 훈풍이 불겠지만, 일본은 일본대로 노력을 게을리해서는 안 된다는 것이다. 그 점을 끝으로 이야기하며 글을 마친다.

2023년 1월
사쿠라다이桜台에서
마스부치 토시유키

한류, 세계인을 사로잡다

참고문헌

문헌 자료

東浩紀(2021)『動物化するポストモダン―オタクから見た日本社会』講談社

渥美志保(2021)『大人もハマる! 韓国ドラマ 推しの50本』大月書店

伊東順子(2002)『韓国カルチャー隣人の素顔と現在』集英社

イ・ヘミ著 伊東順子訳(2022)『搾取都市 ソウル―韓国最底辺住宅街の人びと』
　　筑摩書房

イ・ヨンソク(2021) 『2000年代以降韓国ドラマ制作システム研究　ドラマ企
　　画方式を中心に』高麗大学校大学院

内田和成監修、岩井琢磨・牧口松二著(2016)『物語戦略』日経BP

大瀬留美子(2022)『ソウル おとなの社会見学』亜紀書房

大竹喜久、宋賢富(2012)「韓国の都市輸出戦略①　韓国の都市輸出戦略におけ
　　る国家支援および韓国土地住宅公社の役割」土地総合研究/土地総合研究所
　　[編] pp.13-18

大塚英志(1989)『物語消費論―「ビックリマ}ン」の神話学』新曜社

大塚英志(2022)『大東亜共栄圏のクールジャパン「協働」する文化工作』集英社

川村湊(2000)『ソウル都市物語―歴史・文学・風景』平凡社

姜在彦(2021)『朝鮮半島史』KADOKAWA

菅野朋子(2022)『韓国エンタメはなぜ世界で成功したのか』文藝春秋

木村幹(2022)『韓国愛憎―激変する隣国と私の30年』中央公論新社

金相美(2004)「日本における『冬のソナタ』視聴と効用―韓国に対するイメー
　　ジ・関心・評価向上を中心に」 ソウル大学校・東京大学合同シンポジウム・
　　プレゼンテーション

金正勲(2008)「創造経済の台頭とコンテンツ産業の未来」『intelplace #112
　　December 2008』国際大学グローバル・コミュニケーション・センター

金正勲、生貝直人(2006)「創造経済におけるコンテンツ政策」『メディア・コミュニケーション(56)』、PP.183-197、慶應義塾大学メディア・コミュニケーション研究所

キム・ミスク(2021)『ドラマプロデューサーとしての制作会社企画プロデューサー研究～制作会社エグゼクティブ・プロデューサーのドラマ・プロデューサーとしての役割に関する研究～』カトリック関東大学校

楠木建(2010)『ストーリーとしての競争戦略―優れた戦略の条件』東洋経済新報社

鈴木ちひろ(2021)『行った気になれる! 妄想韓国ドラマ旅』主婦の友社

砂本文彦(2009)『図説ソウルの歴史―漢城・京城・ソウル 都市と建築の六〇〇年』河出書房新社

主婦と生活社編(2004)『「冬のソナタ」の歩き方(別冊週刊女性)』主婦と生活社

夏目深雪(2022)『韓国女性映画 わたしたちの物語』河出書房新社

長谷川朋子(2021)『NETFLIX 戦略と流儀』中央公論新社

林香里(2005)『「冬ソナ」にハマった私たち―純愛、涙、マスコミ……そして韓国』文藝春秋社

東山サリー(2019)『韓国カフェ巡りinソウル』ワニブックス

藤脇邦夫(2016)『定年後の韓国ドラマ』幻冬舎

藤脇邦夫(2021)『人生を変えた韓国ドラマ 2016～2021』光文社

文化体育観光部、韓国国際文化交流振興院(2020)『韓流白書』文化体育観光部、韓国国際文化交流振興院

マーク・ランドルフ著、月谷真紀訳(2020)『不可能を可能にせよ! NETFLIX成功の流儀』サンマーク出版

増淵敏之(2010)『物語を旅するひとびと―コンテンツ・ツーリズムとは何か』彩流社

増淵敏之(2011)『物語を旅するひとびとII―ご当地ソングの歩き方』彩流社

増淵敏之(2018)『ローカルコンテンツと地域再生―観光創出から産業振興へ』水曜社

Misa(2022)『韓国ドラマの知りたいこと、ぜんぶ』青春出版社

文京洙(2015)『新・韓国現代史』岩波書店

吉村剛史(2021)『ソウル25区東京23区―似ている区を擬えることで土地柄を

徹底的に理解する』パブリブ

四方田犬彦(2001)『ソウルの風景—記憶と変貌』岩波書店

四方田犬彦(2022)『戒厳』講談社

陸善(2018)「韓国産コンテンツによる新たなツーリズムの可能性—アニメーションとマンガを中心に」『コンテンツツーリズム学会論文集 5巻』コンテンツツーリズム学会

Florida, R.(2022) The Rise of the Creative Class: And How It's Transforming Work, Leisure, Community and Everyday Life, Basic Books

Nye Jr., Joseph Samuel(2004) Soft Power: The Means to Success in World Politics, Perseus Books Group

온라인 자료

http://inet-koreadramafan.com

https://www.sankeibiz.jp

https://www.interbrandjapan.com/

https://www.globalnote.jp/

https://www.fsight.jp

https://www.facebook.com/KOCCATOKYO/

https://www.businessinsider.jp

http://kodatv.or.kr/sub/index.php

https://www.citydigitalmedia.com

https://news.livedoor.com/article/detail/21784374/

https://www.musically.jp/news-articles/ifpi-global-report-2020

https://rainnews.com/ifpi-global-report-streaming-is-the-worlds-top-music-revenue-source/

https://www.etnews.com/20220330000001

https://crowdworks.jp/public/jobs/7096651

https://torja.ca/entame-zanmai-68/

https://gendai.ismedia.jp/articles/-/87106?page=6

https://www.fmmc.or.jp/

https://www.cao.go.jp/cool_japan/report/

https://www.meti.go.jp/policy/

https://www.citydigitalmedia.com

https://www.musically.jp/news-articles/

https://gendai.ismedia.jp/articles/

https://torja.ca/

https://www.nhk.jp/p/ts/6J782XY4NX/

https://crowdworks.jp/public/jobs/

https://www.etnews.com/

https://www.dbj.jp/topics/dbj_news/

International Monetary Fund - Homepage(imf.org)

https://www.konest.com/

https://www.wowkorea.jp/

https://www.Netflix.com/jp/

http://www.studiodragon.net

https://www.studioncorp.com/en/

(※ 一部はすでに存在しないURLもある)

〈이태원 클라쓰〉 촬영지
이전 후 '단밤'의 루프탑(오리올 레스토랑 바)

〈이태원 클라쓰〉 촬영지.
세계음식문화거리

〈도깨비〉 촬영지. 은탁이 다닌 고등학교(서울중앙고등학교)

〈도깨비〉 촬영지. 신이 은탁의 머리를 쓰다듬은 장소(인천 한미서점)

〈나의 아저씨〉 촬영지. 백빈건널목

쌍문동 〈오징어 게임〉 체험관.
촬영지였던 백운시장 내 설치되었으며,
영희 조형물이 장식되어 있다(2024년
현재는 철거됨).

〈동백꽃 필 무렵〉 촬영지. 옹진의 마을 계단(구룡포 계단)

〈동백꽃 필 무렵〉 촬영지. 동백의 가게 까멜리아(카페 까멜리아)

〈청춘기록〉 촬영지. 정하네 집

〈청춘기록〉 촬영지. 혜준과 정하가 비를 피했던 편의점

〈슬기로운 의사생활〉 촬영지. 율제병원(이대서울병원)

〈슬기로운 의사생활〉 촬영지. 율제병원 내 카페(이대서울병원 파리크라상)

〈빈센조〉 촬영지. 금가프라자(세운상가)

〈빈센조〉 촬영지. 엔딩 장면의 배경(동대문디자인플라자(DDP) 하트 계단)

〈그 해 우리는〉 촬영지. 웅이네 집

〈그 해 우리는〉 촬영지. 연수네 집

〈스물다섯 스물하나〉 촬영지. 희도의 집

〈이상한 변호사 우영우〉 촬영지. 영우의 집

K-콘텐츠의 성공전략

한류
세계인을 사로잡다

초판 인쇄 | 2024년 10월 15일
초판 발행 | 2024년 10월 25일

지은이 | 마스부치 토시유키, 오카다 사치노부
옮긴이 | 이병민, 정수희, 이순애, 최종성
펴낸이 | 김성배

책임편집 | 최장미
디자인 | 윤현경, 엄해정
제작 | 김문갑

펴낸곳 | 도서출판 씨아이알
출판등록 | 제2-3285호(2001년 3월 19일)
주소 | (04626) 서울특별시 중구 필동로8길 43(예장동 1-151)
전화 | (02) 2275-8603(대표) 팩스 | (02) 2265-9394
홈페이지 | www.circom.co.kr

ISBN 979-11-6856-280-6 (93330)

* 책값은 뒤표지에 있습니다.
* 파본은 구입처에서 교환해드리며, 관련 법령에 따라 환불해드립니다.
* 이 책의 내용을 저작권자의 허가 없이 무단 전재하거나 복제할 경우 저작권법에 의해 처벌받을 수 있습니다.